法曹養成実務入門講座

別　巻

基礎法学と実定法学の協働

別巻編集　伊藤滋夫

編集

林屋　礼二
小堀　　樹
藤田　耕三
増井　清彦
小野寺規夫
河野　正憲
田中　康郎
奥田　隆文

信山社

講座の刊行にあたって

　司法試験は，日本でも最難関の試験といわれている。ところが，この難関を突破して司法研修所に入った者のなかにも，法の基本をしっかりと身につけていない者の存在することが問題となっている。その原因は，最近の多くの受験生がもっぱら受験用の論点対策の本だけを読んで試験を受け，基本書を読みこなすこともしていない点にある。

　世の中では新しいいろいろな事件が起こってくるが，これらの多様・複雑な事件を処理するためには，法の基本的な考え方をしっかりと身につけて，自分の頭で，筋道をたてて考えていけるだけの能力をもっていなければならない。そこで，優れた法曹となるためには，各法についての「法的な知識」（リーガル・ナレッジ）を修得するとともに，社会の常識をふまえた「法的なものの考え方」（リーガル・マインド）を体得していく必要がある。これは，実は，従来の法学部における教育目標であったが，最近，これが司法試験に活かされない状況となっている。

　そこで，こうした実情が反省され，周知のように，司法制度改革審議会から，法曹養成のための教育の抜本的改革案が提示されて，それが「法科大学院構想」として近く実現の運びとなっている。これは，最近一般化してきた司法試験合格だけを目当てとする目先だけの受験教育を排して，真に日本の法曹界を担える能力をもった者の養成をはかる策として，誠に歓迎すべきものと思う。

　上の「法科大学院構想」では，4年の学部教育ののちに，原則として3年（法学部出身者などの法学既修者は2年）の法科大学院（いわゆるロースクール）を卒業すれば，その卒業生のかなりの数の者が新司法試験に合格して，法曹界へすすめるものとするコースが予定されている。そのさい，この法科大学院においても，もちろん，「リーガル・ナレッジ」と「リーガル・マインド」の教育が目ざされる。したがって，法科大学院でも，「リーガル・マインド」の養成の面で，社会事象を洞察するために肝要な社会科学と人文科学の基礎科目の習得が軽視されてはならない。と同時に，ここの教育では，上のような専門職業人の養成を目ざす法科大学院の位置づけとの関係から，法学部におけるよりも，より高度の「実務」に密着した教育が要請される。

講座の刊行にあたって

　たとえば，法学部教育では，訴訟法でも「事実の認定」とか「証拠調べ」などをどのようにするかを実際に教えることはしていないが，法科大学院では，そうした実務的教育が行なわれる。それとともに，人事訴訟手続や行政訴訟手続などの特別訴訟手続の教育も必要になるし，また，今日の複雑化・技術化した社会に生起する種々の紛争事件を解決するうえでは，特許訴訟・医事訴訟・渉外訴訟などの専門訴訟に関する教育も必要となる。そして，そのさきの司法研修所では，これらの実務的教育が――実際の裁判事件をつうじて――実践的に体得されていくことになるものと思われる。

　そこで，こうした法科大学院で学ぶ法曹を志す人に役立つものとして，この「法曹養成実務入門講座」が編まれることになった。したがって，この講座は，とくに「実務」との関係を意識し，これから法科大学院で教育を受ける「入門者」を読者の対象に考えている。しかし，同時に，この講座は，現在司法修習中の人をはじめとして若き法曹にも役立つものとなるであろうし，また，隣接法律専門職種の人たちにも――こんご訴訟との関係をもつうえで――大いに利用してもらえるものと思う。

　上の見地から，本講座では，まず，第1巻で「法曹のあり方――法曹倫理」をメインテーマとして扱い，第2巻以降で，民事と刑事の裁判手続上で実務的に重要な問題を特集するが，そのさいにも，なるべく読みやすくするうえから，はじめに座談会で問題のアウトラインを明らかにしたのちに，個別問題にはいるように構成している。また，この裁判手続の特集とならんで，特別訴訟手続や各種専門訴訟の領域についても入門的解説をくわえるとともに，「法曹知恵の泉」とか「先輩から後輩へのメッセージ」欄をつうじて，いろいろな法曹の逸話とか，実務における先輩法曹の得難い体験や知恵を後輩に伝える，本講座ならではの読み物も用意している。

　本講座では，幸いに，以上の趣旨を理解していただいて，多くの，その道の第一人者からご執筆を願うことができたが，本講座が法曹を志す人や法曹関係者にひろく利用されて，こんごの日本の法曹教育のうえでお役に立つことができるなら，誠に幸いである。

　　平成14年11月

　　　　林屋礼二　　小堀　樹　　藤田耕三　　増井清彦
　　　　小野寺規夫　河野正憲　　田中康郎　　奥田隆文

はしがき

　小生は，裁判官を39年間勤め，裁判官を辞して以後の大学教員の生活も既に10年を経た。その間のほとんどの期間を民事事件の処理，民事法の教育に携わってきた。そして，いつ頃からかは定かではないが，もうここ相当の長い間にわたって，民事法の実定法解釈学の限界を感じていた。いろいろの思考過程を経た末，基礎法学の叡智の力を借りることによって，何とか少しでも，その限界を破ることはできないものかと考えるようになり，最近になっては，各種のシンポジウムなどで，基礎法学と実定法学の協働の必要性を発言したり，雑誌にその趣旨の小稿を書いたりしてきた。

　そうしてきた折，『法曹養成実務入門講座』の編集者の一人である畏友藤田耕三氏から，同講座に執筆するよう依頼を受けた。その際小生は同氏に，同講座には，その性質に鑑み，基礎法学と実定法学の協働に関する論稿が必要ではないかとの愚見を述べたところ，司法制度改革審議会委員もされ，つとにその必要性を感じておられた同氏は，直ちにこれを快諾され，ここに小生が，同講座の一部に「基礎法学と実定法学の協働」に関する企画をする役割を担うこととなった。その後，種々の経緯があって，今日のような別巻の形を取ることとなった。

　基礎法学には基礎法学自体の重要な役割があることは言うまでもなく，実定法学との協働という問題についても，多くの考え方があり得ることもまた当然のことである。しかし，それはそれとして，本書では，法哲学，法社会学，法史学の各分野において顕著な業績を挙げてこられた第一人者たる研究者各位が，それぞれのお考えやお立場のもとに積極的にご尽力を頂いた。その上，座談会の企画については，民法学の泰斗であられる星野英一先生に司会をお引き受けいただいた。いずれも小生にとっては，まことに望外の喜びであった。浅学非才の小生が編者であるのにもかかわらず，今本書が世に出るに至ったのは，こうした各位のご尽力の賜物であり，編者として，心から厚く御礼を申し上げる次第である。なお，編者である小生の不手際のため，小生の論稿のみが他の各位のものに比べて，過大な量となってしまっていることを，ここでお詫びしたい。

はしがき

　まだほとんど類書がなく，未完成なままの本書かもしれないが，法曹としての未来を目指す若い諸君が，単なる法律技術屋に終わることなく，広い視野と深い洞察力をもった大樹のような法律家に育つために，『法曹養成実務入門講座』の別巻としての本書が，いささかでも役立つに違いないと固く信じている。

　本書の出版に当たっては，信山社編集部の村岡命衛氏の格別のお骨折りがあった。同氏は，編集の全過程を通じ，いつも厳しく，かつ，温かく，不慣れな小生の背を押していただいた。この機会を借りて深謝申し上げたい。

　　2005年8月10日

　　　　　　　　　　　　　　　　　　　　　　　　伊藤　滋夫

法曹養成実務入門講座

別巻　基礎法学と実定法学の協働

もくじ

講座の刊行にあたって

はしがき ……………………………………………………… 伊藤滋夫　v

第Ⅰ部　論　文

法適用と価値判断
──法哲学研究者の観点から── ………………………… 陶久利彦　3

1　はじめに　3
2　価値判断と法的論理　4
（1）直感的先取りを重視する立場　4
（2）法的論理の重要性　5
（3）法適用の段階区分と価値判断　7
（4）価値判断と法的論理──総　括　12
3　価値判断の合理的基礎付けを巡るメタ倫理学的議論　14
4　価値感得からの出発　17
（1）価値感得という基本的体験　17
（2）価値感得と先行する物語　19
（3）価値感得の実践的文脈依存性と方法二元論　21
　　（イ）当人が自らの価値感得体験を反省し，他者に伝達する場合　22
　　（ロ）当人の価値感得体験を第三者として理解しようとする場合　22
　　（ハ）多くの人々によって支持され，制度化されている規範の前件に事実認識を当てはめる場合　23
（4）価値感得の絶対性と間主観性──他者からの納得　25
（5）体験していない価値感得の理解へ　27
5　法科大学院教育への示唆　29

客観的実質的価値提示の現代的意義
──新自然法論の主張をもとに── …………………… 河見　誠　31

1　はじめに──今，法哲学に求められていること　31
2　客観的実質的価値を否定する立場のジレンマ　33
（1）現代法哲学と客観的実質的価値の否定　33
（2）現代法哲学のジレンマ　36

（3）　客観的実質的価値の再考　40
　　3　客観的実質的価値を肯定する立場——新自然法論の主張　41
　　　（1）　内的視点，道徳的視点，より合理的な視点——常に追求のプロセスにある客観的実質的価値　41
　　　（2）　基本善——「道しるべ」としての客観的実質的価値　45
　　4　客観的実質的価値を認める場合における法の役割　47
　　　（1）　統合的人間実現と法の謙抑性　47
　　　（2）　道徳第一原理の積極的要請と法の役割——基本善実現の条件整備，調整，フォーラムとしての法　49
　　　（3）　道徳第一原理の消極的要請と法の役割——絶対的道徳規範と法規範　51
　　5　おわりに——客観的実質的価値提示の現代的意義　55

法曹養成における基礎法学の役割
　　——法社会学の観点から——　………………………… 六本佳平　57

　　1　はじめに　57
　　2　法曹養成の理念と基礎法学　57
　　3　「幅広い教養」とリベラルアーツ　60
　　4　法曹養成におけるリベラルアーツの意義　62
　　5　法曹養成における基礎法学の役割　67
　　6　結　語　71

実定法学と基礎法学の協働
　　——ドイツ法史の視点から——　……………………… 石部雅亮　73

　　1　法科大学院教育の目的　73
　　2　ドイツにおける法史学の成立とその後の歩み　75
　　3　日本における西洋法史　79
　　4　法史学の取り組む諸問題　82
　　5　有責配偶者の離婚請求をめぐって　82
　　6　法史学と法解釈の方法——歴史的解釈について　86
　　7　体系形成とその変化　89
　　8　総　括——法学と価値判断　91

基礎法学への期待
　　——民事法研究者の立場から——　…………………… 伊藤滋夫　93

　　第1　はじめに　93
　　第2　基礎法学と実定法学との関係に関する議論の状況　95
　　　1　はじめに　95
　　　2　実定法学サイドからの動き　95

3　基礎法学サイドにおける動き　*96*
　　4　法科大学院の教育との関係における動き　*97*
第3　実定法学が基礎法学からの協力を必要とする理由　*97*
　　1　はじめに　*97*
　　2　法律解釈の基本　*98*
　　（1）　価値判断の入る必然性　*98*
　　（2）　価値判断の入らない可能性　*101*
　　3　基礎法学からの協力を必要とする程度と協力の意味　*102*
第4　価値判断の正当性の担保　*103*
　　1　はじめに　*103*
　　2　事実命題から当為命題を導出することの可否　*104*
　　3　事実命題と当為命題の定立の関係　*106*
　　4　価値判断の正当性の証明の不能を前提とした対応　*106*
　　5　価値判断の正当性の担保の在り方──根源的価値判断　*107*
　　6　根源的価値判断に伴う難点　*112*
　　7　根源的価値判断から従属的（具体的）価値判断の導出　*113*
　　8　主として法的観点から採るべき価値基準　*115*
　　（1）　憲法の採る価値基準との関係　*115*
　　（2）　当該法律の採る価値基準との関係　*116*
　　（3）　一般に合意のある現行法体系の採る価値基準との関係　*116*
　　（4）　法律解釈に当たって価値判断の入ること以外に留意すべき点　*117*
第5　私見による問題意識からする若干の具体的課題　*118*
　　1　はじめに　*118*
　　2　二重譲渡の第三者の範囲　*119*
　　（1）　従来の見解の検討と私見　*119*
　　（2）　本稿全体の視点からのまとめ　*124*
　　3　有責配偶者の離婚請求　*125*
　　（1）　二つの最高裁判決の存在　*125*
　　（2）　二つの最高裁判決の判断の構造　*128*
　　（3）　二つの最高裁判決の実質的理由　*130*
　　（4）　本稿全体の視点からのまとめ　*131*
　　4　受動喫煙の排斥　*132*
　　（1）　はじめに　*132*
　　（2）　ここでの検討対象としてのたばこ問題の特質　*133*
　　（3）　検討の結果の概観　*134*
　　（4）　本稿全体の視点からのまとめ　*134*
　　5　自己決定権の諸相　*135*

もくじ

  （1）　問題の限定　*135*
  （2）　自己決定権の定義　*136*
  （3）　自己決定権自体の権利性 —— 他の権利と無関係な独立の権利
    なのか　*137*
  （4）　自己決定権の限界　*139*
  （5）　安楽死の問題　*141*
 6　割合的認定　*144*
  （1）　割合的認定についての従来の見解の概要　*144*
  （2）　割合的認定に対する視点　*145*
  （3）　前記(2)の視点から考えた方法による検討　*147*
  （4）　本稿全体の視点からのまとめ　*148*
 7　被害者の素因による減額　*149*
  （1）　従来の見解の検討と私見　*149*
  （2）　本稿全体の視点からのまとめ　*151*

第6　おわりに　*151*

第Ⅱ部　座談会

基礎法学と実定法学の協働 …………………………………… *155*

      （司　会）　星野英一
      （出席者）　陶久利彦
          　六本佳平
          　石部雅亮
          　伊藤滋夫
          （発言順）

Ⅰ　はじめに　*155*
Ⅱ　各領域参加者の論稿に関して　*156*
 1　法哲学研究者の立場から　*156*
  「協働」に関する3つのレベル　*156*
  法科大学院での法哲学の役割　*157*
  法解釈の作業と価値判断　*158*
  価値判断の合理性の獲得方法　*159*
 2　法社会学研究者の立場から　*159*
  大学院中心の法曹養成という制度改革の意味　*160*
  法科大学院以前の学部における勉強　*161*
  リベラルアーツとは　*161*
  事実認識と規範的な見方との違い　*162*

「周辺」学問としての基礎法学　*163*
　　　法学以外の学問との架け橋の役割　*164*
　　　拘束力ある決定を中心とする法システムとの関連　*165*
　　3　法史学研究者の立場から　*165*
　　　法史学の孤立感の由来　*166*
　　　複眼的思考を身につける　*168*
　　4　実務家出身民法学研究者の立場から　*168*
　　　条文で規定されていない事項についての解釈の根拠づけ　*169*
　　　実務の教育方法と納得　*169*
　　　一義的に明確でない幅の存在と価値判断　*170*
　　　規範的価値判断に社会に関する学問の知恵を借りたい　*171*
　　　立証の公平と不可分の要件事実　*172*
　　　民事法の解釈と価値判断　*172*
　　5　民法の研究に携ってきた者として　*173*
　　　法解釈論争との関係で　*174*
　　　民法のアイデンティティ理解と民法典への遡及　*174*
　　　立法当時の社会への遡及　*175*
　　　価値判断の客観性と社会的責任　*176*
　　　裁判中心の考え方と民法典中心の考え方　*176*
　　　民法の解釈・適用に必要な科学的研究と哲学的研究　*177*
　　　実定法学に要求される3つの要素　*177*
　Ⅲ　論稿と報告を踏えての意見交換　*178*
　　　価値相対主義，方法二元論との関係で　*179*
　　　価値判断を正当化するための考察の方向性について　*180*
　　　基礎法学の習得は学部の早い段階が望まれる　*181*
　　　法社会学の観点——法システムというとらえ方　*182*
　　　変化の中で相対化してとらえようとする　*183*
　　　論理的・整合的体系にもとづいて判断することが困難な時代　*184*
　　　具体的事実を知った上での法的思考の訓練　*185*
　　　学部教育における基礎法学の位置づけ　*185*
　　　実定法における権限と正当化の問題　*186*
　　　法史学の相対化する見方と実定法上の問題のとらえ方の関わり　*187*
　　　有責配偶者の離婚請求を手がかりとして　*188*
　　　裁判官の制度観の変化と思潮の変化　*190*
　　　「市民の法意識」というものの内容　*191*
　　　市民の法意識と裁判官の法意識の連動・フィードバック　*192*
　　　文理解釈によるものか思潮の変化か　*193*
　　　婚姻観についての社会的な相違　*195*
　Ⅳ　おわりに　*196*

もくじ

　　基礎法学が養成する相対的視点の大切さ　*196*
　　特殊な思考法としての法律論　*197*
　　学問的知識の体系性と歴史性　*198*
　　法意識と個の責任感，法的論理の組み立て方　*199*
　　要件事実論的なとらえ方　*200*
　　「覆水盆に返えらず」という言い方で納得する日本　*201*
　　現在の法システムにふさわしい法曹教育の重要性と基礎法学　*202*
　　実定法教育のなかにも基礎法的な要素を　*204*
　　実定法教育の難しさ──スキルとアート　*205*
　　まとめ　*207*

V　座談会を終えて　*208*
　　星野英一：民　　法　*208*
　　陶久利彦：法哲学　*210*
　　六本佳平：法社会学　*212*
　　石部雅亮：法史学　*213*
　　伊藤滋夫：実務家・民法研究者　*214*

　　巻　末：事項索引 / 判例索引

基礎法学と実定法学の協働

第 I 部

論　文

法適用と価値判断
　　──法哲学研究者の観点から──　　　　　　　陶久利彦

客観的実質的価値提示の現代的意義
　　──新自然法論の主張をもとに──　　　　　　河見　誠

法曹養成における基礎法学の役割
　　──法社会学の観点から──　　　　　　　　　六本佳平

実定法学と基礎法学の協働
　　──ドイツ法史の視点から──　　　　　　　　石部雅亮

基礎法学への期待
　　──民事法研究者の立場から──　　　　　　　伊藤滋夫

法適用と価値判断
―― 法哲学研究者の観点から ――

陶久 利彦
東北学院大学教授

1　はじめに

　法適用を任とする人は，自らの判断がどれほど多くの批判に耐えられるかに腐心するだろう。批判の対象は最終的結論ばかりではなく，結論を導く論理展開や事実認定の妥当性にまで及ぶ。その際，論理と事実認識に尽きない価値判断が法適用の至る所で介入することは，既に多くの論者にとって共通理解となっている。そこで本稿は，法適用者のどのような価値判断が法適用のどの段階でいかに働き，そしていかなる意味で説得的たりうるか，を問いかけようとする。実定法学から法哲学に期待される領域は多々あろうが，その中でも価値判断の問題は最大の関心事の一つといって差し支えない。もって，「基礎法学と実定法学との協働」という共通テーマに寄与したいと考えるゆえんである。
　さて，典型的法適用者として裁判官を念頭に置いた上で，表題の事柄に関してまずは大きく二つの問題次元を分けよう。一つは，価値判断が法適用過程全体及びその各々の段階で事実上どのように介入しているのか，という発生次元の問題である。二つは，それら価値判断をどのようにして正当化するのかという問題次元である。以上二つの区別を確認した上で，本稿では以下のような順序で論じていく。まずは法適用全体を発生的次元から眺め，事案を一瞥することから直ちに結論を先取りしようとする，法感覚ないし法感情の重要性を指摘する（以下の2）。これらを，個別事例に直接触発されて働く価値判断である，と考えよう。法適用全体は，一方では法適用に習熟した経験から獲得される直感によって，他方ではもっと一般的で制定法外的な価値観念によってさしあたり大きく方向設定されている。後者を大きく捉えれば正義観そのものであり，素朴な形では「素人の法意識あるいは道徳観」と言うこともできる[1]。
　次いで，正当化次元から見た場合の法的判断構造を大雑把に示す。その図

式を同時に発生的次元の解明にも利用し，法適用過程に働く価値判断にもいくつかの異なった種類があり得ることを確認する。すなわち，一方では法理念のような抽象的価値判断を考え，他方では法決定がもたらすであろう結果に触発される，個別具体的な価値判断を想定する。私はそのうちの後者に焦点を合わせ，3で，価値判断一般の正当化に関するメタ倫理学的議論の棚卸しを試みる。それをふまえ，4では，私自身の方向設定として，価値判断の正当化の一つを個人の納得に求め，納得の基礎にある価値感得について仮説を提示する。抽象的論述だけでは説得力に欠けると思われるので，有責配偶者からの離婚請求についての著名な判決例（最大判昭和62年9月2日，民集41巻6号1423頁）など若干の判決例を念頭に置き，随時言及しながら論を進める。最後に5で，法科大学院での法哲学教育についてほんの少し触れておきたい。

2　価値判断と法的論理

(1) 直感的先取りを重視する立場

さて，法適用のどの段階でどんな価値判断が入り込むのだろうか[2]。直ちに思い浮かぶ答えは，事案の大雑把な結論を先取りする直接的な価値判断である。事案の細かな襞を跡づけることによって事後に変更を余儀なくされることがありうるとしても，我々は通常，ある事案の概略を耳にしただけで直ちに一定の規範的ないし情緒的反応を示す。「可哀想だ」と同情したり「けしからん」と憤慨する。もとより，事案の特殊性や複雑さの故に結論を先取りすることが不可能であったり，当事者双方へと同情が分断されることもあるだろう。先取りされた結論を導くのはたいてい無自覚の価値判断だから，結論の詳しい理由付けは，尚相当長い時間を要することだろう。しかし

---

(1) 制定法外的であることが直ちに法外的であるのかどうか，むしろ法の中に含まれるべきなのかどうかという法概念論については，本稿では触れない。例えば，R. Alexy, Begriff und Geltung des Rechts, 1992 参照。

(2) ここで「法適用」とは，具体的事案の法的解決を法的ルールの適用という形をとることによって処理する審議過程全体，およびそこで働く内的心理作用並びに論理的過程を指す。適用されるべき法的ルールの創出をも含める場合には，「法獲得」Rechtsgewinnungという言葉の方がふさわしいだろう。以下本文では，両者を併せて法適用という語を用いる。これに対して「価値判断」とは，事案の解決策や法案などが法的に適切か否かの判断であり，一般的には行為一般の「善し悪し」に関する判断である。それは，法獲得過程全体のそこかしこで現れる情緒表明を伴った決断の所産でもある。

大半の事案にあっては，一定の直接的な規範的反応がある，といってよい。例えば，最判昭和27年2月19日民集6巻2号110頁の，有名な「踏んだり蹴たり」という表現は，——それが法的価値判断かそれとも裁判官個人の素朴な正義感かは別にしても，そしてまた，ある結論が容認された場合に予想される仮想的結果に対する反応であるとしても——このような価値判断の実に素直な表明である(3)。

では，それ以降の法適用過程はどのように推移していくのだろうか。一つの見解を理念型的に述べるならば(4)，法適用とは要するに事案に接するとき直ちに想起される予めの結論を，事後的に何とか論理的整合性を保つように工夫することに他ならない。どんな結論にも法的理屈をつけることはできるのである。結論を先取りする価値判断は，法適用の発生的次元全体を貫く最も根本的な要素と位置づけられるばかりか，それ以降の一切の正当化手続きを凌駕する。そのような価値判断を可能にする直感は，ある意味で神秘化されるのである。極端に言えば，目前の事実も結論を容易に導くことができるように幾分人為的に変形される一方，法的理屈に関しては，結論に至るまでの技法が考究されるにすぎない。論理自体の説得力は結論の妥当性に全面的に依存する。論理は，先取りされた結論という目的に達するための手段としてだけ位置づけられる(5)。

（2） 法的論理の重要性

本稿はしかし，上の立場とは違って，結論先取りの価値判断以降最終的結論に至るまでなお多くの道程があり，そこでは既述の価値判断以外に法特有の考慮がそれ独自の力を持つ，と考える。

（3） なお，同じ表現を用いた裁判官が非嫡出子に関して何の価値判断も示していないのかと言えば，そうではない。ただ，同情に値する非嫡出子の地位よりは，法律上の妻に対する同情の方が勝るのである。比較衡量を経た上での価値判断といって差し支えない。更に付言すれば，裁判官の口振りは当該事案での当事者の具体的個別的状況を考慮するというよりもむしろ，「この種の」当事者が被るであろう将来の結果などへの配慮に基づいている。

（4） 主に，自由法運動やリアリズム法学を念頭に置いている。

（5） この考えが現在おおかたの支持を得ているかどうかはわからない。しかし法律家の中には，このようないささかシニカルだが現実直視とも思われる考えを採る人もいるだろう。手近な例として，菅原勝伴評釈「破傷風治療遅延事件」ジュリスト別冊『医療過誤判例百選』1989年，59頁は，不法行為の要件である「過失」の判断が同じ要件をなす「因果関係」の判断と相関的になされていることを指摘して，次のような感想を漏らす。「そうすると要は事案を総合的に見て全体として医師に責任を肯定すべきか否かに関する直観的判断以外にないということになるのであろうか（但し，裁判官の場合は法的な直観的判断である）。」

その一つには，強制力を持つ法制度それ自体の論理がある。例えば，フラーが指摘したような「法の内在的道徳」をあげることができるだろう[6]。その中に数え上げられている遡及効の禁止に加え，法適用機関内部の歴史的・論理的首尾一貫性も無視できない。法解釈の作法や判例の蓄積から大幅に逸脱していないことなども，その例に加えることが許されるだろう。二つには，今日の主要な法が，民主的手続に沿いながら制定されるという，法定立に関する制度上の制約がある。制定法の文言は，一字一句の選択やその相互連関を熱心に討議する政治過程を経て，ようやく決定される。それゆえ条文の理解は，何よりもまず法的ルールに含まれることばの歴史的意味から出発しなければならない。そして第三に法は，上の制度上の制約に伴った独特の言語表現形態を持ち，要件と効果を条件的に結びつける法的ルール，という形に集約されうる。作品としての法の理解にあっては，それぞれのことばが持つ「可能な語義」による意味論的枠付け，複数の法的ルール相互の論理的・評価的体系性，目的＝手段の連関性などが，先取りされた結論に対して一定の修正を要求するのである。

　このようにして，先取りされた結論は，それを可能にする直感とその背景を担いつつ，事案の事実的連関と，前段落で指摘したような法特有の要素に視線を向けながら，螺旋状にその深みを増していくのである[7]。

　発生的次元をこのように大まかに描く際には既に，発生的次元と正当化次元との交錯が前提されている。正当化の論理をなぞっている体験の積み重ねが，発生的次元にも反映するのである。そこで結論の法的正当化の次元を今，法的ルール・その解釈・事実認定・当てはめ，そして結論，に分けてみよう。その上で，法的正当化では次の二種類を区別することが，議論の整理のために有益である。一つは，上位の段階から下位の段階への移行——或いはその逆——に伴う論理的首尾一貫性を検討する，内的正当化である。もう一つは，内的正当化とは別にそれぞれの段階についての正当化を求める，外的正当化

---

(6) L. Fuller, The Morality of Law, 1964. cf. H. L. A. Hart, "Lon L. Fuller, The Morality of Law". 1965 in Hart, Essays in Jurisprudence and Philosophy, 1983 P. 345ff. 参照。

(7) この説明がモデルとしている法律学的解釈学 juristische Hermeneutik の力点は，既にエンギッシュが指摘していた「視線の往復」を再認識することにあるのではない (K. Engisch, Einführung in das juristische Denken, 7 Aufl.1977 参照)。むしろ，結論先取りを可能にする予めの理解を人間の存在被拘束性と関連づけて捉えることにあるのだろう。だからこそ，実定法を越えていく法という法概念論への道筋が描かれる。青井秀夫「現代西ドイツ法律学方法論の一断面 『法律学的ヘルメノイティク』の紹介と検討」『法学』39巻1号（1976）99—132頁，同3・4号（1976）339—405頁参照。

である[8]。前者は専ら，文章相互の論理的連関性を問題とする構文論的次元で処理される。最終的結論は，法的ルールから諸段階を経て演繹的に導出されるかのような論理構成をとる。なぜなら，このような演繹的論法こそが分析的という意味で，結論へと至る論理の――必然的でないとはいえ――確実さを保証すると同時に，他者からの事後的批判に対して一層開かれているからである。内的正当化は，結論が正当化されるための必要最低条件である。法制度全体への信頼が約束されるときには，内的正当化だけで結論の正当化が十分であるとみなされる可能性さえある。これに対して後者では，既述の法特有の論理が法的ルール選択やその解釈など，全体を通して大きな影響を及ぼす[9]。

このように内的・外的双方の正当化次元で法特有の論理の重要性を指摘するならば，制定法上の文言を無視したり制限したり拡張したりすることによって法的ルール自体を別のものに変えてしまうならばともかく，価値判断の働きは法適用の中で必ずしもあからさまには示されないかもしれない。あくまで，遠隔操作に徹するほかないようにも見える。実際，難問に直面したとき直感的な価値判断だけで結論を導く姿勢は，好ましいとは言えない。法律的な論理の筋道を明確につけるような努力を，最大限に払うべきである。しかし，その努力が常に報われるとは限らない。なぜならば，厳格な刑法上の文言にあっても規範的要素は不可欠であるし，民事上の法適用に際しては欠缺問題に常に直面するからである。そして，それにも拘わらず常に，「今・ここ」での正しい法的判断という実践的要請が貫かれなければならないからである。

（3） 法適用の段階区分と価値判断

それでは，法適用の各段階で価値判断はどのような姿を現すのだろうか。問題が少ないと思われる法解釈をまず念頭に置き，次いで欠缺問題を考えることから一方では抽象的法理念や法原理へ，他方では具体的・個別的直感へ

（8） この用語はアレクシーに従っている。R. Alexy, Theorie der juristischen Argumentation, 1978, S. 273ff. 同じ事態をマコーミックは，演繹的正当化 deductive justification と第二段階の正当化 second order justification とに分けている。N. MacCormick, Legal Reasoning and Legal Theory, 1978, p.115ff. 参照。

（9） 後述のように，本稿では法的ルールの更に上位に法理念や法原理を考えている。ただ，これらは法的ルールの導出に対して構文論的な整合性を保証する場合もあるものの，そうではなく単に一般的な方向設定を指し示すにとどまることもある。その意味で，法的ルールへの外在的正当化根拠としては機能するが，内在的論理の最上位に常に位置づけることが適切かどうか，若干の疑問を孕む。これらをさしあたり，内的正当化の図式から除外したゆえんである。

と視線を転じてみよう。具体的事例としては，専ら民事事件を念頭に置くことにする。

　(イ)　以下では，主に制定法の条文を法的ルールの典型と考えよう。個別具体的事案への適用が可能となるように法的ルールの文言を別の言葉に置き換えることを，法解釈と名づけるならば，法解釈についても価値判断の要素を欠かすことはできない。構文論だけを考えるときには，形式的に論理的首尾一貫性が保たれることのみが重要であるかのように見える。一つの抽象的ルールから一つの具体的ルールだけが導き出されるならば，それでよい。だが通常，抽象的文言は複数の具体的意味を包含している。法適用者は論理的に可能もしくは等価なそれらのうち，いずれかを選択しなければならない。これは，法適用者にとってばかりか法律学者にとってもありふれた事態である。その場合の選択は何によって決められるのだろうか。立法時の歴史的資料の解明を試みたり，できる限り平明な文言の意味や体系的論理で詰めることが目指されるとしても，それだけでは決し得ないというのがこんにちの共通理解であろう。そこで特に民事法に関する法解釈のカノンには，社会変動の激しさと立法の硬直性とを調和させるために，目的論的解釈が新たに付け加えられた。その際，一定の目的実現に必要な手段を確定するためには，将来の結果を予測し付随的効果をも計算に入れることが求められる。だが，結果の評価はどうすればいいのか。目的はどのようにして確定されるのか。目的論的解釈では，個別法律の目的だけではなく抽象的な法原理や法理念もが評価基準を提供する一方，ある解釈がもたらすであろう結果への具体的評価が問われる。確かに，先例や制定法内在的な目的ないし価値を明確にできるならば，それは大きな指針になりうる。また，社会通念に依拠することも法適用者としての責務の一つであろう。それでも，法適用者自身の価値判断が介在する場合がありうることは否定できない。

　そこで以下では，まずは抽象的法理念に視線を転じてその問題の在処を指摘し ((ロ))，次いで法解釈の限界事例から，価値判断の不可避性を確認する。その中で，具体的結果に密着した価値判断について触れることにしよう ((ハ))。それ以外の論点については，その後に簡単に言及する ((ニ)以下)。

　(ロ)　結論先取りとは全く逆の極に位置するが，「法的正義の実現」という抽象的理念は，法獲得過程全体を貫いている。一見純論理的に見える事柄であっても，法適用者の視野には必ず全体を統御する法理念の影が及んでいる。内容の抽象性故，それらはまだ構成的原理としては位置づけられないとしても，統制的作用を十分に及ぼしているのである。そして法理念の下には，実定法にも一部具現している抽象的法原理が位置している。

　(ハ)　法的ルールの選択ないし設定自体に目を転じよう。(イ)で触れたよう

に，目前の事案に対して制定法が明確な法的ルールを用意しているならば，問題はない。だが，そうでないとみなされるときには，その欠を補う必要が生じる。その結果，既存の法的ルールを素直に適用するとは言えないような作用が見受けられるようになる。いくつかのタイプを分けてみよう。一つは，制定法に意図的欠缺がある場合に事後的にその欠を補い，結果として新たな法的ルールを創出する場合である。「婚姻予約」を巡る諸事例をその例としてあげることができるだろう[10]。二つは，制定法に意図的欠缺はなく一応の法的解決策を示してくれるものの，その解決案を採ることが望ましくない，と感じられるような事例である。《原則—例外》図式の例外設定に該当する[11]。この中では更に数多くのタイプを分類することができる。①例えば民法612条に関して，法律や個別条文が持つ目的や意義に着目することによって，文言上は当然適用されるべき条文の適用を制限する目的論的制限がある。②あるいは，一般条項である信義則を引き合いに出すことによって，時効援用論の行使を否定する解釈もあげることができる[12]。これらはいずれも，個別具体的な事情を斟酌することによって，文言の素直な適用を妨げる事例である。③更には，新たな法的ルールを打ち出す中でそのルール自体が《原則—例外》を含む場合がある。例えば，昭和62年9月2日の，有責配偶者からの離婚請求を認めた最高裁大法廷判決を見よう。同判決での意見は，従来の判例を維持しつつ当面の事案を例外と見なすことを提案している。何をその理由として持ち出すかによって分類の仕方は異なるにせよ，この解決策は前記①②と性質を同じくする。しかし多数意見は従来の判例自体を変更し，それを定式化するときに，同時に例外的事情を含む表現形態をとった[13]。

最後に④として考えられるのは，法原理相互の衝突を調整することによって新たな法的ルールを導出する際，その調整の結果が原則に対する例外として捉えられる場合である。例えば，「わいせつ文書」出版の可罰性が問われる事例を考えてみよう。さしあたり議論の対象になるのは，文書のわいせつ性である。その際いわゆる「絶対的」わいせつ概念を採用せず概念の相対化をはかろうとする試みは，当該文書の出版を禁じることと言論の自由という憲法上の基本権との衝突・調整を強く意識する。一方では穏やかな性道徳が

---

(10) 拙著『法的思考のすすめ』2003年，法律文化社参照。

(11) この図式については，依然としてルーマンの指摘が示唆的である。N. Luhmann, Rechtssoziologie, 2. Aufl. 1983 (版は異なるが，村上淳一・六本佳平訳『法社会学』岩波書店，1977年)，S. 231ff. 参照。

(12) 以上につき，広中俊雄『民法解釈方法に関する十二講』1997年，有斐閣参照。

(13) 鈴木禄弥・鈴木ハツヨ「いわゆる『有責配偶者の離婚請求』についての新判例」『家裁月報』40巻2号参照。

抽象的保護法益として想定され，他方では言論の自由が擁護されるべき価値として前面に出される。議論の過程で求められるのは，両原理を調整して相互の優劣関係を確定し——その限りで通常は，刑法上の条文に一定の制約を課すことになる——適切な法的ルールを作り出すことである。そこで用いられる手法の一つは，「わいせつ」概念内部に新たな分節を導入することである[14]。文書の芸術性や思想性といった他の価値ないし法原理との衡量が，従来とは違う概念区分を作り出す。二つは，このような概念的区別を導入した後で，なおかつ規制の対象にすべき文書であるか否かを判断する際の指標として，予想される結果の不都合を考量することである[15]。

このように，ある具体的対象物が例外として位置づけられ原則の適用を妨げる根拠は，例外とされるべき事例に原則たる法的ルールを適用したときにもたらされるであろう将来の具体的結果が不都合である，という点に求められる[16]。予想される結果の不都合が，その結果をもたらす法的ルールの変更要求へと直結するのである[17]。では何が「不都合」との判断を導くのか。まずは，直感的で具体的な価値判断であろう。そしてそれを言語化するならば，たいていは，原則たる法的ルールをも包み込み法秩序全体を統べるような抽象的価値判断に姿を変える。このようにして，例えば「公平」「社会正義」などのことばが判決文に踊る。原則たる法的ルールの適用を拒否する姿勢が，結局は当の法的ルールをも包み込む，極めて漠たる法原理——あるいは，「法」原理と言えるかどうかを必ずしもすぐには決定できない一般的価値判断——によって正当化されるのである[18]。

（二）　事実認定に関しては，方法二元論との関わりで，事実認識のあり方についてのみ後に簡単に触れる。

---

[14]　伊藤裁判官による，「ハードコア・ポルノ」と「準ハードコア・ポルノ」の区別を想起されたい。最高裁判決昭和58年3月8日，刑集37巻2号15頁以下参照。

[15]　以上につき，拙稿「法解釈における結果配慮論について」『東北学院大学論集・法律学』33号，1988年，81—109頁参照。

[16]　前記昭和62年9月2日最高裁判所大法廷判決での「相手方配偶者が離婚により精神的・社会的・経済的に極めて過酷な状態におかれる等」といった表現を見よ。最高裁判所は，続けて「離婚請求を認容することが著しく社会正義に反するといえるような特段の事情」と述べることによって，抽象的原理に訴える。

[17]　不都合の中には，裁判制度を前提とした不都合も含まれる。このときには，ここで論じているような「不都合」ではなく，むしろ法特有の考慮の一つである。もちろんこの場合も最終的には当事者＝被告人の不利益に帰着するのではあるが。木谷明『刑事裁判の心——事実認定適正化の方策——』2004年，法律文化社参照。

[18]　《原則—例外》図式を用いるこれらの事例は，ちょうど市民的不服従が一見したところ具体的法律への抵抗でありながら，かえって当該法律を更に包み込む憲法原理の再確認とその強化によって自己を正当化するのと似ている。

（ホ）　引き続き，あてはめを考えてみよう。具体的事案が法的ルールに規定されている典型的事例にきれいに当てはまるかどうかを判定することは，決して論理的判断や事実認定のみによって可能になるのでない。典型的事例の特徴を列挙し当面の具体的事案の特徴と比較したところで，直ちに結論が出るとは限らない。多義性や曖昧さをできる限り免れたことばにしても，その内包は外延の範囲を必ずしも無条件に確定できる訳ではない。ことばには意味のふくらみがあり，事案の具体相は常に新たに現れるからである。加えて，個別的事案は様々な側面を持っており，法的ルール内のことばに含まれる特徴をすべて備えているとは限らない[19]。かといって，典型的事案のイメージ（あるいは「ゲシュタルト」）を念頭に置き具体的事案のそれと重ね合わせる方法を採ろうとしても[20]，それだけで両者の重なり具合を最終的に判断することは必ずしも容易ではない。指紋の照合とは違って，両者の重なりは器械によって測定できるわけではなく，従って通常それほど明瞭ではないからである。

　このようにして，文面から窺う限り事実認定も適用法令も同じでありながら，しかし上訴後の結論が原審と全く逆になるような裁判例が散見される。そこではおそらく，目の前のあれこれを法律的概念の一例であると把握する際，無意識の知覚次元のズレばかりではなく，かなりの程度意図的な評価や決断が介在している，と考えられる。

　（ヘ）　そして結論自体も，仮に内的な論理が整合的であるとしてもなお，その実質的妥当性は検討の対象になる。結論の妥当性としてまず考えられるのは，当該事案の個別事情に即した結論である。しかし通常は，当該事案に似た，もう少し一般化された事案群のことが考慮されるだろう。ここでは当該個別解決案の価値適合性が判断されることもあれば，ある仮説的結論を採用したときに生じるであろう帰結を評価することによって，実質的妥当性が云々されることもある[21]。

---

[19]　だからこそ，法律上のことばには，明確な概念ではなく程度問題を許容する類型である，といった主張が出される。例えば，*K. Larenz*, Methodenlehre der Rechtswissenschaft, 3. Aufl. 1975, S. 443ff. 参照。

[20]　青井秀夫『法思考とパタン』2000年，創文社参照。

[21]　刑事事件の際，量刑をどうするかも裁判官の頭を悩ませる大きな問題である。例えば，木谷明，前掲書（注（17）），5頁によれば，量刑判断の規定にあるのは被告人の将来についての配慮である。悪質な交通犯罪者に対する刑罰が軽すぎるという昨今の声も，ここでの問題の一例である。

（4） 価値判断と法的論理――総　括

　以上を総括するならば，次のようになる。法獲得過程全体の中心は，法的ルールの展開という特徴をもつ。それは，抽象的一般的には，「正しい法的解決」の探求という実践的営みの場に位置づけられる。その正しさのいくつかを法理念が表現する[22]。法理念をもう少し具体化したものとして法原理を考え[23]，法理念と併せてこれらを価値判断の抽象的極とみなそう。我々が書物などを通じて知識として身につける観念には，これら抽象的価値判断が同時に含まれている。抽象的価値判断が強調されるとき，個別事例はその観点から一面的に眺められ単純化され，それへの適合関係によって評価される。

　他方で，その都度毎の事案に充満する具体的内容への一瞥が，それに即した直感的反応を触発する。仮想的結論が引き起こすであろう具体的結果に対する評価も，同一線上にある。それは直接的で具体的な価値判断とでも言うべきものであり，各人の個別的生活体験の中で生まれ，生活を通じて鋭く深くなり確信に満ちたものに変貌していく。これを他方の極と見なそう。ここでは，何か抽象的な法原理や価値判断が不動のものとして先行し，それへの適合関係が問われることによってのみ眼前の具体的事案が評価の対象になるのではない。そうではなく，具体的で個別的な事情に密着した直接的反応として価値判断を捉えることができる。ただ，その根拠を言語的に表現しようと試みるならば，多くの場合は法理念や法原理のような抽象的定式に帰着するか，もしくは直接的で情緒的な表現に終わる。事実関係の複雑な様相が時間の経過と視点の移動によって明らかになればなるほど，当初の具体的価値判断は動揺し始める。新たに現れる事実に対して常に敏感に反応し，変動し，動揺するのである。抽象的価値判断を背景とする法原理が滅多なことでは揺るがないのと，その意味ではきわめて対照的である。

　法適用の各段階で現れる価値判断は，このように抽象的価値判断と具体的事案直結性という両極をもちながら，その中間には，試行錯誤的に現れる解決案がもたらすであろう将来の帰結への視線をも含む。何が将来への帰結と

---

[22]　その代表として，ラートブルッフのあげる，法的安定性・正義・合目的性を考えよう。*E. Wolf und H-P Schneider*（*Hrsg.*），*G. Radbruch*, Rechtsphilosophie, 8. Aufl. 1973（版は異なるが，ラートブルフ著，田中耕太郎訳『法哲学』東京大学出版会，1961年）S. 164ff. 参照。

[23]　特に，法的ルールと対比された法原理については，英語圏での *R. Dworkin, Taking Rights Seriously*, 1977（ロナルド・ドゥオーキン著，木下・小林・野坂訳『権利論』木鐸社，1986年）p. 22ff. 以来，数多くの議論がある。ドイツ語圏では特に，*R. Alexy*, Die Theorie der Grundrechte, 1986, S. 71ff. 参照。

して考慮されるかは，外的正当化の要素に依存している。すなわち，法的正当化の段階が法理念や法原理に近ければ近いほど，法体系固有の論理も幾分抽象的になり，価値判断も，法外的それというよりはむしろ法的観点に強く関係づけられる。法原理相互の衡量，法原理と法的ルールとの論理的整合性，複数の法的ルール相互間の手段適合性などは，その例である。具体的判決文を見てみよう。有責配偶者からの離婚請求を認めるとしても，法的解決策は複数あり得る。従来の判例を変更することは，一つの可能性である。しかし，判例を変更せずに当面の事案を例外とみなすことによって，同じ結論に至ることも十分に可能である。このとき，結論を評価する具体的価値判断はどちらの可能性を選択しても満たされるのだから，選択を決めるのは法的視点に基づいた価値判断以外にない。そもそも法制度の機能とは何か，裁判官がその制度の中でどのような役割を演じるべきか，法律構成がどのような重要性を持つか，制定法や従来の判例との論理的整合性をどう保証するか，変化する社会通念をどのように法的原理に反映させるのが適切であるのか，などの問題への態度決定が，上の選択を左右するのである。そうだとすると，例えば，従来の判例に真正面から抵触する解釈を提示しているにも拘わらず，その根拠，特に予想される結果への評価が単純な感情論だけに根ざしているならば，法的議論の次元としてはまだ十分な説得力を持たない。仮にその感情論が少なからず説得的であるとしても，事態は変わらない。個別感情ないし具体的価値判断は法的ことばに変換されなければならず，法的論理として組み立てられなければならないのである。

　対するに法適用の段階を下がれば下がるほど，つまり先取りされた結論に近ければ近いほど，直接的具体的価値判断に近づいていく。あてはめに悩むとき頭に浮かぶのは，当該判断から直ちに導かれる結論の是非に他ならない。しかも，その「是非」とは，何か抽象的原理への適合・不適合なのではなく，具体的身体を担いながら生活している生きた当事者の身に即した「是非」である。

　このような両極を前提にするならば，価値判断の探求は一方で，抽象的価値原理の追求とその体系的構築を課題とする。J. ロールズ以来の正義論の展開を考えている現代正義論はその一翼を担っている。他方で，個別事案に密着する生活感覚に根ざした価値判断の究明もまた重要な課題になるだろう[24]。

---

(24)　この両者は，法的判断で現れる価値判断の両輪でありながら，相互に矛盾することがありうる。例えば，肉親が残虐な方法で殺害されたようなとき，個別的価値判断は加害者に対する報復を強く望むだろう。しかし抽象的価値判断はむしろ，教育刑的な処罰を求めるかもしれない。両者に折り合いをつけることは，時間の経過を待つことによって個別的価値判断の激情が収まるのを待つか，あるいは前者が現在の法体

本稿は，正義論の展開を通じて法適用に一定の示唆を与えることを目指してはいない。むしろ，後者の具体的価値判断がいかにして可能になり，どのように働くのかに関心を寄せる。具体的直接的価値判断は，抽象的理念の高みにではなく，何よりも一人一人の具体的生活の次元に視線を向ける。その中で形成されてくる，具体的事物への直観と感覚とに着目したいのである。それは個々人の心理過程に目を向けることをも意味する。法適用に際し予想される具体的結果への評価は，一人一人の価値判断の核となる体験とそれに基づく生活次元での「納得」によって支えられている。

それにしても，上のような方向設定の意義を検討するためには，法的次元から議論を拡大し，道徳的判断一般の正当化に関するメタ理論を俯瞰することも必要であろう。基本構造は法的判断の正当化と類似しているが，以下では，その簡単な検討を通じて前段落で述べたことを確認したい。

3　価値判断の合理的基礎付けを巡るメタ倫理学的議論

個別具体的な内容を伴った価値判断がなされ，その正当化ないし基礎付けが問われるとき，当の判断を根拠づけるもっと大きな背景が明確にされなければならない。良く引き合いに出されるトゥールミンの図式では，論拠の提示がそれに当たる[25]。その論拠の一つが当該個別価値判断を意味論的に包摂するルールであるならば，内的正当化だけに限定する限り，ついには無限背進に陥る危険に直面するだろう。「内容を伴った正当性基準」[26]の合理的正当化ないし基礎付け過程に関してアルバートが指摘する，いわゆる「ミュンヒハウゼンのトリレンマ」——①基礎付けの無限背進，②基礎付けの論理的循環，③基礎付け手続の破綻の結果，基礎付け原理を恣意的に曖昧なままにしておく誤り[27]——は，内的正当化だけに視野を限定する限り当然生じてくる疑問である。そこで，議論を外的正当化へ転じるか，あるいは正当化の形式それ自体を変更することが求められる。その可能性を探る試みを，

系では実現不可能であるという事実によって何とか可能になっているにすぎない。
　また，両者の中間には，まさに法的制度自体への価値判断が位置している。本稿では，法適用に関わる限りで，この意味での価値判断は法内在的であり，法的ルール全体として一定の体系を成していると想定する。本稿では，この問題にまで言及する余裕はない。

(25)　St. Toulmin, *The Uses of Argument*, 1958, p. 98ff. 参照。
(26)　K. Seelmann, Rechtsphilosophie, 1994, S. 148ff.
(27)　H. Albert, Traktat über kritische Vernunft, 1968, S. 13. 参照。

ゼールマンに依拠してここで三つあげよう[28]。一つは，契約論的な正義論（＝ロールズ）とハーバマスの討議論である。二つ目として，アーペルの「超越論的語用論的」な「最終的基礎付け」論がある。最後に，「相互承認や間主観的に共有された関心という基礎の上に立つ規範の承認」の構想が注目に値する[29]。以下，それぞれにつき簡単な私見を述べる[30]。

　理性的討議者間の合意を目指す手続的正義論は，そこでの理性概念と時空を越える理想的対話状況という構想に，魅力と根本的疑問の双方を抱かせる。魅力は，言語行為論に触発された実践的行為への着目と，そこから討議という手続へと向かう視線である。討議が価値判断に関しても有効であり得ることは，それがどの程度までかという問いを更に呼び起こすとは言え，大いに魅力的である。疑問は，まずは合理性を担う主体に，次いで討議のあり方自体に向けられる。無知のヴェールを仮定し純粋合理性を体現する主体を想定することは，価値判断を問うときに説得的だろうか。疑問が残る。むしろ，議論の主体は不可避的にその歴史性と共同性から免れることができない，と考えた方がいいのではないだろうか。その不可避性を担いつつ，個々人の生々しい体験から得た見解を語ることができるような手続もまた討議の中に含ませるべきではないか，と考える。理想的討議参加者を想定し，その集合として議論の場を構築する必要はないのである。

　対するにアーペルの議論の魅力は，言語共同体が既にして規範的言明について討議をする超越論的前提を構成しているという指摘にある。語ったり討議する——そこでは，価値判断を表明するということも含まれている——という実践活動を行う中で既に，一定の規範を承認しているのである。後述のように，実践的活動自体が既にそれを可能にする前提を含意しているという超越論性には，私も同意する。ただし，その超越論的背景を明るみに出すと

---

(28) *Seellman*, a. a. O. S. 158ff. 参照。参考までに代表的な著作のみをあげる。J. Rawls, *A Theory of Justice*, 1970（矢島鈞次監訳『正義論』紀伊國屋書店，1979年）. J. Habermas, „Die Wahrheitestheorien", in Festschrift für Walter Schulz, 1973, S. 211ff. *Apel*, Transformation der Philosophie, Bd. 2, 1973. *Hösle*, Wahrheit und Geschichte, 1986. *Ilting*, „Der Geltungsgrund moralischer Normen", in *L. Kuhlmann/-Boeler*, Kommunikation und Reflexion—Zur Diskussion der Transzendentalproblematik, 1982. S. 612. Kohlberg, „Moralische Entwicklung und demokratische Erziehung", in *Lind/Rascher*（Hrsg.）, Moralische Urteilsfähigkeit. Eine Auseinandersetzung mit Lawrence Kohlberg, 1987. S. 25ff.

(29) 　ヘスレやイルティングの議論，並びにコールベルクの段階論とその類似の発想がそれである。

(30) 　学説検討として甚だ厳密さを欠いていることは承知しているが，本稿ではとりあえず典型的考え方の検討のみにとどめる。

いう仕事だけではなく，背景を持ちつつ，当の実践の中で同時に獲得される価値判断を言語化するという作業も，それに劣らず重要である。加えて，当の価値判断が他者によって納得されるプロセスを振り返る必要もあるだろう。

「相互承認や間主観的に共有された関心という基礎の上に立つ規範の承認」の構想は，手続に終始せず，かといって正義原則の具体的展開にまではいたらず，その出発点を提示する試みのように思われる。その際，この構想が提示する形式的基準が一定程度の有効性を持っていることは承認されるべきである。例えば，立場を交換してもなお当該価値判断を承認しうるかどうかを問う，普遍化可能性基準はその一つである。併せて，イルティングが強調する，立場を交換したときの論理的意味での無矛盾性の検査も，一定の内容を伴った価値判断を排除するのに役立つ。実際，抽象的な主張だけを受け取るならば，この基本線に異論はない。ただそれだけに，どのような背景からこの構想に行き着くのかが，かえって大きな問題になりうるだろう。何が相互の承認を可能にするのだろうか。どこに，間主観的に共有された関心の根拠があるのだろうか。それを探ることこそが何よりも大切な問いになる。私見では，いずれについても個別的な体験の最中に現れる価値感得によってこそ，これらの問いに答えることができる。

以上三者をつなぎ合わせると，次のようになろう。すなわち，まずは討議の中での合意に依拠しつつ，それを可能にする超越論的前提に視線を向け，最後に，現に合意の表現とみなされうる，間主観的な何らかの基盤の存在を指摘する方向に進む。価値判断の合理的基礎付けを保証するのが，潜在的な人をも含めた討議であることを，私もまた承認する。合理性の厳密な定義はさておくとしても，絶え間ない議論が為されることが合理性の一つの指標であることは疑いない。しかし，議論がなされその結果として合意が形成されたということだけでは，まだ合意された価値判断の内容面それ自体を積極的に根拠づけるわけではない。そして唯一正しい正義や客観的価値という観念は，せいぜい統制的原理としての意味を持つに止まるか，あるいは存在論の次元で語られるにすぎない[31]。構成的原理として数え上げられるのは，討議に参加できる人の人格としての承認だけであるかもしれない。それがどのように具体化されるかは，それぞれの個別状況に依存する。仮に，情報が操作されないという外的保証，そして参加者の徳の涵養という内的保証，これら双方が満たされた討議があるとしてみよう。それでも，法的手続を尽くした上でなお直面する価値判断の問題に悩む裁判官にしてみれば，裁判外で再

---

(31) 例えば，*A. Kaufmann* (Hrsg.), Die ontologische Begründung des Rechts, 1965, *Ders.*, Rechtsphilosophie im Wandel, 2. Aufl. 1984 参照。

び手続だけを云々されても，到底その結論に承服できないのではないか，と推測される。

　そこで，討議を通じての合意形成が価値判断の間主観性を保障する最も有力な方策であるならば，そもそも合意によって何が意味されているのかを更に問いかけるべきではないか，と思う(32)。明確な実質的根拠を定式化し体系化することが難しいとしても，討議の中で人々によって支持される意見とそうでないものとを区別することはできるし，現にしている。そうでなければ，どうして討議参加者の間で合意が形成されるだろうか。そこで，合意を討議参加者が表明した意見の意味論的合致と見るよりもむしろ，参加者一人一人の納得の集積と捉えてみよう。そうすると問われるべきは，ある価値判断が他者によってどのように納得されるのか，ということになる。ことばを媒介とした討議の場所をいかに設定すればよりよい合意が形成されるのか，という問いにではなく，そしてまた，実質的価値の定式化を目指すのでもなく，合意の基本単位である納得を一人一人の心理状況に照らして検討するという課題に向かうことも大きな意義を持つ，と思うのである。

4　価値感得からの出発

（1）　価値感得という基本的体験

　実際，価値判断の説得力には，討議参加者一人一人が心底から納得するという心理的側面を欠かすことができない。納得とは，問われている価値判断に対し，各人が自らの個別的で生々しい体験から得られたものに照応しているか，あるいはそこからの類比として把握できるか，によってその内容を心底承認し，それに基づいて行為する力を与える心理的準備なのである。そのような心底からの納得が積み重なったときに初めて合意が形成された，と言える。このような心底からの納得は，抽象的価値判断を持ち出すことによって可能になるのではない。そうではなく，抽象的価値を具体的状況に適用したときに生じる具体的結果の良さが，納得を促す。単に構文論的に矛盾のない，より一般的で抽象的な価値を持ち出す論理は，より下位の価値判断の正当化を最終的には最も抽象的な価値判断へと還元していくだろう。だが，内

---

(32)　あるいは，合意される限りでルールの根拠付けは，もっと抽象的ルールの究明には向かわず，討議参加者の意見が一致する段階で止まりそれ以上に追求は中止される，と言えばいいのかもしれない。そうすると，なぜそこで止まるのか，という問いが更に提起されることになるだろう。

的正当化手続と同様の還元方法を維持する限り，究極の価値判断や規範を正当化することはできない。その適例は，ケルゼンの根本規範論である[33]。根本規範は定義上，より上位の規範によって正当化されるのではなく，その事実上の承認に基礎をおかざるをえない。正当化の最終段階に位置するものは，外的正当化によって正当化されるほかない。そして外的正当化の多くは，価値や規範について語り行為するという実践の最中で当該最終的価値を同時に前提し承認している，という意味での超越論性に訴える。

そこで，価値について「語り，判断する」次元から一歩後退し，個々人がどのようにして価値を感得するのかという発生的現場に着目してはどうだろうか。合理性が人と人とのことばを介した議論にこそ具体化されるならば，我々は必ずしもことばの次元にまで昇華されない段階での，真摯で深い個別的な価値感得の体験にまず目を向けようとする。というのも，そのような体験をもとにしてこそ，我々はある価値判断の説得力を受け入れることができるかどうかを感じとることができるからである。多くの価値判断の中核に据えられるという意味で，価値感得体験から得られた価値は，少なくとも当人にとって当面は絶対的である[34]。確かに多くの価値が，社会化の過程で既に他者からことばや仕草を介して一定の観念や感覚として植え付けられる。だが，それらが当人にとって心底納得のいく価値に変貌するには，どうしてもその人自身の身体にまでしみいる価値感得の体験が必要である。そのような体験の裏付けがないとき，価値判断はいかにことば巧みであろうとも空疎である。

価値感得という個別体験に着目する立場は，個別の価値判断を抽象的価値理念ないし原則の適用と見なすのではない。むしろ，価値あるとされる具体的行為や事象，更には尊敬に値する人格といった，個別的で全体的なイメージとの比較の下に眼前の事案を考察する態度と親和的である。この方法は個別的で感情的で非合理的な価値感得を絶対化し，それを無条件に尊重せよ，と命ずるわけではない。あるいはまた，価値感得をさしあたりは非合理的直接的反応とだけ位置づけ，それを合理的に洗練する必要性を強調するものでもない[35]。体験や感情は，確かに洗練されるという側面もあるだろうが，

---

(33) *H. Kelsen*, Die reine Rechtslehre, 2. Aufl.（初版の翻訳であるが，横田喜三郎訳『純粋法学』岩波書店，1935年）1960, S.196ff. 参照。

(34) このような方向設定は，例えば *M. Scheler*, Der Formalismus in der Ethik und materiale Wertethik, 1913/14（吉沢伝三郎訳『倫理学における形式主義と実質的価値倫理学』『シェーラー著作集第1巻』白水社，1976年）や *N. Hartmann*, Ethik, 1925 のような実質的価値倫理学の試みに一部似通っている。

(35) 例えば，*R. Zippelius*, Rechtsphilosophie, 1982, S. 124 参照。

体験の積み重ねを通じて更に深められていくことが望まれる[36]。価値感得や感覚に訴えることそれ自体が，非合理的と非難されるべきではない。そうではなく，中途半端な感情を引き合いに出すことが避けられるべきなのである。我々の価値感得の中には，容易に変わる可能性を持つものがある一方で，生半可なことでは揺るがない深い感情や感覚があるに違いない。論理と同様に感覚や情にもまた，浅いものと深いもの，よく練られたものとそうでないもの，対象の深みにまで達した温かいものとそうでないものとを区別することはできる。区別の基準は，事態にまっすぐに向かい合っていることであったり，その体験から得られたことが実践の中で現に生かされているということである。更には，当の実践が関係者にすがすがしい気持ちをもたらし開放的気分にさせることができるかどうか，という情緒面での作用も重要である。

ただ，以上述べたことが正しいとしても，そうであるからといって当人にとっての絶対性がそれ以降全く変動を伴わないばかりか他者にとっても同様に感じられる，とは限らない。価値判断の絶対性は，経験的現象界を超えていく何か別次元の存在様式を持つ価値に依存しているのではない。あくまで，体験という実践的場にあって感じる，当人の心理的衝撃の深さこそが，絶対的という性質を付与させるのである。一度感得された価値は，新たな別の具体的体験の中で，絶えず検証されあるいは反証されるほかない。同一人にあっても，新しい体験を経ることによって変動していく可能性を否定することはできない。加えて，誰か他の人による再検討の対象にされるよう，晒されてもいるのである[37]。

（2） 価値感得と先行する物語

ところで，我々は既に言語的存在として，我々を取り巻く状況を多面的に意味づけている[38]。価値感得の基本的体験の内容や形式は，この言語的意

---

[36] この意味で，私が考えている価値感得は，戦争や大災害のような非常事態に直面することだけを指しているのではない。むしろ，日々積み重ねられていく日常の仕事こそ価値感得の重要な基盤なのである。

[37] 強い価値感得は，たいていの場合，一度獲得されたならばそのまま維持される。従って，個別の事後的体験は基本的価値の正当性を保証するように捉えられこそすれ，疑問視されることはないかもしれない。その意味では，都合のいいように検証されたとみなし，反証を真剣に検討することは稀であろう。それにも拘わらず反証の語をここで用いるのは，一度獲得された価値が，事実関係にもっと詳細に立ち入ることによって更に根本的な体験に至り，従来の価値観を覆す可能性を留保したいからである。

[38] これは，（法律学的）解釈学の言う「予めの理解」Vorverständnis の一部をなす。

味づけに左右される。そうすると，積極的価値感得の体験を次のように大まかに描くことができるだろう。それは，感動とでも表現すべき心理的衝撃から言語表現への道程である(39)。

　価値感得と言うとき，そこには通常，他者の行動や自然現象に対する劇的な情動的反応がある。それを心理的衝撃と呼んでみよう。意図すると否とに関わりなく，たいていの場合に我々は，何か衝撃的な出来事との関わりの中に偶発的に巻き込まれるのである。そこで感じる心理的衝撃によって従前の平静な心理状態が揺り動かされ，何か新しい物，何かこれから追求すべき物，何かもっと大きな物の中に包み込まれるような驚きが深く感じられる。心理的揺れは，従来自明視していた事柄や物の見方や構えを強化したり，あるいは逆に，根本から揺り動かす方向へと作用するのが常である。

　そのことは，次の平凡な事実を気づかせる。つまり，心理的衝撃が起こるために我々には，当たり前の日常生活を平穏に送ることを可能にする基本思想や一群の観念が——時には，感覚の次元にまで浸透しながら——，予め身に備わっていなければならない，ということである。これらの観念は，単に細切れの単語や文章の集合から成り立っているのではない。たいていは情緒的色彩が加味されて，観念内部に物語とでも呼ばれるべき一定の関連や脈絡が作られている。個々の観念や概念の中には，錯綜した物語が圧縮されているのである。我々が直接体験していない事柄についても，そのような言語や映像を介した物語が幼少期からの社会化の過程で我々には備わっている。実際，現在の我々の社会で日々一体いかに数多くの物語が再生産されていることだろうか！　物語が予め作られていて，だからこそ目の前の動きはその物語を強化し，補完し，修正し，更には全く新たに作り出す働きをするのである。およそこのような物語が存在しないならば，心理的衝撃もまたありえない。従前の意味づけに相関的に，心理的衝撃は起こりうる。ということは価値感得もまた，身の回りの世界を物語によって意味づけている作用を前提しない限り不可能である，ということになる。

　価値感得のあり方を規定しているのは，物語という背景に相関的な，一連の言語的意味づけばかりではない。加えて第二に，当人を取り巻いている心身の状況それ自体の性質も無視できない。普段の生活での出来事に対してどのように反応していたか，どのような情緒的状態だったか(40)，などの状況

---

(39)　我々は，言語によってだけではなく身体を通しても周囲の世界を意味づけている。それゆえ，心理的衝撃以前の身の構えや心理状態を無視することはできない。言語によって表現されないまでも，一定の情緒的反応を身体が示すことはあり得る。しかし，以下ではこの身体的側面にはほんの少ししか言及できない。とりあえず本稿では，言語という側面のみを専ら前面に出すことにしたい。

を，その例としてあげることができる。第三には，当人の心身の状況ばかりではなく，当人の行動を全体として特徴づける状況を指摘することができる(41)。最後に，当人をも包み込む大きな歴史的社会的文脈を指摘することもできる。個人は広く歴史的共同体に制約されながら様々な価値感得体験をし，それをもとに価値判断を表明していくしかないのである。

（3） 価値感得の実践的文脈依存性と方法二元論

このような前提条件を考慮すると，価値感得についても，その言語表現について一定の限定が付される。最も主観的で，他者との間で争いが生じにくく，その意味で相互の体験を比較的容易に許容しあえる，美的判断の例を挙げよう。美的判断の言語的表出は，「趣味」と呼ばれる自らの価値感得を誰か他の人に伝達しようとする行為である。決して，第三者との間でその真偽を争うといった性質を持たない。そこで，山登りの途中休憩を取ってふと上を見たとき，目に映ずる紅葉がいかに微細に独特の色彩を備えているかに感じ入った，としてみる。それをどのように言語表現するだろうか。「紅葉はきれいだ」と言う場合もあれば，「世界は美しい」と述べることもある。論理的にはいずれも可能であるにも拘わらず，ある人はある状況で特定の表現を選択し，自己の思いの揺れをことばに託す。「紅葉はきれいだ」と言うのではなく，「世界は美しい」となぜ言うのだろうか。それは当人の全く恣意的な表現である，と言いきれるだろうか。おそらくそうではあるまい。言語化は全くの恣意的作業なのではない。その発言が組み込まれている当人の状況という実践的文脈を考慮するならば，その中にあっては必然的でありうる。言語表出が当人の価値感得体験を反映しているならば，どちらかがより適切な表現なのである。

だが，仮に上に述べたことが正しいとしても，「当人の状況という実践的文脈」はどのようにして明らかになるのだろうか。おそらく，事実と呼ばれるものを積み重ねていくしかないだろう。ここで，価値感得体験の表出とは少し次元を異にする，事実認識の表明の問題が浮かび上がる。一つだけ一般的な注意をしておこう。それは，事実が真剣に認識されるときには，それを促す背景的価値判断が常にある，ということである。例えば，「今日は晴れている」といった日常生活上の何気ない事実認識は，価値判断から全く独立しているかのように見える。だが，そのように思われる事実認識は通常，真

---

(40) 例えば，有責配偶者として長年にわたり二つの家族に分裂してきたといったことや，常日頃他者から軽く扱われていた，といったことを考えることができよう。
(41) 例えば，山登りをしていたり，法的議論に加わっていたり，といったことを考えればいいだろう。行動や発言の場面状況である。

剣な認識とは言えない。むしろ重要な事柄は別にあり，天気はその背景もしくは遠景として，ほとんど記憶にさえ残らず過ぎ去っていく表層的断片に過ぎない。これに対し，およそ認識と言えるためには，対象にじっくりと対峙し，その性質を見極めようとする態度であらねばならない。そしてそれは，何かの目的によって常に同時に導かれ，当の目的との関連の下に置かれているという意味で，実践的文脈の中に組み込まれているのである。

　この一般論をふまえ，上の美的価値感得の体験を出発点としながら，事実認識の表明と価値感得体験，そして価値判断との関係について，三つの次元を区別してみたい。

（イ）　当人が自らの価値感得体験を反省し，他者に伝達する場合

　一人一人の価値感得体験の中で，いわば表層的なそれと根本的なそれとを区別することは可能だろう。後者は，事実も価値も渾然一体となった価値感得の体験である。このような場面で当人が何物かを事実として認識し表明するということは，価値感得の体験を何とかことばを通して他者に伝達しようと試みていることに他ならない。そもそも事実と呼ばれるものもまた，言語に表現されることによって初めて「事実」になる。価値判断も同様である。仮にそれが記述的言明ではないとされようとも，価値感得という根本的体験を，先行する物語に導かれながら言語的に表出しようとする試み以外のものではない。基本的体験をどのように言語として表出するかの方法の違いに応じて，事実認識と価値判断という別種類の区別ができあがっているにすぎない。元は一つなのである。そのとき，事実認識は日常生活上のそれであったり，自然科学上のそれであったり，あるいは法廷でのそれであったりするのではない。むしろ，自らの価値感得体験を振り返り，それに対して反省的に意味づけを与え，それを他者に対して伝達しようとする文脈の中で述べられる。事実認識の遂行であれ表明であれ，そこでは認識と同時もしくは少し後から意識される価値判断が併せて伝えられているのである。それゆえ，事実の認識はどちらかと言えば，伝達者の価値感得との密接な関連の下に個人的体験を語るような形式を取るようになるだろう。

（ロ）　当人の価値感得体験を第三者として理解しようとする場合

　(イ)とは異なり，第三者がそのような価値感得体験を理解しようとするときの事実認識も考えられる。当人の価値感得体験の表現が本当に適切かどうかについての判断は，第三者が当人の置かれている様々な実践的文脈ないし状況を事細かく記述することによって，背景を明らかにしていくことから可能となる。第三者の目から見た事実認識の集積とその組み合わせが，当人の価

値判断表出の背景的状況を明るみに出し，その背景と言語表現との必然的関連性を第三者にも理解させるのである。ここでの事実認識や価値判断は，あくまで第三者がそれらを理解しようとする文脈で語られる。

（ハ）　多くの人々によって支持され，制度化されている規範の前件に事実認識を当てはめる場合

　以上二者に対し，事実認識を述べることによって，当人の意図や価値判断が同時に表明され，且つその事実認識と価値判断との結びつきがある意味で制度化されているほどの，間主観性を持っている場合もある[42]。再び「今日は晴れている」という例を挙げる。確かに，この記述的言明から，「だから今日の天気はすばらしい」という価値判断が論理的な媒介無しに導かれるわけではない。日照りが続いている状況ではむしろ，「だから今日も天気はよくない」ということになるだろう。この意味で，事実認識は価値判断から論理的に独立している[43]。しかし，それが語られる背景状況を念頭に置くならばどうだろうか。天候に左右される農作業に従事する人の生活からすれば，一定の背景の下で天気について述べることは直ちに特定の価値判断と結びつく。つまり，ここでの事実認識の表明は，引き続く価値判断を導く前件として機能する場合がほとんどなのである。

　道徳的ないし法律的な事実認識こそ，その適例である。例えば「有責配偶者が既に破綻してしまった法律上の婚姻関係を解消する離婚の訴えを起こした」という事実認識は，数多くの視点から観察可能であるはずの主体の特徴付けを「有責配偶者」という視点に限定し，その行為に対する道徳的ないし法的評価をすぐさま連想させる。なぜなら，上のように表現することが同時に，このような訴えへの評価を可能にする道徳的ないし法的ルールを前提にしているからである。あるべき結婚の姿，夫婦の相手方に対する責任，義務，権利などについての観念やルールが，すぐさま想起される。

　事実認識と価値判断との制度化された結びつきは，しかし多様でありうる。そのどれを選択するかは，当人の意図や情緒に依存する。「今日は晴れてい

---

[42] (イ)との違いを述べるならば，(イ)にあっては当人に特有の意志や願望や要求などが問題なのではない。何よりも当人の体験を語ることが重要なのである。その体験がそれを聞く人にとっても共有されるか否かは，さしあたり問題とはならない。ところが，(ハ)にあっては，本文すぐ後の例からも分かるように，事実認識が既に一定の要件を満たすそれであり，事実認識が承認されるならば，すぐ後にくる評価や指図は当該社会で生活している普通の人にとっては自明のこととなる。

[43] 少なくとも，そのような独立を認める論理に立つ方が，議論の整理のために有益である。

る」という例を続けよう。ある場合にはそれは，「だから，今手に持っている傘を置いていった方がいい」というアドバイスに直結する。また，「今日ドライブに行こうよ」という誘いを含んでいたり，「天気予報の賭に負けたのだから，私に一万円を払え」といった脅しがちらついていることもある。いずれも，いかにもありうる結びつきである。もっとも，このような例を出すことに対しては，すぐさま事実認識と価値判断とを結びつける媒介項としての上位価値判断を明示するよう，要請されるかもしれない。構文論的にはその通りである。例えば，一番最初の例を取るならば，「天気がよいときには傘を持たない方が望ましい」といった上位の価値判断を想定することができるだろう。だが，本当にそれだけなのか，それが適切なのかを，構文論だけでは決定することができない。このようなとき，語られる実践的文脈を明らかにする作業が，そこでの上位命題を限定する周辺事情をあぶり出してくる。すなわち，一方では，事実認識と価値判断との間にどのような制度的結びつきがあるかを明確にし，他方で，当該状況での当人の意図を浮かび上がらせることによって，事実認識の表明が価値判断とどのように結びつくのかが，明瞭になるのである(44)。

　以上(イ)(ロ)(ハ)の区別を受け入れるならば，事実認識から価値判断が論理無媒介的に導出されるわけではない——あるいは，価値判断の正当化は，事実認識をいくら積み重ねても可能にはならず，より上位の価値判断を援用するほかない——，というふうに理解される方法二元論(45)には，一定の限定を付す必要があるだろう。確かに，方法二元論は，論理的明晰さを要求することによって議論を整理する役割を果たす。常にもっと上位の価値判断の明示化を求め，それによって，まだ十分に定式化されていない前提を議論の場へと引き出すことができる。だがその代償として，事実認識や価値判断を語る主

---

(44) 方法二元論に関連して，事実認識として，「かくかくしかじかの価値判断が多数の人によって支持されている」という命題が考えられる場合に目を向けてみよう。このようなとき，だからといってその価値判断が「正しい」わけではない，とよく主張される。正しさの基準を多数決や合意以外のどこかに求めるならば，その通りである。しかし，文脈相関性や価値感得の体験に着目するならば，多数の人が支持するにはそれにふさわしい価値体験がそこに潜んでいるに違いない，と想定することも十分に可能である。ただし，唯一正しい価値判断を実質的内容に照らして判定する方法が他にないという理由から，多数の意見が尊重されるのではない。そうではなく，多数の人が支持しているということは，より深くより真剣な心理的・体験的根拠を含んでいる可能性が高いことを示唆しているからである。そして，その後の議論の方向設定を，数の問題としての処理から個々人の心理や体験の次元へと転回することの方が実り豊かになるのではないか，と思うのである。

(45) ここでは，ラートブルフのまとめを参考にしよう。注 (22)(23) 参照。

体が置かれている実践的文脈を度外視する。しかし，この場面への視線こそが，どのような文脈で事実が認識され，価値判断がいかに受け止められるのか，を明るみに出す。これまで述べてきたことと関連させてまとめよう。

第一に，おそらくは誰もがもっているであろう最も基本的な価値感得体験を反省的に言語化しようと試みるならば，事実認識と価値判断とは同時並行的に生じる。体験をする当人は，自らの体験を他者に対して理解可能であるように「語る」。そこで目指されているのは事実の「客観的」認識ではない。語ろうとする体験全体のなかで通常「事実」と呼ばれている構成要素を自らが反省して伝達することなのである。そして，それを聴く第三者は事実の認識が同時に —— 少なくとも当人にとって —— 価値判断を表明しているような関係にあることを自覚する。第二に，当人の発する事実認識の表明と価値判断との結びつきを第三者の立場から何とか理解しようとする試みがありうる。この場合には，当人の周辺的ないし背景的状況を明るみに出す作業として事実認識が位置づけられる。自らの体験を振り返るのではなく，他者のそれを理解しようと試みるのである。そのときの事実認識の集積は，そのようにして解明された状況から当人の価値判断の表明への移行を，—— 論理必然的ではないにしても —— 十分に理解するのである。そして最後に，事実認識を制度的事実として確認する場合がある。このときには，あまり疑いのない法適用と同じように，前件である事実が認識されたならば，後件に位置づけられている価値判断が必然的に導出されることになる。

（4） 価値感得の絶対性と間主観性 —— 他者からの納得

本稿の基本的立場は，価値判断，特に個別具体的価値判断の正当化を，討議に参加している一人一人の納得という心理的状態に還元して考察するという点にあった。これまでの論述は，専ら事実認識と価値判断との結びつきに向けられていたが，改めて「納得」の可能性と意義について検討してみよう。一方の機軸に，本人が最も基本的とみなしている価値感得体験がある場合と体験が欠けている場合を置き，他方で，前節での区別すなわち(イ)価値感得体験を自ら語る次元，(ロ)他者として(イ)の体験を理解する次元，(ハ)制度的次元，の区分を考えよう。ただし，(ハ)の次元は法適用とほぼ一致するから，法的手段を尽くした上でなおかつ直面するであろう価値判断の問題は，そもそも表面に現れないだろう。従って，以下では専ら(イ)と(ロ)に議論を限定する。

さて我々は通常，日々の生活を通じて当人にとって絶対的とさえ思われる価値感得体験をもっているはずである。量的には限られているその価値感得を基礎に据えて，体験していない —— と一見思われる —— 価値の表明を理解しようとし，自らの態度を決定しようとするだろう。ではどんな基本的価値

感得体験がある，と言えるのだろうか。有責配偶者からの離婚請求事件を念頭に置きながら，一つの仮説を提示してみたい。

離婚請求に関してすぐさま思い浮かぶ観念は，「責任」である。その責任観念を個人の価値感得体験と結びつけると，次のようになるだろう。およそ，我々の責任観念の基礎には，人の生命のとらえ方とそれへの接し方がある。この点について，英語 responsibility やドイツ語 Verantwortung が持っているニュアンスは，責任観念を検討するのにきわめて示唆的である。自分以外の誰かからの呼びかけや働きかけに対して真摯に応答するということが，そこでの責任の第一義である。婚姻関係にある人にあってその誰かとは，婚姻の相手であり，あるいは家族の構成員である。彼らに対して当人は応答の責務がある。同様の責務は当人と対峙する相手についても語ることができる。そもそも親密な関係を形成したということそれ自体が，相互の応答を否応なしに要求するのである。ではなぜ，どこからこのような観念が生じるのだろうか。またしても発生的次元に目を転じてみる[46]。

そうすると，働きかけとそれに対する反応とのやりとりの場がすぐ脳裏に浮かぶ。働きかけや応答はどちらが先かを問わない。相互に循環し連動する。呼びかけとその答えは単純な例である。ではなぜ，応答と働きかけとが相互に循環しあうのか。そこで想定したいのは，働きかけと応答とがほとんど一体化している人間関係のあり方である。親と乳幼児はその典型である。両者は何よりもまず身体的に交流し，それによってお互いの区別が一時的に曖昧になるほどに心身共に融合する。この融合しあった段階で一体性への安心と信頼が醸成される。安心と信頼は相手方に向かって働くばかりではなく，自らもまた安心を与えられ信頼されているという実感をもたらす。このような相互応答の背景があってはじめて，分離され独立した新たな人間関係に置かれても，相手方への信頼を構築することが可能になる。信頼があるからこそ，それに応えようとする責任観念が強くなる。そして，独立し自立した個人相互が新しい家族関係を作り上げようとするとき，その基礎をなすのは両者の一体化への志向である。

「有責配偶者」ということばを耳にして我々がすぐさま思い浮かべるのは，婚姻関係とそこでの双方の相手に対する責任である。その中核には，身体的一体化と融合から生じてくる，「原」責任観念とでもよぶべき他者への応答の責務がある。その責任観念は，それがまだ原初的形態を保っている限りで，

---

(46) 以下の叙述は，身体論や発達心理学の一派の考えから示唆を得ている。例えば，浜田寿美男『「私」というもののなりたち』1992年，ミネルヴァ書房，同『意味から言葉へ』1995年，ミネルヴァ書房，同『私の中の他者』1998年，金子書房，同『「私」とは何か』1999年，講談社，参照。

夫と妻という夫婦関係内での役割分担には関わらない。まだ，具体的ないし類型的な人間関係に応じた責任観念へと分化しているわけではないのである。

確かに，自らが直接体験する価値感得は限られている。当人にとって絶対的と感じられるものの数は，そう多くない。我々の責任観念は，一人一人独自の価値感得の体験を基盤としている。その体験が深ければ深いほど，各人は独自の体験と感じられるものに捕らわれがちになる。しかしそのことは，そこから得られるものの適用範囲の狭さを意味するとは限らない。というのも，個々人の，他者との一体化体験は，それが深くなればなるほど誰にとっても多かれ少なかれ似たような次元に突き当たる，と思われるからである。だからこそ人は，そこで得られる価値感得が絶対性をもっているばかりか普遍性をもっている，と感じるのではないだろうか。なぜなら，最も基本的な次元として身体的一体化をあげるならば，そこに各人の相違が現れる余地は甚だ少なくなるからである。各人の身体に伴う個別性を深めていくことが，あらゆる身体に共通する普遍性に到達することができる。それゆえにこそ，その語られる体験に自らの同じような体験を見たり感じたり重ね合わせたりすることが可能となり，語られていることに「納得」がいくのである[47]。では，体験していないことについてはどうか。

(5) 体験していない価値感得の理解へ

体験が欠けているが故に価値判断が異なっていたり，場合によっては相互に衝突するときに，「納得」はどのようにして可能になるのだろうか。特に法的紛争は，思想であれ利益であれ当事者間の対立を不可欠の要素とする。同じような体験から異なった判断が得られるのであるならば，体験の深浅やその言語表出のあり方を問うことも可能である。だが，そもそも体験の基盤そのものが異なっていると思われるような事例にあってはどのような解決が可能だろうか。俗に「体験しないことは分からない」とも言われる。価値判断の根拠を体験に根ざす納得にまで遡ろうとする試みは，どこまで貫くことができるのだろうか。私の仮説は「原」責任観念を想定し，それは身体的一体化という発生的な根拠の故に普遍性を持つ，というものであった。だが，原責任観念が現実の様々な人間関係を念頭に置いて，もう少し具体化され分化した価値判断へと多様化するならば，納得どころか相互理解さえ危ういの

---

(47) 象徴的な例が，大江健三郎の『個人的な体験』1964年である。タイトルは本稿で強調する個別的価値感得体験を示唆している。だが読者は，作家の体験が，まさに自らの体験及びそこから得られたものと重なり合うことを，「納得」するのである。そうすることによって，作家の個人的体験が個別性を突き抜け，普遍性を得ている，と言えないだろうか。

ではないか，との疑問が出されるだろう。

　私のさしあたりの解決法は，できる限り「原」責任観念への関連性を探ってみるというものである。確かに，個別事実関係に相応して原責任観念は分化していく。夫の責任は妻に対してばかりではなく，子どもができれば子どもにも及ぶ。地域社会でのそれもあり得る。職場での責任もその地位に応じて変わっていくだろう。そのように，他者との関わり方の変化が増大する複雑さをもたらすならば，「体験しないこと」は飛躍的に増える。閉じられた狭い範囲内での専門家だけが同じ体験を共有し，同じ専門用語を使い，暗黙知を発展させる。それにも拘わらず，これら複雑に分化した複数の責任観念を今一度最も根本的な価値感得の体験へと —— 仮に一部であろうとも最も根本的な部分で —— 還元することができるならば，異なった体験や未体験の事柄についても，相互の理解は不可能ではなくなる。すべて，原責任観念を基礎にしながら，自分が今まで知らなかった事実関係を眺めつつ，自らが把握できる限りでの類比関係を手がかりとすることができる。

　再び，有責配偶者からの離婚請求を取り上げてみよう。今度は夫なり妻なりの責任が論じられる。夫婦どちらの責任がより非難に値するかは，一方で破綻の原因がどのような理由なのかに依存し，他方でその後の関係修復と再形成に対して双方がどのような努力を払っていたかによって左右される。そのときまずは有責配偶者である夫の行為を詳細に検討し，それへの賛否を判断するときには，夫婦間で分担されるべき夫の役割や責任が結論を左右する。だが，夫の責任という分化に先立つ，他者への応答の責務という観念一般が，「婚姻関係破綻の原因を作った」行為とその後の対応に対する評価の底流となっている。同じ責任観念は，有責配偶者に対してばかりではなく，妻にも向けられる。というのも，分離独立した人間が親密な関係を作り上げようとして夫婦になり家族をなすとき，かつては存在し既に一部は喪失した一体化的人間関係を，新たに作り上げていこうとする共同作業者としての責任が意識されるはずだからである。

　当人の価値感得体験や背景状況を理解するためには，当該体験を可能にした事実の認識を積みあげていくしかない。ここでは再び，いわゆる解釈学的循環が語られるだろう。ただ，自らが必ずしも体験していない事柄に関して表出される価値判断を納得できるか否かは，どの程度自分自身の根本的価値感得との関連性を見つけることができるかに依存する。おそらく，納得できるためには，理解をしようとするだけではなく体験表出の聴き手になることを要するようにも思われる。複数の価値判断が分化するだけではなく衝突する場合には，衝突するそれぞれについて，根本的価値感得体験との距離を相互に比較することによって軽重を決するほかないだろう。

本稿は，法適用に当たって，抽象的価値よりもむしろ具体的結果を評価する個別具体的価値判断に視線を向け，その延長線上に一人一人の価値感得体験にまでたどり着いた。いわば，抽象的で大きな枠組みから具体的で小さな個人の話へと縮小してきたのである。しかし，個人の体験には限界があり，その認識には自ずと制約がある。特にたった一人で自らの体験を眺めようとするとき，その限界が露呈する。そこで今一度，潜在的な参加者をも含めた討議に期待がかかるが，詳細は別に機会にゆずるほかない。

5　法科大学院教育への示唆

　「法適用と価値判断」というタイトルからすれば，本稿は羊頭狗肉の観を否めない。これまでの論述だけから，法科大学院の法哲学教育に関して何か積極的なことを提示できるかどうかも，疑わしい。しかし本書全体の意図に沿う形で，以下では，私自身の授業の実践と本稿で述べたこととをふまえ，法科大学院での教育に関しごく概略的なことを述べておきたい。

　（1）　本稿では，法適用の際価値判断が不可避的に現れることのみを強調したのではない。むしろ，法的論理の筋道をできる限り明確にすることによって，直接的な価値判断がストレートに表に出てくることを警戒した。では，どのようにして法的論理を組み立てるのだろうか。大きく分けて二つの方向があろう。一つは，法理念や法原理を含めた抽象的価値から法的ルールを作り出す，いわば上から下の方向である。二つは，逆に個別具体的事案やそれに即した個別的価値判断から法的ルールを創出する方法である。こちらは，いわば下から上への志向である。具体的判決を素材にしながら，これら両方向からの法的ルールの形成と法律構成を自覚的にすすめ，その方法論的意義を明らかにするのは，法哲学の大きな役割である。

　（2）　本稿では，個別的価値判断に重点を置いた。そこでは具体的事実関係を前にして，生活に根ざした直接的な価値判断を働かせることの重要性を指摘した。未習者の法科大学院生は多くの場合回り道をしているから，改めてこのような価値判断の重要性を指摘するまでもないかもしれない。しかし，法的技術の習得に時間を割かれる生活が続くにつれ，やがては自らの身体に蓄積していたはずの体験を忘れてしまう恐れもある。仏教で往相・還相の二つの道があるように，法律学についてもまた，技術の習得がある程度極められると，今度は逆にそれを生かすべく日常の生活へと帰ってこなければならない。そのときに想起されるべきは，当事者と結びついた具体的結果に対する鋭敏な感覚なのである。法哲学は(1)の点を強調した後，再び(2)の側面にも

十分な注意を促すべきではないか，と考える。

（3）　本稿では全く触れることができなかったが，抽象的価値の相互連関を体系的に論じる正義論は，法的技術の理念的意義を明確にしてくれるはずである。

（4）　5の末尾で，再び討議の重要性にほんの少し触れた。価値判断ができる限り間主観性を得ようとするならば，他者との討議を通じて自らの価値感得を更に深めていくことが不可欠である。もとより，手続法によって整備された法的議論自体が冷静で合理的な議論の一典型例である。しかし教育的配慮の点からすれば，法廷のような戦術的議論ではない討議のあり方も考える必要があるだろう。学部教育に関して，私は以前カード利用によるいわば集団的理性の発揮方法を提案した[48]。この方法の特徴は，自説に固執せず討議参加者共同で何物かを発見することにある。常に結論を先取りし，それを合理化するような理論構築のみに腐心する傾向を退ける意味でも，このような集団的理性を発揮する機会は有益である，と思う。

これがいわば第三者の立場から何物かを発見する手続であるとすると，それと対比されるべきは，自己の価値感得体験を「語ろう」とする場である。これは，ここに至るまでの合理的議論がもはや有効に機能しなくなったときに，初めて顔を出す。法科大学院での教育としてうまく機能するかどうかは定かでないが，語り・聴く場所を設定することも必要ではないか，と考える。

---

[48]　拙稿「カードによる『事案のルール』獲得の可能性」『東北学院大学教育研究所報告集　第4集』2004年，13-36頁参照。

客観的実質的価値提示の現代的意義
――新自然法論の主張をもとに――

河 見　　誠
青山学院女子短期大学助教授

1　はじめに――今，法哲学に求められていること

　ホセ・ヨンパルトは，法哲学入門書の冒頭で，法哲学の学問的孤立について，次のように述べている。
　　「現在の『法哲学』がいく人かの専門家だけのものになってしまったということには，いろいろな理由があるはずです。その一つで最も決定的であるのは，常に進んできた学問の専門分化ということでしょう。古代でも，中世でも，このような専門分野はまだ存在しなかったし，『法哲学』という言葉さえもなかったのですが，そのお陰で法を課題にした全ての学者は，やはり法哲学をやっていたと言えます。これに対し，現在になると，法に関する学問は，憲法，民法，刑法，社会法，国際私法などといった無数の専門分野に分かれており，『法哲学』はそれらの専門分野に比べると，異質なものになっているわけです。裁判官などは実定法を正しく適用し，実定法学者も理屈を止めて実定法の正しい解釈を教えるだけで，足りるわけです。むろん，司法試験に成功するためにも，日本の場合は，この科目を勉強する必要はありません[1]。」
　しかし，時代は再び動き始めているように思われる。今私たちは，テクノロジーの急速な発展や，グローバリゼーションの波，そしてそれらの影響を受けつつ生じてきた，国家，家族（さらには男・女や人間・自然）等々の既存の枠組みの大きな揺れ動きを経験している。このような時代状況の中で，実定法学も否応なく，実定法がそもそも想定していなかったような事柄や法的に未整備の事柄に対する対応をしばしば迫られている。また，従来と同様の解釈適用では適切な法的解決がもたらされない，と厳しく批判される事柄や

（1）　ホセ・ヨンパルト『法哲学案内』（成文堂，1993年）ⅰ-ⅱ頁。

事例も噴出してきている。従って，現代の実定法学者そして法曹が，「正しい」解釈適用をなそうとするならば，多くの場合，まず「どうして」という哲学的問い，すなわち「どうして」これが法の正しい解釈なのか，「どうして」これが法の正しい適用なのかということを，実定法（学）的枠組みにおける正しさを超えて，自らに問いかけなければならないことになろう。時代は，実定法学に法哲学との協働を求めているのである[2]。

それでは，法哲学はどのように実定法学に対して働きかけていけばよいのか。もちろん，実定法学上の個別具体的な課題をもっと法哲学の研究対象としていくべき，ということもあろう。しかし上述のところからすれば，法哲学に最も求められていることは，その固有の課題に正面から徹底的に取り組むことではないだろうか。すなわち，「どうして」法とその解釈適用が「正しい」と言えるのか，という正しさの基準を探究し，説得力ある形で実定法学に対して提示していくことである。

従って，本稿ではその探究，提示に取り組むことにしたいが，その際，正しさの基準を構成する内容として実質的価値の客観的提示（本稿では，「客観的実質的価値」提示と表現する）が可能である，とする新自然法論の検討を中心に置く。この立場は，「正しさ」に関する「どうして」の問いを根源まで諦めずに追究し続ける，という法哲学的姿勢を頑固に貫くものと言える。こういった姿勢は，現在，余り人気のあるものではない。たとえ正しさの基準がありうるとしても，一定の内容的正しさを客観的なものとして主張することは独断的で独善的である，というのが一般的風潮であると思われる[3]。にもかかわらず，むしろ頑固な姿勢を貫く法哲学の方が，現代において，実定法学のよりよき協働者になりうるのではないかということを，以下，論じてみたい。

（2）　司法制度改革とりわけ法科大学院設置などの法曹養成制度改革の背後には，このような時代のニーズもある，と読みとることが可能である。例えば，伊藤滋夫は「法科大学院の目的の重要な部分である深い洞察力や幅広い視野を備えた有為の法曹の養成という観点からすれば，法哲学，法社会学，法心理学，法と経済学などは，まさに実定法の内容を豊かに深くするために，実定法学とともに教えられるべきものである」と述べる（「基礎法学と実定法学との協働——民事法研究者の視点から」自由と正義54巻6号［2003年6月］22頁）。

（3）　「規約主義」（conventionalism）はその代表的なものである。山田八千子「法命題の正当化と根元的規約主義」日本法哲学会編『法哲学年報2001』（有斐閣，2002年）114-123頁参照。

2 客観的実質的価値を否定する立場のジレンマ

(1) 現代法哲学と客観的実質的価値の否定

　法の世界に客観的実質的価値の提示は必要ないとする立場は，古来より繰り返し登場してきたが，特に現代法哲学におけるその主張は強力である。

　現代法哲学を検討する上で不可避の出発点[4]となるのは，ハンス・ケルゼンの『純粋法学』であろう。ケルゼンはその序言で，純粋法学とは「純粋な，即ち，一切の政治的イデオロギーと一切の自然科学的分子から純化されたところの，その対象が固有法則性を有することによってその特質を自覚した法律理論である」と述べる[5]。彼は，「実定法を純粋に構造分析する『法の科学』の確立」を目ざして，当時の法実証主義の一つの傾向であった「法の社会学的・心理学的考察」を排除するとともに，「一切の道徳的・政治的価値判断の混入」を拒否するのである[6]。

　その後，自然法論の再生というムーブメントが起こったが，しかし，現代法哲学においてケルゼンに並ぶ重要人物であるH・L・A・ハートは，二次大戦後のドイツ裁判所がラートブルフ流の「超法律的法[7]」の観点からナチス制定法の効力を簡単に否定したことに無条件に満足するのは，「ヒステリーのように思われる」と反論する。「言語道断なほど不道徳な行為をしたという理由で」ナチス制定法に従った者を処罰することを多くの人は賞賛するかも知れないが，そのことと法の効力とは別問題であり，「ラートブルフの見解を受け入れ，彼やドイツの裁判所にならって，ある種のルールはその道徳的不公正さのゆえに法たり得ないという主張の形で悪法に抵抗」すべき

（４）　中山竜一『二十世紀の法思想』（岩波書店，2000年）1頁。この書の第一章は，「20世紀法理論の出発点」と題して，ケルゼンの純粋法学を扱っている。

（５）　Hans Kelsen, *Reine Rechtslehre*, Franz Deuticke, Leipzig und Wien, 1934, 1. Aufl., Vorwort. 横田喜三郎訳『純粋法学』（岩波書店，1935年）1頁。

（６）　田中成明『法理学講義』（有斐閣，1994年）68頁。

（７）　「実証主義は，標語的に言えば『法律は法律である』という定式に要約できるが，その結果，きわめてひどい暴虐と恣意に対してすら，それらが時の権力保持者によってただ法律の形式で現されてさえいる限り，ドイツの法学と裁判とは無力をかこつほかなかった。……それ故に，法律を超える法——これに照らしてみると実定法もまた制定された不正であることが明らかとなることがありうる——の理念は法実証主義の一世紀の後に力強く復活した。」Gustav Radbruch, *Vorshule der Rechtsphilosophie*, Vandenhoeck & Ruprecht, Göttingen, 2. Aufl., 1959, S. 113-114. 野田良之，阿南成一訳「法哲学入門」『実定法と自然法・ラートブルフ著作集第4巻』（東京大学出版会，1961年）216-217頁。

ではない，と言うのである(8)。

　このハートの主張は，法の世界と道徳の世界は，例えばサッカーとラグビーが類似しつつも異なったゲームであるように(9)，別個のルールによって展開されている世界であり，法の世界のルールに則らない限りは道徳的に正しいことであっても，法的には妥当しないのだ，という言語ゲーム論的法理解に基づくものと思われる。このようにして，ハートにおいては「悪法もまた法なり」という帰結に至るのであるが，それは，法の価値内容の吟味はそれ自体としては法の法たる資格とは関わりがないからだ，ということになる。

　ハートもまたケルゼンと同様に，法の世界を法以外の世界，とりわけ道徳の世界から独立したものと位置づけ，説明しようとした。しかしたとえ，法は完全に独立した自立秩序として定立しているものだとしても，そこから必然的に価値内容の吟味を完全に排除することになるのであろうか。ある意味でノーであり，ある意味でイエスである。

　ジョン・ロールズの『正義論』は，法の担うべき価値（自由，平等）を一定の道徳的立場に立つことなしに客観的に提示しようとした試みであり，価値についての議論を復権させた業績として高く評価されている。ロールズによれば，自分の財産や才能といったような具体的な情報について「無知のベール」をかけられた状態で，自己の利益の最大化のみを追求する対等な人々によって構成されると仮想された「原初状態」においては，第一原理（自由の平等原理），第二原理（格差原理，公正な機会均等原理）が選択されることになる。従って，法が公正であろうとするならば，これらの原理によって表明される自由，平等を価値内容としていなければならない，というのである(10)。

　ロールズによって提示される自由，平等は，いかなる道徳的立場にも立つことなく，道徳的世界とは切り離された中で導出を試みられたものでありながら，人々の一定の行動を導くに足る内容（に至る可能性）を有する価値と言える。しかしそれらは厳密な意味で「実質的」価値と言うことはできないと思われる。それらが機能するのは，あくまで多様な生の構想の間の「調整原理」（＝「正」）としてであり，基本的には，各人の生の構想それ自体を導く「実質的」内容（＝「善」）を持ったものではないのである。このように，法の世界における「正」と「善」の分離，そして「正」の「善」に対する優

（8）　H. L. A. Hart, *Essays in Jurisprudence and Philosophy*, OUP, 1983, pp. 76-77. 上山友一，松浦好治訳「法実証主義と法・道徳分離論」『法学・哲学論集』（みすず書房，1990年）84-85頁。

（9）　中山・前掲書40頁。

（10）　John Rawls, *A Theory of Justice*, Belknap Pr., 1971. 矢島鈞次監訳『正義論』（紀伊國屋書店，1979年）。

位が貫かれているという点で，ロールズにおいてもまた，法を導く「客観的」価値は求めらながらも，厳密な意味での「実質的」価値の吟味は法の世界から排除されていると言えるのである[11]。

　もちろん，リベラルな立場からすれば，ある特定の生き方を肯定したり否定したりすることにつながるような「実質的」価値の吟味，評価が，法の世界から排除されるべきなのは当然とされよう。ある特定の実質的価値に則って行為するように，それを望まない者に対して強要することは，たとえそれに則らない行為や態度がいかに不道徳的と評価されようとも，法的には正しくないと考えるのが，人々の自由な生き方を尊重する立場の必然的帰結だからである。そして，こういった「正」と「善」を分離するリベラルな法の理解は，一見，価値観や生き方がますます多様になってきている現代社会に相応しい法の位置づけであるように見える。

　ところが，特に1980年代以降，様々なレベルで「正」と「善」の分離に対する根本的疑問が提起されてきた。例えば第二波フェミニズムによると，リベラリズムは，個々人の生き方の問題を私的事柄として法という公的世界から駆逐することによって，職場や家庭やカップル関係などにおける男性支配の現実及びその支配を成り立たせている構造を温存することに荷担している[12]。つまり，自由や平等は決して個別の生き方を超えた中立的な価値（＝「正」）ではなく，本当は，男性中心に作られてきた社会構造を前提とした生き方を維持促進する「実質的」価値（＝「善」）なのであり，そして男性支配を前提とする以上その価値は全ての人々にとって「客観的」なものではない。

　フェミニズムの立場は法に積極的な期待を寄せないことも多いようであるが，法を肯定的に捉える場合には，リベラリズムとは反対に，（特に女性という観点からの）「実質的」価値の吟味を法の世界に持ち込もうとするであろう。しかし，吟味を要請する価値はあくまで「女性」という特定の観点からのものであり，フェミニストたちはそれを恐らくは普遍的なものとして「客観的」に主張しようとは試みないであろう。フェミニズムの多くは，リベラリ

---

(11)　ロールズは「自由と機会，所得と富，そしてとりわけ自尊心」を第一位の善すなわち実質的な価値として挙げ，それらの分配あるいは尊重に関して正義を論じるのであるから（Ibid., p. 433; 訳書338頁），法の内容として少なくともそれらの実質的価値が含まれているのではないか，と言われるかも知れない。しかし，ここで挙げられている実質的な価値もまた，人々の行動や生き方の目標というよりもむしろ，概ね，目標達成の手段あるいは基盤としての副次的価値を有するにとどまるものとして提示されていると思われる。Cf. John Finnis, *Fundamentals of Ethics*, Clarendon Pr., 1983, p. 49.

(12)　奥田暁子他編『概説フェミニズム思想史』（ミネルヴァ書房，2003年）182-197頁参照。

ズムを批判する以上に，客観的実質的価値の提示を主張する立場を「本質主義」につながるものとして批判の対象に挙げるのである[13]。この点は，マイノリティの権利実現を目標とする多文化主義も同じようなスタンスをとるものと思われる。

このようにして，現代法哲学は，複雑な揺れ動きを見せつつも，常に客観的実質的価値を何らかの形で否定する波を重ね続けながら展開してきたと言えよう。

（2） 現代法哲学のジレンマ

それにしても，なぜ客観的実質的価値は強硬に否定されるのであろうか。その第一の理由は，実質的価値を客観的なものとして提示することの「危険性」への批判であろう。第二の理由は，価値を価値以外の何か（人間の本性のような自然的なものや一定の事実など）から導出しようとする「還元主義」に対する方法論的恣意性への批判であろう。しかしこれらの批判は，客観的実質的価値を否定する立場にそのまま跳ね返される，というジレンマを抱えているように思われる。

ケルゼンの純粋法学は，日本でも法哲学のみならず実定法学，とりわけ憲法学において，大きな影響を与えてきた[14]。しかし他方，ケルゼン流の，法の価値内容の吟味を拒否する姿勢は，ナチス・ドイツの暴力的支配を正当化しあるいは否定しえなかったとして，二次大戦後，厳しく批判された[15]。確かに，「たとえ今まで妥当してきたすべての道徳体系に共通する要素を見いだすことができるとしても，それらの要素を含まなかったり，今までいかなる共同体においても善いとか正しいと見なされてこなかった行為を命じたり，あるいは今までいかなる共同体においても悪いとか正しくないと見なされてこなかった行為を禁じたりするような強制秩序を，『道徳的』あるいは『正しい』ものでないから法として見なされないとする，十分な理由は存し

---

(13) 現代のフェミニズムの多くは，「反本質主義」の立場をとる。それは，「女性の本質」なるものが存することを認めず，特にそれを「産む性」であることに根拠づけようとする立場を厳しく批判する。また社会の制度や思想は様々な要因によって「構築」されたものであるとする。高井裕之「男の正義／女の正義」平井亮輔編『正義——現代社会の公共哲学を求めて』（嵯峨野書院，2004年）193頁参照。

(14) 憲法学の教科書の多くは，ケルゼンの「根本規範」や「法段階説」に触れつつ，憲法の妥当性や正当性について考察を加えている。例えば，清宮四郎『憲法Ⅰ（新版）』（有斐閣，法律学全集3，1971年）17-18，30-38頁，芦部信喜『憲法学Ⅰ　憲法総論』（有斐閣，1992年）48-49頁，浦部法穂『新版・憲法学教室Ⅰ』（日本評論社，1994年）16-17頁等を参照。

(15) 注7のラートブルフの引用を参照。

ない[16]」というケルゼンの叙述を見るとき，その批判は的外れではないと言えよう。

　ケルゼンは，自然法論は既存の実定法秩序の正当づけによって支配体制を維持する機能を果たしてきたに過ぎないとして，自然法論の保守性を激しく批判する[17]。そのような自然法論によって客観的なものとして支配的な価値や制度を強要されることは，ユダヤ人として「民族的憎悪や迫害」と隣り合わせで生きてきたケルゼンにとって[18]，危険なことと感じられたであろう。その危険性を排除しようとして，ケルゼンは，価値を自然という事実的なものから導出することに対する方法論的批判を行うとともに，価値内容の吟味を法（学）の世界から駆逐するに至ったのである。

　ところが皮肉なことに，法における価値内容の吟味を禁じる姿勢は，「法規範はいかなる内容をももちうる[19]」ことを容認するため，ケルゼンが本来回避しようと求めたユダヤ人に対する迫害を内容とした法も理論的には容認せざるを得ないことになる。そして実際ケルゼンは，二次大戦時代には流浪の生活を強いられ，アメリカに逃れざるをえず，その後祖国に帰ることはなかった[20]。ケルゼンの生涯それ自体が，法の世界における客観的実質的価値の否定もまた，場合によってはその肯定以上に危険性を持つということを証していると言えないだろうか。

　またケルゼン流に，法を純粋に法の世界だけで説明しようとする際，法秩序の段階構造は，すべての法規範の妥当根拠となる「根本規範」に論理必然的に到達する。しかしよく批判されるように，その根本規範自体は，結局は，例えば憲法制定のような一定の「事実」によって導入されざるをえないだろう[21]。この，法における事実的側面に対する何らかの形での批判を，法の世界において展開することができない場合，法はその根源において事実（例えば，ナチス・ドイツの熱狂的支持）に無批判に「還元」されてしまうのである。

　ハートが法の世界と道徳の世界を峻別するのも，道徳を法的に強制するこ

---

(16)　H. Kelsen, *Reine Rechtslehre*, 2. Aufl., 1960, S. 67.
(17)　加藤新平『法哲学概論』（有斐閣，法律学全集 1，1976年）207頁。
(18)　中山・前掲書 6 頁。
(19)　H. Kelsen, *General Theory of Law and State*, Russell & Russell, 1961, p. 113. 尾吹善人訳『法と国家の一般理論』（木鐸社，1991年）197頁。
(20)　ケルゼンの生涯については，ルドルフ・アラダール・メタル著，井口大介，原秀夫訳『ハンス・ケルゼン』（成文堂，1971年）参照。
(21)　「事実の契機」の導入による「根本規範におけるケルゼンの破綻」をめぐる議論については，長尾龍一『ケルゼン研究Ⅰ』（信山社，1999年）317-327頁参照。長尾は，根本規範を実体的な規範と解する尾高朝雄，小林直樹の所論が誤解に基づいており，ケルゼンは仮説的な授権規範として根本規範を想定している，とする。し

との「危険性」を極力排除しようとするリベラルな立場からである。同性愛や売春行為の非犯罪化を勧告したウォルフェンデン報告をめぐるハート＝デヴリン論争では，他者に対する危害を防止することだけが権力行使の唯一の正当化であるというミルの危害原理に基本的に基づき，危害防止のために不道徳な行為を法的処罰対象とすることはあっても，不道徳であるということそれ自体を理由とした法的強制は正当化されない，という考えを明確に示している[22]。

しかしハートによる法の説明に従うならば，彼の意図に反して，道徳を強制するようなリベラルでない法であっても法として認められ，さらには法たりうる資格として道徳的内容が必要である，とさえ主張されうる「危険性」が出てくるのではないだろうか。ハートによれば，法は行為者の「責務」を定める一次的ルールと，そのルールの内容を「確認，導入，排除，変更」する二次的ルールからなり，その二次的ルールの中に，その集団のルールであるか否かを確認するための「承認のルール」が存する。発達した法の体系では，承認のルールは，「ルールが特別の団体によって制定されてきたということ，あるいは長い間の慣習として行われてきたこと，又は司法的決定に関係してきたということ」といった内容となる[23]。このように，承認のルールは，極めて形式的枠組みとして想定されているが，そのことは例えばリベラル「でない」慣習であっても，長い間行われてきたという「事実」を根拠にして法的ルールとして認められることを意味するであろう。さらには，当該社会が承認のルールの内容に，例えば「ルールにある一定の道徳的内容の強制が含まれること」を加えることを容認するならば，容易にモラリスティックな法秩序を擁護することができるのである。このハートのジレンマはやはり，承認（のルール状況）という社会的「事実」に法及びその内容を「還元」してしまったことに由来すると言えよう。

もっとも，ハートの考えに基づく場合，ケルゼンとは異なり，実質的価値の提示や吟味を，少なくとも理論的には排除するものではないであろう。法というゲームに参加している当事者の視点（内的視点）から，個別のルールを支える価値，さらには法秩序全体を支える価値を浮かび上がらせることができれば，その価値をもとにハード・ケースを導くことができるかも知れないし，またルール同士の衝突を裁定したり，ルールの法的資格を内容的に吟味することが可能となろう。構成員の「平等な尊重と配慮への権利」に貫か

かしたとえそうだとしても，そのような根本規範が，法の内容に対して批判を展開できないことは同じである。

(22) H. L. A. Hart, *Law, Liberty and Morality*, Stanford U. P., 1963, pp. 4-6.
(23) H. L. A. Hart, *The Concept of Law*, Clarendon Pr., 1961, Chap. 5. 矢崎光圀監訳『法の概念』（みすず書房，1976年）第5章。

れつつ国家は「インテグリティとしての法」を紡いでいかなければならない，と主張するドゥオーキンの試みは[24]，まさに「『内的視点』の全体化[25]」を図ったものと言うことができる。

　確かに，法というゲームの当事者の内的視点から見出される価値は実質的である。しかし，その実質的価値は，ゲームが行われている社会内のものであるから，時代や社会を横断して提示しうる「客観的」価値ではない。従って，ドゥオーキンが基盤に置く「平等な尊重と配慮の権利」も，それを内的視点として共有する，彼の属する英米社会内では実質的価値として十分に妥当するかも知れないが，例えば人々の階層的序列を旨とする社会に対する批判原理として「客観的」に提示することはできないのではないだろうか。そしてまた，内的視点として共有していると言っても，その社会の全員が受容していることは稀であり，実際には社会的多数者の受容にとどまると思われる。とすれば，内的視点から浮かび上がってくる実質的価値は，社会的多数者にとってのものであり，少数者の考えは排除され，無視される恐れがある。少なくとも，「平等な尊重と配慮の権利」を内的視点として共有している社会以外においては，少数者の視点の尊重と配慮を規範的に要求する根拠を見いだすことができないだろう。

　このような，「自由」や「平等」を客観的に提示しえないことの「危険性」に正面から立ち向かったのがロールズであるが，上述のように，フェミニズムからは，むしろそのような客観的提示の背後にある男性支配（の構造）の「危険性」が指摘されるに至っている。そして，共同体主義によるロールズ批判に従うならば，これらの客観的提示を導くために，ロールズは人間を，共同性やアイデンティティなどを捨象した「負荷なき自我」へと「還元」する，という犠牲を払っているのである[26]。何にもとらわれずに自由な選択を行える孤立した個人を前提として導かれる客観的価値とそれによって構築される社会は，人間を人格全体において支えるものとは言い難く，かえって貧しくさせるのだ，という共同体主義の批判は，個人主義と自由主義の蔓延した社会のもたらす問題がしばしば指摘される現在，一定の説得力を持っていると言えよう。

　しかしながらその共同体主義も，負荷なき自我ではなくて「位置ある自我」に基づく場合にどのような実質的価値を提示しうるのか，マッキンタイ

---

(24)　Ronald Dworkin, *Law's Empire*, Belknap Pr., 1986. 小林公訳『法の帝国』（未来社，1995年）．

(25)　中山・前掲書100頁．

(26)　Michael J. Sandel, *Liberalism and the Limits of Justice*, 2. ed., 1998. 菊池理夫訳『自由主義と正義の限界（第2版）』（三峯書房，1999年）．

アが述べるような，近代以降の情緒主義に支配された「新たな暗黒時代」を乗り越えた「礼節と知的・道徳的生活を内部で支えられる地域的形態の共同体」とは具体的にどのようなものなのか[27]，また法が共同体にどのように関わるべきなのか，ということについては明確に語らない。従って，それらに関する客観的提示の欠如の故に，どんな位置づけであっても位置ある自我でさえあればよい，どんな内容であっても道徳的に豊かな共同体でさえあればよい，共同体的価値の実現を第一義的な法の役割にしてよい，といったような主張を否定しきれない「危険性」を有しているのである。

　フェミニズムもまた，リベラリズムによる負荷なき自我への人間の「還元」に対して，中立性の名の下に女性を排除するために都合よく構築されたものであるという鋭い批判を突きつけるけれども，社会や法の在り方に対するオルタナティブを十分提示し切れていない。従って，フェミニズムの主張は，こと国家や法の在り方に対する積極的な提言に関しては，法によってジェンダーを撲滅しようとする「道徳警察国家」観と，法を含め制度や規範に全く期待をしないシニカルな「脱規範化論」の両極端の間で，不安定に揺れ動いている[28]。前者は新たな抑圧を産む「危険性」を有しているし，後者は規範に基づく現状批判を放棄するために既存の抑圧を放置してしまう「危険性」を有していると言えよう。

（3）　客観的実質的価値の再考

　このように見てくると，客観的実質的価値を肯定する立場に対する批判として挙げられる（法による抑圧の）「危険性」に負けず劣らず，客観的実質的価値を否定する立場の「危険性」も大きいことがわかる。その危険性の由来は，自らが批判点として挙げてきた「還元主義」を，最後の段階で（ケルゼン，ハート）あるいは最初の段階で（ロールズ），導入してしまっていることにあると言える。しかし，そういった還元主義を暴露し批判することだけに終始するならば（共同体主義，フェミニズム），危険性にさほどの違いはないであろう。

　私たちは，現代法哲学のこのジレンマから抜け出すことができないのであろうか。抜け出すことはできない，あるいはその必要はないというある種の開き直りの立場に立つことも可能である[29]。しかしその前に，このジレン

---

(27)　Alasdair MacIntyre, *After Virtue*, 2. ed., U. of Notre Dame Pr., 1984, p. 263. 篠崎栄訳『美徳なき時代』（みすず書房，1993年）320-321頁。
(28)　井上達夫「フェミニズムとリベラリズム」ジュリスト1237号（2003年1月）23-30頁。
(29)　開き直りといっても，必ずしも法の世界を主観的価値同士のバトルの場に過ぎない，とペシミスティックに捉える必要はない。ハーバマスの討議的正義論などの

マの突破に正面から取り組んでみる途もまた，私たちになお残されていると思われる。その途は，還元主義に陥らないで客観的実質的価値を提示する，というものである。抑圧の危険性に結びつかない，自由で民主的な社会を支える実質的価値を，恣意的な還元主義に陥らない，反還元主義的な方法論によって，客観的に提示する可能性を追求することは，多元的で流動的な現代社会においてなお法の正しさを考えるという法哲学に向けられた課題の，真摯な引き受け方の一つであろう。本稿では，そのような試みの一例として，ジョン・フィニスの新自然法論を取り上げることにする[30]。

3　客観的実質的価値を肯定する立場──新自然法論の主張

（1）　内的視点，道徳的視点，より合理的な視点──常に追求のプロセスにある客観的実質的価値

ケルゼンが批判したように，従来の自然法論は，自然法すなわちあるべき法の内容を何らかの形で「自然」（本性）の中に求めてきた。しかしフィニスらによる新自然法論は，自然（本性）のような事実から，善や価値を導出することを否定する。なぜなら，「一連の理論的前提から，何らかの実践的真実を引き出すことは，論理的にできない。というのは健全な推論は，その前提の中にないものを導出することはないからである[31]。」それでは，そこで言う「実践的真実」（本稿で言うと「客観的実質的価値」）はどのように導出

　手続的正義論は，価値に関する実質的合致を放棄しつつも社会的な結びつきを模索した，真摯な取り組みであると言えよう（平井亮輔「対話の正義」平井・前掲書第9章参照）。但し，後述のように，実質的価値に関する討議を法の世界から除外するハーバマスの姿勢を，フィニスは批判する。

(30)　フィニスの新自然法論の理論的枠組みに関する拙稿として，①「新自然法論における実践的原理」青山学院女子短期大学紀要（以下「紀要」）第51輯（1997年）169-188頁，②「フィニス新自然法論の可能性」『法の理論18』（成文堂，1999年）183-202頁，③「新自然法論における基本善と人間実現」『人間の尊厳と現代法理論（ホセ・ヨンパルト教授古稀祝賀）』（成文堂，2000年）301-319頁，④「新自然法論と反還元主義」『法の理論21』（成文堂，2001年）61-80頁，⑤「新自然法論における絶対的道徳規範」『自由と正義の法理念（三島淑臣教授古稀祝賀）』（成文堂，2003年）355-379頁，がある。

　また，新自然法論の視座から見た現代法哲学に関する拙稿としては，⑥「多文化時代の特殊，普遍，キリスト教」青山学院女子短期大学総合文化研究所年報第9号（2001年）25-43頁，⑦「『新しい市民社会』の法哲学を求めて」紀要第56輯（2002年）105-128頁，⑧「フェミニズムと自然法論の協力関係」紀要第58輯（2004年）41-63頁，がある。

　以下の論述は，これらの拙稿をある程度基盤としたものである。

されるのであろうか。

　法は人間による社会的実践に属するものである以上，法における真実の理解は，実践すなわち行為の理解から導出されなければならない。このように考える点でフィニスは，行為者の内的視点によって行為や秩序を理解しようとする言語ゲーム論的立場と同じ出発点に立つ。すなわち，人の実践は「その要点すなわちその目標，価値，意義，重要性を，遂行者によって考えられているように理解することによってのみ，十全に理解される」とするのである[32]。但し，行為の要点は一つだけとは限らない。例えば，法は「反対する行為がある場合に適用されるべき強制手段の威嚇を通して，求められている社会行為をもたらすことの中に存する社会的技術である」と定義するケルゼンも，法的実践の要点に目を向けてはいるのであるが，それを，強制によって従うという一つの側面のみに単純化しようとした点に問題がある，とされるのである[33]。

　しかし更にフィニスは，法に従う者の内的視点から見て，法的実践に様々な要点があるとしても，ただそれらを羅列するだけでは，法を説明したことにはならない，と考える。ハートは，法への忠誠を基礎づける考えとして，法的ルールを道徳的に正当化されていると考える人々の視点以外に，長期的利益計算，他者への公平無私な関心，無反省に継承されたあるいは伝統的な態度，単に他者がするのと同じようにしたいという望み，を列挙する。これに対しフィニスは，内的視点それ自体に対する「中心的ケースを周辺的ケースから区別する」べき，と考えるのである[34]。そして，内的視点における中心的ケースは，「法的責務が少なくとも推定的に一つの道徳的責務として扱われる視点，すなわちそこでは自由裁量のあるいは静態的慣習の秩序とは異なったものとしての法的秩序の設立維持が，一つの道徳的理想かさもなくば正義の強いる要求と見なされる視点」である，とされる[35]。これを「道徳的視点」と呼ぶことができよう。法に従うことを自分の責務として積極的にあるいは当然のこととして引き受ける者たちがいて初めて，法秩序が安定的に存立しうるであろうから，法の説明は，そのような者たちの「道徳的視点」を中心としたものであるべき，というのは理解できることである[36]。

(31)　Germain Grisez, Joseph Boyle, and John Finnis, Practical Principles, Moral Truth, and Ultimate Ends（PP hereafter）, *The American Journal of Jurisprudence*, Vol. 32, 1987, p.102.
(32)　John Finnis, *Natural Law and Natural Rights*（NLNR hereafter）, Clarendon Pr., 1979, p. 3.
(33)　H. Kelsen, *Genral Theory of Law and State*, p. 19. NLNR p. 5.
(34)　H. L. A. Hart, *Concept of Law*, p. 198. NLNR p. 13.
(35)　NLNR p. 15.

しかしここからさらにフィニスは,「より」中心的なケースを絞り込んでいく。それは,「道徳的視点」の中でも,「他の者よりも合理的である者」の視点,すなわち「首尾一貫しており,人間の機会及び繁栄の全ての側面に対してよく注意を払っていてかつそれらの限定された共約可能性を意識しており,人格と物質的条件の欠陥と障害を修復することに関心がありかつそれらの根源を意識している」人々の視点である。これを「より合理的な視点」と呼ぶことができよう。

確かに,法に従うことが正しくあるいは善いことであるとストレートに考えるが故に従う者たちのうちでも,人間の諸側面と社会の現実を十分に理解した上で法の正しさ,善さ(法を支える実質的価値とそれらの配置)を首尾一貫して説明できる者の視点に基づいた法の説明が,その社会の法のより適切な説明である,と言うことができそうである。もしそうだとすれば,そのような,より適切な法の説明において提示される実質的価値(及びそれらの配置)を,その社会の法の内容と在り方を批判する基準として用いることができることになる。

但し,フィニスによれば,より中心的ケースすなわち「より合理的な視点」によって提示される実質的価値は,当該社会内に閉じられたものではない。当該社会における法に関する数多くの見方のうち,どれが「より」合理的な視点であるかを見出すために,法を説明しようとする理論家たちは,「自ら」実践的思考を働かさねばならないことになる,と言うのである。というのは,「その理論家は,自分の主題に関する中心的ケースを同定するために自分が用いるところの実践的視点の中心的ケースを,実践的合理性の諸要請が現実に何であるかを,人間の事柄及び関心のこの全側面との関連の中で決定する(decides)のでなければ,同定することができないからである。法に関連して,理論家が知りかつ叙述するべき最も重要な事柄は,その理論家の判断において,法を持つことが『実践的』視点から重要であることにさせる事柄である[37]。」

「より合理的な視点」がどのようなものであるかについての判断が法の説明者に開かれているということは,当該社会の法を法たらしめる要点(法を支える実質的価値)を見出すためには,当該社会内部の社会的事実を外的にしろ内的にしろ純粋に記述することではなく,法の説明者自身が「より合理的な視点」に関する判断と決定をなすことが必要である,ということを意味する。

---

(36) この段階で既に,人々のどんな道徳的視点によって支えられることも説明することも全くできない(例えば恐怖政治の)秩序における法は,法たる資格を有しない,という法に対する批判的主張を展開することができよう。

(37) NLNR p. 16.

もちろん，法の説明者たちはそれぞれ，相異なった「より合理的な視点」を主張し合うであろう。しかし，より合理的な道徳的視点からの説明を真摯に試みようとする限り，それは，法の説明者たちの主観的価値観の闘争に留まるものではない可能性が開ける，とフィニスは考える。曰く，「人間の事柄に関する——従って他の人たちが実践的に重要と考えてきたものに関する，そして彼らの関心の実際の諸帰結に関する——正確な知識の訓練された獲得が，彼自身（及び彼の文化）の実践的『先入観』を何が善で実践的に合理的かに関する真に合理的な判断へと転化させる努力をしている反省的かつ批判的理論家に対して，一つの重要な手助けである限りにおいて」，彼らは先入観にさらされたままに留まることはない。「記述的知識はこのようにして，その理論家が最初に自分のデータにアプローチしたときにもっていた重要性及び意義の判断の修正をもたらすことができ，そして再概念化を示唆することができる。しかしその知識は，予備的な概念化，従ってある実践的視点から引き出される選択と関連性に関する予備的な一連の諸原理なしには，達成されることはないだろう。このようにして，一方では人間的善とその実践的要請の査定，他方では人間の善き存在性が多様に実現され破壊される人間的文脈の説明的記述の間の行ったり来たりの移動が存する[38]。」

　知識が「より合理的」かどうかを判断するためには，予め予備的概念ひいては原理が必要である。概念や原理によって事柄の合理性を客観的に吟味することになるのであるが，それらの概念や原理は最初から客観的なものとして，すべて完全に説明者が手に入れることができるものではない。社会的事実の把握との「行ったり来たりの移動」を通じて，今のところ有している概念や原理もまた，「より」客観的なものに変えられていく。このような動態的なプロセスを前提とした上で，フィニスは法の説明における客観的実質的価値の必要性と可能性を主張するのである。

　しかし，ただ「より合理的な道徳的視点」（客観的実質的価値）からの法の説明を真摯に「追求し続ける」ことだけで，より客観的な価値，それに基づくより客観的な法の説明に至る道を歩んでいると言えるのであろうか。大きな歴史的視座から見るときにはそうであると言えるのかも知れないが，法の説明に今現在携わっている者からすると，自らの説明が道からそれていないか，あるいは道を後退していないかを判断する「道しるべ」は，少なくとも必要であろう。上記のフィニスの論述からその道しるべを探すとするならば，「人間的善とその実践的要請」になりそうである。つまり，法を説明するために用いられている概念や原理が「人間的善とその実践的要請」を明らかに

---

[38] NLNR p. 17.

無視しているものであるならば、その説明は道からそれており、それらのよりよき実現に向かっていないならば、後退しているということになろう。但し、「人間的善とその実践的要請」自体が常により客観的なものへと変えられていくプロセスにあるものだとすれば、「現段階」のそれをもって道しるべとすることは、そのプロセスに壁を設けることになる。だとすれば、他にどのような道しるべを提示することができるのか。フィニスの主張にもうしばらく耳を傾けてみよう。

(2) 基本善——「道しるべ」としての客観的実質的価値

フィニスにとって「人間的善」は、人間の本性といったような何か自然の世界ではなく、あくまで行為の世界において説明されるものである。一般に行為は何かの目的（具体的な事柄の状態の実現）のために為されるが、善とは、人が目的に向けて行為することに関心を持つ「一般的理由」である。善はさらに「手段善」と「基本善」に分かれ、前者は「人々がそれらに持つ関心を説明するためにさらなる理由を必要とする、行為のための理由」であり、後者は「さらなる理由を必要としない」究極的理由、とされる[39]。例えば、棚に向かって歩くという行為は、散歩のためかも知れないし、薬を取りに行くためかも知れない。その行為を理解するためには、「薬を取りに行って飲むため」という行為の目的を知らなければならない。そして、私たちが「なぜ」という問いを続けていくならば、行為をより深く理解することができる。「なぜ薬を取りに行くのか」という問いに対する、「痩せるため」という答えは、行為の（具体的目的を表していると同時に）一般的理由を示している。しかしさらに「なぜ痩せようとするのか」と問うとき、「健康のため」ひいては病気で死なずに「生きるため」と答えることができる。ところが、さらになぜ「健康を求めるのか、あるいは生きようとするのか」という問いに対して、具体的目的を表明することは可能かも知れないが（私は子どもを養わなければならない等々）、生命あるいは健康のために行為することの、さらなる一般的理由を求めることはできないだろう。従って、ここで挙げられた「痩せる」ことは手段善であり、「生命あるいは健康」は基本善ということになる[40]。

このような、行為の究極的理由としての基本善は「生命（健康）」に限らず複数存在するとされ、他に「知識」「美的経験」「労働と遊び」「社交性（友情）」「実践的合理性」「宗教」が挙げられる[41]。これらは確かに、「客観的実質的価値」と言うことができるかも知れない。それぞれ、行為の実体的

---

(39) PP pp. 102-104.
(40) John Finnis, *Aquinas*, Oxford U. P., 1998, pp. 31-32.
(41) NLNR pp. 85-90.

理由であり，また特定の社会を超えてあらゆる人間の行為に関わると考えられる理由だからである。そして，人間存在の基本的な点での充足実現をもたらす（あるいはもたらされた事柄の状態である）が故に，「善」すなわち価値あるものであると言うことができるかも知れない。しかし単にそれらの真実性を提示されるだけでは，基本善は一定の当為として法を批判し導くものには，実際上はなりえない。

　これらは，人々が行為において究極的に追求している理由，あるいは究極的に追求することへと方向づけられている理由であり，従って人間実現すなわち人間が自らの生を充足的に展開していく上での基本的要素として挙げられているに過ぎない。そこから，全ての実践的問題に対する倫理的及び法的解決が，論理的に演繹されうるわけではないのである。というのは，基本善はそれぞれがさらなる理由を必要としないが故に，どれか一つに還元されることがなく，それらの間に秩序や序列が存しないことに加えて，人間のほとんどの行為が，何らかの形で基本善のいずれかを追求していると言えるからである。すなわち，基本善の提示だけをもって要求しうるのはせいぜい，「基本善に対応する原理の少なくとも一つを採用し，現実化する努力をすること」（実践的推論の第一原理）であり，その要求はほとんど全ての行為が満たしている(42)。

　しかしフィニスはもう一歩踏み込んで，基本善の，相互に還元され得ず共約不可能であるという性質から，道徳の原理を見出すことができると考える。すなわち「自発的に人間的善のために行為し，かつそれらに反対するものを避ける際に，人は，それらを意志することが，統合的な人間実現に向けての意思と両立しうる可能性を，そしてその可能性のみを，選択あるいは意志すべきである」（道徳の第一原理）。「統合的人間実現」とは「全ての基本善における全ての人々の実現という理想」であり，従ってこの道徳の第一原理の積極的要請は，「できる限りにおいて十全に全ての人間の全ての基本善を実現させるべきである」という道徳原理になり，また消極的要請は，「いかなる人間のいかなる基本善も一つでも直接的に挫折させるべきでない」という道徳原理になる(43)。

　この二つの要請は人間の実践の世界を貫く原理であるから，その世界を構成する一部である法の内容を批判し導く原理にもなりうる。しかし，たとえそうだとしても，これらの「道徳」原理は，法の正しい在り方，換言すれば法の果たすべき役割に関しては，いかなる含意をもつことになるのであろうか。

---

(42)　PP p. 121.
(43)　PP p. 128.

4 客観的実質的価値を認める場合における法の役割

（1） 統合的人間実現と法の謙抑性

「できる限りの統合的人間実現」は，「友情」の共同体において実現される(44)，というのが，フィニスの考えである。

フィニスによれば，「互いに自分の目的のための手段として維持するに値すると考える事柄」を共通に追求する「仕事」の共同体とも，「よきゲームのプレイが存すること……を超えて，参加者たちの誰も他方の参加者へのいかなる関心も持つ必要がない」ような「遊び」の共同体とも異なる「友情」の共同体が，共同体の中心的ケースである。「友情は，人間共同体の最も拡張されたあるいは複雑な形態ではないけれども，最も共同的なもの（communal）と言うことができる。十全な意味における共同体が存するのは，「（ⅰ）AがBの善き存在性と人間的善への自己構築的な参与を，自分（A）自身の自己構築的コミットメントの一つにし，（ⅱ）BがAの善き存在を同様に自分（B）の基本的コミットメントの一つにする，（ⅲ）AとBがこれらのコミットメントの追求において協働するときである」，と述べられる通りである(45)。

この友情に貫かれた共同的人間関係において，他者の基本善の実現を自己の基本善の実現と同じように希求する姿勢が生み出される。従って，友情という人間関係は，「できる限りの統合的人間実現」という積極的原理が最もよく実現されるための基盤となる。友情はそれ自体基本善であり，同時に，他の基本善の豊かな実現のための条件でもあるのである(46)。

しかしながら，行為において追求される善は，行為者が自らのものにしようと獲得を求めるものであり，従って，善の追求は行為者の「自己構築」のプロセスという側面を基本的に持つ。追求可能な善の選択肢は，無数とは言わないまでも複数あり，それを自らの「自己構築」として選択することもまた，フィニスよれば基本善の一内容である(47)。それ故，どんなに親密な友情関係の

---

(44) 友情は社交性の言い換えあるいは中心的ケースとして，基本善の一つとされている（NLNR p. 88）。なお，共同体と社会は，特に区別して扱われない（NLNR p. 135）。
(45) NLNR pp. 143-144.
(46) 「仕事」「遊び」はそれ自体基本善であるが，それらが人間関係の中でよりよく実現されるためには，「友情」という基本善の手助けが必要だ，ということである。
(47) 単なる自由な選択ではなくて，自らの生き方の「内的調和」をもたらす選択であること，すなわち自分の生き方に相応しく，適切なものとして，真剣な思いで選

中であっても，自己構築の主体はあくまで行為者本人であり，友人による行為者へのコミットメントは，本人の自己構築の手助け，すなわち「補完性」(subsidiarity) に貫かれたものでなければならない，ということになる[48]。

友人関係にしても，家族，政治的共同体にしても，「社会の固有の機能は，その参加者達の自助を助けること，より正確にはコミットメント（友情及び他の形態の社会へのコミットメントを含み）を選択することや，企画（それらの多くは実行の点で協働的であり，目的の点で共同的でさえあるだろうが）への独自の努力を通してこれらのコミットメントを実現すること，という個人的なイニシアチブを通してその参加者たちが自らを構築していくのを助けること」なのである。さらに，「大きな組織においては決定をなす過程が，その決定を実際に行動に移すことになるであろうほとんどの構成員達のイニシアチブからは遠く離れているということから，その補完性原理は，より大きな社会が，より小さな社会によって効果的に遂行されうる機能をもつとは想定されるべきでない，ということを要請する」とされる[49]。

従って，どんなレベルの共同体であっても（例えば家族であっても），原則的には，自己構築すなわち各人の善の実現構想に直接関わるべきではなく，その調整及び条件整備に留まるべきである，ということになる。さらに，家族のように，より小さく親密な共同体においては認められるかも知れないパターナリスティックな介入も，国家のように，より大きな組織になるほど，その正当化が困難になる，と言うことができる。

このようにして，新自然法論においてもリベラリズムと同様に，（基本的に国家を前提とする）法の役割は，原則として各人の善の実現構想の調整及び条件整備に留まる（そしてパターナリスティックな介入は極めて厳格な正当化を必要とする），という謙抑的なものとなる。しかしリベラリズムと異なるのは，調整の原理，整備されるべき条件である。新自然法論の場合，調整及び条件整備において，自己構築のみならず，すべての基本善が考慮に入れられることになるのである。

　択することが，究極的な行為理由となるためには必要であるから，フィニスはこの自己構築を内容とする基本善を，「自由」ではなくて「実践的合理性」とし，「自由と理性，統合性 (integrity) と真正性 (authenticity) を含んだ複雑なものである」とする（NLNR p. 88）。
(48)　さもなければ，「実践的合理性」という基本善の直接侵害となり，道徳の第一原理の消極的要請に反することになる。
(49)　NLNR pp. 146-7.

（2） 道徳第一原理の積極的要請と法の役割——基本善実現の条件整備，調整，フォーラムとしての法

まず条件整備に関しては，包括的で全体論的な人間のサポートが念頭に置かれることになろう。例えば，憲法25条の生存権保障も，「衣食足って礼節を知る」といったイメージで，自己構築が可能となるための経済的物質的条件のみに焦点を当てて「健康で文化的な最低限度の生活」を捉える考えによるよりも，ずっと広いものとなる。経済的物質的貧困からの解放は生命や健康という基本善に関わるものであるが，それ以外にも同時に知識，美的経験，仕事や遊び，自己構築（の経済的物質的条件以外に関わる側面），社交性，宗教といった，他の基本善の展開を支えるための「最低限度」が，25条1項の射程範囲になるのではないかと思われる。統合的人間実現すなわち「全ての基本善における全ての人々の実現」という観点からすれば，一つだけに留まらず全ての基本善を実現するための最低限度の機会やサポートを保障することが，法の重要な役割になるであろうからである。具体的には，情報開示や告知（知識という基本善追求のための最低限度の前提の提供），豊かな自然や文化に触れる機会（美的経験），社会的活動と生きがいづくりのサポート（仕事と遊び），十分な教育の保障（自己構築），コミュニティへの関わりや人間的ふれあいづくり（社交性），人間のスピリチュアルな苦悩へのケア（宗教）などを保障していくことが，新自然法論の場合の「条件整備」の内容であると思われる。これらを「健康で文化的な最低限度の生活」保障に含ませていくことは，最近の社会福祉や医療において，サービスの受け手の側に立った人間的福祉，全人的医療が求められ，実践されつつあるという現状に対して，説得力ある根拠を与えることに繋がろう[50]。

次に調整に関して言えば，どのような自己構築であっても全て調整の舞台に上ることを認められるわけではなく，自己及び他者の基本善を侵害破壊するような自己構築は制限されることになろう。これは，道徳の第一原理の消極的要請から見出される法の役割に関わることなので，次節で検討する。

また，この調整の舞台に上る者たちは，エゴイスティックな善追求の手段として相手の存在を位置づけたり，あるいは相互に無関心なままではなく，相互の善の実現にコミットし合う「友情」の共同体を形成していることが理想とされるのであるから，フィニスにとって，調整としての法は，お互いが「統合的人間実現」という公共的課題にコミットした討議を行うプロセスの場，すなわち「フォーラム」を前提にしていると言えよう。

---

(50) 拙稿「社会福祉の法と行財政」今泉礼右編『社会福祉要説——課題と展望』（同文書院，2000年）67-85頁。但し，フィニス自身が直接的に，このような生存権理解を展開しているわけではない。

なお、「友情」の共同体を前提とするならば、公共的討議の「フォーラム」は調整の場面だけでなく、条件整備においても、広く展開されるべきであろう。最低限度の条件整備はどのようなものであるか、最低限度以上の条件整備をどの程度行うべきか、といったこともまた、相互の善の実現に密接に関わる、全ての者がコミットすべき課題となるからである。新自然法論は、現代社会において法に期待されている、公共的討議の「フォーラム」としての役割を[51]、広く法全般に付与しているのである。

この、新自然法論における公共的討議の内容は、リベラルな手続的正義に限定されることはない。全ての人の善をいかに統合的に実現すべきかを、その内容も含め正面から取り扱う討議である。しかし、「全てをありのままに政治の舞台に上らせるべき」とする再帰的政治理論や[52]、第二章で取り上げた道徳警察国家観や脱規範化論に至るラディカルなフェミニズムのように、善実現、自己構築に関するどんな主張をどんな形でも討議においてとりあげるわけではない。相互に共通の基盤に立とうとすることなく、単なる利害獲得や相手の糾弾に終わるような主張は、「友情」に反するものとして批判されるとともに、討議は基本善を共通の枠組みとしつつ「統合」を目指して展開されていくべきものとされるのである。このように、新自然法論における公共的討議は、リベラリズムのように人間の自己構築の実体的内容を排除することもなく、また再帰的政治理論などのように攻撃的言動を許容してしまうこともないのである[53]。

さらに、公共的討議によって出される決定は、将来的に変更の可能性が開かれている必要がある、ということも付け加えるべきであろう。ある一定の社会の統合的人間実現の在り方は、当然の如く、時代と状況によって変化するであろうし、また「できる限り」の統合的人間実現ということは、その実現が常に不完全で終わりのない過程にあるということを意味するからである。だからこそ、批判にオープンに開かれた公共的討議が求められるのである。

さて、法における討議が、その時代とその状況の中で「賢明に」できる限りの統合的人間実現を可能とする法の在り方を見出せるような、実りある討議であるための条件はあるだろうか。トマス・アクィナスに従えば、法学や法実践（立法、解釈、適用）が、その語の如くjurisprudenceの展開であるためには、討議がprudentia（賢慮）によって導かれること、すなわち討議参

---

(51) 三島淑臣編『法哲学入門』（成文堂、2002年）204-205頁。

(52) Emilios A. Christodoulidis, *Law and Reflexive Politics*, Kluwer, 1998. 角田猛之、石前禎幸編訳『共和主義法理論の陥穽——システム理論左派からの応答——』（晃洋書房、2002年）。

(53) 注30の拙稿⑦参照。

加者が次のような「賢慮の徳」を有していることが求められることになろう。
　賢慮を構成する要素の第一は，一般的に類似した事柄に関する「記憶」あるいは「経験」に，より深く基づくこと（ただし「批判的記憶」であること）。第二は，生起する出来事や事柄の内側にある目的の「理解」。第三は，喜んで他者によって教えられ，累積されてきた共同の知恵に耳を傾ける「素直さ」。第四は，逆に自分自身によって正しい判断を獲得しようとする「明敏さ」。第五は，ある事柄から他の事柄へと探査を進めていく狭い意味での理性の働きである「よき助言」。第六は，将来を思いをめぐらし，形を与えていくという「先を見通す能力」。第七は，一定の環境の元で一つの目的を達成する際に効果的である手段を選択する能力である「慎重さ」。第八は，偶発的に生じる事柄においては，悪は善と混ざり合っており善の外観をもつので，それを見分ける「注意深さ」すなわち「善の堅い把握」である[54]。この第八の要素において，討議参加者が人間実現の言わば基本的要素である基本善全てへの絶え間ないまなざしを持っていることが必要である，という新自然法論の実体的主張に繋げていくことが可能であるのだが，しかしトマスに従うことによって新自然法論は，討議の内容に関する実体的尺度のみならず，さらにその討議をよりよく導くための方法的尺度（討議及び討議者が備えるべき性質や資質）も提示することができるのである。そして特に現代における法曹が，公共的討議をリードしていく役割も担うべきだとするならば，こういった「賢慮の徳」を身に付けることは法曹教育の重要側面と言えるのではないだろうか。

（３）　道徳第一原理の消極的要請と法の役割——絶対的道徳規範と法規範

　ここまでは，道徳の第一原理の積極的要請，すなわち「できる限りの統合的人間実現」に対応する法の役割について検討してきた。それでは，道徳の第一原理の消極的要請，すなわち「基本善の意図的毀損の禁止」に対応する法の役割はどのようなものであろうか。
　この消極的要請に基づいて，新自然法論により提示されるのが，「絶対的道徳規範」である。これは，行為者が置かれている状況や行為がもたらすであろう結果に関わりなく，一定の行為を選択してはならない，と例外なく禁止する規範である。フィニスは例えば，無実の人の直接的殺害，文民も軍人も区別することのない都市破壊，中絶，人工生殖，姦淫，さらに避妊の禁止を，その例として挙げる[55]。これらの行為は，生命，社交性（友情）とい

---

(54)　Thomas Aquinas, *Summa Theologica*, II-II q. 49. 注30の拙稿⑧参照。なお，新自然法論における基本的善である「実践的合理性」は，基本的にこのトマスの賢慮に対応したものと思われる。

う基本善を直接に意図的に毀損している、と考えられているのであろう。

このように、どんな場合でもそれ自体において不正であり、絶対的に禁止される行為があるとすることは、生き方の多様性を容認する現代の自由主義的思潮の中では、否定的に捉えられ、危険視されさえすると思われる。にもかかわらずあえて新自然法論は、絶対的道徳規範を、人間の行為秩序を正しきものとするために重要で不可欠なものとして提示する。しかも、絶対的道徳規範を認めることが、自由への道であるとすら述べるのである。

ある人格の現実的存在に関する基本的側面を破壊し損害し阻止する選択をする際には、人は「選択に先行して、その選択肢を選択する『ための』何らか理性的により望ましい理由を同定している」と考えられるが、それはその選択肢が破壊損害妨害される基本的人間善よりも、より大きな善を約束する、と考えられているからである。しかし「基本善間の共約は、理性的に不可能であ」り、その容認は（いかに合理的計算に基づくものだとしてもその計算の前提において）行為が「理性によってではなくて欲求によってたまたま欲しているものに導かれる」ことの容認である。例えば、中絶の選択において「この世に子どもをもたらすことに含まれる善と悪は、ある夫婦が子供を持たないことと、子供を持ってそれを今後20年間を越えて育てていくことを比較しようと試みるときに彼らが心に抱くことのできる善悪をはるかに超え出ている。また、ヒロシマとナガサキの核破壊に含まれる善と悪は、日本の侵略において危機にさらされていた人々の数と比較された殺傷者の生命の数よりも、はるかに広がって多くのことを含む。」このようして、フィニスに従えば、善悪の共約可能性を主張する考えは、道徳の地平線を広げておいた後、「道徳を、理性的に共約不可能であるものを共約しているという錯覚を作り出すための……いかさまの技術的な推論に貶める」点において、恣意的であるだけでなく、悪質ですらある、ということになろう[56]。逆に言えば、絶対的道徳規範は、道徳的な地平線を恣意的介入から守り、確保する役割を有すると言える。

そして、新自然法論によれば、絶対的道徳規範によって守られる道徳的地平線は、各人の自由で責任ある道徳的選択に開かれたものになる。基本善の共約不可能性は、基本善間の相互に対する反還元性を意味する。この基本善の反還元性により、一方では、基本善を故意に直接侵害することは、他のどんな善によっても理由づけられないため、正当化されない、ということになるのであるが、同時に他方では、ただ選択することそれ自体だけが決着をつけるような、自由な選択を広く認めることになる。有限な私たちは、全ての

---

(55) John Finnis, *Moral Absolutes* (MA hereafter), The Catholic U. of America Pr., 1991, p. 2, p. 3, pp. 84-90.

(56) MA p. 55; pp. 18-20.

基本善を同時に実現することができず，結果的にいずれかの基本善だけに繋がる行為を選択しなければならないことがしばしばあるが（例えば休日に，勉強をするか，サッカーをするか），基本善の間に優劣を見出すことができないため（「知識」も「遊び」も同じように基本善である），それは各人の自由な選択に委ねられることになるのである。もちろん，自由な選択が必ずしも「賢明な」選択であるとは限らない。しかし，私たちは自由な選択を通して，より「賢明な」者へと人格成長していくのである。「選択を為すというその人自身のまさにその行為を除いては，何も――その選択を為すことに対する十分な条件ではないけれども必要であるところの動機さえも――その自由な選択に決着をつけることがない故に，その行為は真に創造的である。行為は人の性格を創造する。そしてそれ故，彼あるいは彼女の感情，理解，判断と行為との間に何らかの有意味な関係を設立することを可能にするが故に，人にせよ神にせよ他の人格との有意味な関係を可能にするところの，各人の現実性の最も重大な側面を，創造する[57]。」自由な行為は，この自らの性格と他者との関係とをより豊かに創造し続けていく，各人の人格展開のための（ひいては統合的人間実現のための）不可欠の条件なのである[58]。

また，絶対的道徳規範の容認は，基本的に弱者の保護に繋がる，と言えそうである。実際，上述の例でも，絶対的道徳規範によって擁護しようとされている対象は，自己の取扱いに関して意見を述べることのできない胎児や，武器を持って抵抗することのできない文民等である。

さらに，絶対的道徳規範の容認は，社会変革の力ともなりうるかも知れない。例えば中絶に関して考えるならば，胎児の生命に関して別の価値や利益との比較衡量を認めようとする者は，「生命を断つという選択によって自分たちの問題を解決するように促す」けれども，「生命の尊重に基づいて，そのような実践を自分たちの考慮から排除する人々は，医療上のケアと治療の限界を，そして子どもたちの養育の限界を拡張してきた」と指摘される[59]。確かに，物わかりのよい道徳的比較衡量は現状維持に終わりがちであり，むしろ頑固に道徳的一線を守ろうとする議論の方が，より多くの人々の善の，より確実な確保をもたらしうるような社会変革に結びつく力となる，ということは十分に考えられる。

このようにして，道徳の第一原理の消極的要請により導かれる絶対的道徳規範は，合理的根拠とそれなりの説得性を有するものと言えるかも知れない。

---

(57) MA p. 58.
(58) 但し新自然法論においては，自由は基本善ではなく，実践的合理性に基づく自己構築のための手段善であると考えられる。
(59) MA p. 17.

しかし，たとえそうだとしても，例えば本節の冒頭に挙げたような例が，そのまま法的に絶対的に禁止されるべき，とまで言えるであろうか。

私見では，法規範としてはその射程は大幅に限定されなければならない，と考える。例えば，避妊がたとえ生命あるいは友情という基本善を意図的に侵害する行為だとしても，誰が被害者となるのか（生まれてきたかもしれない未来の子どもは被害者たりうるのか），法により規制すべき反社会性を有しているのか（補完性の原理により，夫婦間の友情の問題は抑圧や暴力がない限り，当該家族に委ねるべきではないか[60]），ということを考えるならば，原則的には法の射程に入れるべきではないであろう。

また，提示される禁止行為の範囲確定も必要である。例えば中絶を例に取り上げるならば，どの段階から禁止の射程に入れるか（配偶子，受精卵，着床後，原子線条発生，心臓形成，脳形成，母体外生存可能時期，陣痛段階）ということが，法規範として提示する際には重要であり，そして現実に激しい争いがあるところでもある[61]。

いずれにせよ，たとえ絶対的道徳規範を列挙することができたとしても，それらのうちどれが法の射程となるのか，また射程に入れられる規範であるとしても法的禁止対象となる行為の範囲をどう確定するか，といったことが法の議論としては残されている。客観的実質的価値を認めることは，議論を方向づけることはあっても，終結させることに必ずしも至るわけではない。むしろ，道徳の第一原理の消極的要請に対して，法がどのように応答すべきなのか，ということもまた討議に開かれることが求められていると考えてよい。フィニスは，このような基本善や絶対的道徳規範に関わる議論も，正面から法及び政治領域において展開されるべきだとして，それらを私的な「善」の問題として公共的討議の場から排除しようとするハーバマスの討議倫理学を批判するのである[62]。

このように絶対的道徳規範の射程を，法規範レベルでは厳密に限定しながら考えていくならば，道徳の第一原理の消極的要請も，必ずしも受容しがたいものとはならず，むし私たちの社会が現在抱えているハード・ケースに対する実質的導きを期待できるように思われる。

---

(60) 但し，補完性の原理に基づく場合でも，抑圧や暴力には，直接的なものだけではなく構造的なものもまた存在するということを，十分に視野に入れておかなければならない。

(61) 葛生栄二郎，河見誠『いのちの法と倫理（第三版）』（法律文化社，2004年）138-142頁。

(62) John Finnis, Natural Law and the Ethics of Discourse, *American Journal of Jurisprudence*, Vol. 43, 1998, pp. 68-70.

5　おわりに——客観的実質的価値提示の現代的意義

　新自然法論の主張に対しては，行為の究極的「理由」が基本「善」であるとどうして言えるのか(63)，また，もしそう言えるとしても，基本善の内容はその理論が提示するようなものでよいのか(64)，という批判が提起されよう。しかし，その主張をそのまま受容するかどうかは別にしても，そこで試みられるような客観的実質的価値の提示については，実定法学との協働という観点から見て，十分検討に値するだろう。
　新自然法論によれば，基本善をけっして故意に侵害すべきではないと同時に，基本善をどのように実現するかについては各人の自由に委ねられる。基本善を基本的人権に置き換えてみるならば，これは人権と自由の枠組みと言うことができ，憲法ひいては法システムの基本枠組みそのものではないだろうか。もし，本稿第2章で検討したように，客観的実質的価値を否定してきた現代法哲学の主張が，この人権と自由の枠組みを揺るぎなく根拠づけることが十分にできない「危険性」を帯びざるを得ないとするならば，そして客観的実質的価値の提示を試みる立場が，むしろこの枠組みを正面から根拠づけようとしているならば，後者の主張に，今こそ耳を傾けるべきではないかと思われる。
　また新自然法論に対するさらなる根本的な批判としては，実践の秩序を他の秩序に還元して理解しようとする還元主義を拒絶しながらも，自らは基本善を持ち出すことにより，実践秩序内部において「私たちが全体として経験しているものをばらばらにしてしまう」要素還元主義に陥っているのではないか，という見解もある(65)。これに対しては，新自然法論は少なくとも，

---

(63)　究極的理由が基本善となりうるかについては，注30の拙稿③参照。
(64)　例えば，新自然法論は積極的安楽死（以下，単に「安楽死」とする）を「無実の人の直接的殺害」として絶対的に禁止すべきと考える。Germain Grisez, *Difficult Moral Questions, The Way of the Lord Jesus Vol. 3*, Franciscan Pr., 1997, pp. 209-214. それは「生命」という基本善を意図的に直接侵害するからであるが，そこで想定されている「生命」は身体的生命である（NLNR p.86）。けれども，我々が行為理由として「生命」のため，と考えるときの生命は，必ずしも身体的生命に限定されることはないと思われる。安楽死を求める理由は，身体的な苦しみの中で生きることはもはや人間的な生命の生き方ではない，というところにあるだろう。つまり，身体的生命を包括するようなもっと究極的な行為理由として，「人間としての生命」（「いのち」と表現してもよいだろう）というものがあるのではないだろうか。そのような「生命」理解の帰結に関しては，拙著『現代社会と法原理』（成文堂，2002年）第2章参照。
(65)　Thomas W. Smith, *Practical Reason Ancient and Modern: A Critical Study of*

一つの要素へと還元させていく一元論的な要素還元主義ではない，と言うことはできよう。

　提示される基本善は複数であり，相互に優劣がつけられず，どれかに還元することができない。このような基本善の理解から導かれる社会と法は，私たちが人間として生きていくための複数の基本的要素がきちんと尊重され，なおかつ複数の基本的要素を基軸にして自らの生き方を各人が各人なりに創造的に構築していくことのできる社会，そしてそのような社会を補完性の原理に基づいて支える法，ということになろう。これは多様な生き方，多様な法の在り方を容認するものである。しかし，その社会と法において，各人はバラバラに生きるわけではない。むしろ，統合的人間実現という共通目標の中で繋がりあっている。但し，よりよき統合的人間実現は，社会と時代によって，これまた多様であり得る。従って，ある段階の社会と法の在り方は，常に批判に開かれていなければならず，社会構成員は，皆が共通にしかし様々な形で追求する基本善を，どのように統合的に実現すべきか，という公共的討議にいつでも参加する資格があり，また参加する責務も有する，ということになるのである。その際，公共的討議に参加する者（特に法曹）は，一定の賢慮の徳を身に付けることが必要とされよう。但しその徳は，自由な行為と討議参加を通して，各人が豊かな人格展開を進めていくときに身に付けられていくものでもある，と考えられているのである。

　このようにして，客観的実質的価値の提示はまた，民主の枠組み，とりわけ多元性と公共性に貫かれた批判的討議の場，フォーラムを，各人の人格展開と直結したものとして確保しようとするものと言うことができる。一方ではバラバラの個の問題，他方では自分たちの中に閉じてしまう共同体の問題が指摘される現在，多様な自己構築に開かれ，しかも各人がコミットしあう，このような民主の枠組みは，十分に検討に値するであろう。

　法の役割には，伝統的な役割（権利と自由の保障）と現代社会において期待される新たな役割（対話の場として公共の討論や当事者の和解を促進するなど）があろう。法が21世紀において，これらの役割を果たすことを通して，より正しくより善い社会と人間関係を創り上げていく一翼を担っていくためには，すなわち「人間のための法」であり続けるためには，ここで検討したような，客観的実質的価値の真摯な模索，追求が，実定法学者，法曹，そして市民一人一人に求められているのではないだろうか。

John Finnis and Aristotle, UMI, 1993, pp. 197-202.

法曹養成における基礎法学の役割
——法社会学の観点から——

六本 佳平
放送大学教授

1 はじめに

　司法制度改革によって法科大学院および新司法試験といった新たな制度が生まれ，その下で大学における法学教育のあり方は，法律実務家の養成というひとつの明確な焦点を与えられることによって大きく変わることになった。それは当然法学教育のあり方にさまざまの課題を課すものであるが，その中で，基礎法学諸分野がこれからの法律実務家の教育・養成にどのように関わっていくのか，ということもひとつの重要な問題と言えよう。本書の狙いは，この問題に基礎法学と実定法学との関係という視点から光を当てることにあると思われる。この改革は，40年前の臨時司法制度調査会による検討の延長線上にあることは間違いないにしても，法曹養成教育の重心を大学院レベルに上げるということはやはり大きな飛躍を意味するのであり，その含意をどのように捉えるかはひとつの鍵であろう。本稿では，このテーマについての法社会学の立場から見たひとつの見方をまとめてみることにする。

2 法曹養成の理念と基礎法学

　まず，新たな法曹養成を導くべきものとされる理念を見ておこう。法科大学院制度の導入を提案した司法制度改革審議会の意見書[1]は，法曹が「国民生活上の医師」として十分に機能しうるようにその量的充実を図るとともに，一層多様なサービスを提供すべきことを説き（意見書Ⅰ．第２．２．「法曹の役割」），さらに「高度の専門的な法知識」に加えて「幅広い教養と豊か

（1）　以下，同意見書の引用は，冊子体として公表された司法制度改革審議会 2001 による。

な人間性を基礎に十分な職業倫理」を身につけることを求めている（Ⅰ．第3．2．⑵）。そして，21世紀を担う法曹に必要な資質として，「豊かな人間性や感受性，幅広い教養と専門的知識，柔軟な思考力，説得・交渉の能力等の基本的資質に加えて，社会や人間関係に対する洞察力，人権感覚，先端的法分野や外国法の知見，国際的視野と語学力等」が一層求められるとしている（Ⅲ.「司法制度を支える法曹の在り方」の前文56頁）。これは，法曹養成が法知識の習得にのみ関わるのではなく，現代の法的環境下でのすぐれた実務遂行に要求される諸種の人間的資質や能力の涵養にも関わることを明らかにしているものと言える。

この基本理念を，より具体的に法科大学院制度のレベルでその教育理念として展開したものが，「Ⅲ．第2，2．法科大学院」の「イ　教育理念」の項で述べられていることであろう。そこには，法曹の人間的資質面に関わる教育の理念ないし達成目標として，次のことが掲げられている。すなわち，「かけがえのない人生を生きる人びとの喜びや悲しみに対して深く共感しうる豊かな人間性」の涵養・向上を図ること。「専門的な法知識を……批判的に検討し，また発展させていく創造的な思考力，あるいは事実に即して具体的な法的問題を解決していくため必要な法的分析能力や法的議論の能力」等を育成すること。「先端的な法領域について基本的な理解」を得させ，「社会に生起する様々な問題に対して広い関心」を持たせ，「人間や社会の在り方に関する思索や実際的な見聞，体験」を基礎として，「法曹としての責任感や倫理観」を涵養すること。「実際に社会への貢献を行う」ための機会を提供することなどである。

要するに，この教育理念は，高度の法知識だけではなく，人間と社会に関する豊かな関心と知識およびさまざまな人間的・社会的能力の習得を法曹に求めており，その基礎となる条件のひとつとして「幅広い教養と豊かな人間性」を求めているわけである。言いかえれば，実定法の知識だけではなくもっと広い範囲の人間的・社会的な知識・能力，および法の世界だけでなくもっと広い一般社会に対する関心・素養を備えることの重要性を説いているわけである。それと同時に，すぐれた法律実務の遂行に必要な人間的・社会的技能にも言及している。

これは法曹養成を導く理念であるので，それは一方では法科大学院の制度設計に関わり，その面では，学部（学士課程）の上に法曹養成に特化した大学院を新設することや，法学以外の分野を既習した者および職業人入学者をそこに受入れることや，（ケースメソッド，模擬裁判，リーガルクリニックによる社会体験など）具体的行為学習を重視した教育方法を求めることなどとして表われている。他方では，この理念は，教育課程の面にも関わるのであり，

本稿は直接にはこの面に焦点を合わせることになる。すなわち，本稿は，実定法のすぐれた知識に加えて広い人間的・社会的な知識・能力・関心を涵養すべしという課題に照らして，実定法学と基礎法学との関係を考察することになる。ただ，この場合注意しておく必要があるのは，法学部教育を存置した新制度の下での法律実務家養成には，法科大学院の段階だけではなく，それ以前の学士課程における法学および法学以外の諸学問分野の教育課程も重要な関わりをもっているということである[2]。元来，今般の制度改革は，大学法学部における法学教育の積年の改革問題に深く根ざしたものであり，それに対して学士課程の上にロースクールを置くという大胆な制度改革でもって対処したものである。以下では，法科大学院の課程だけでなく学士課程をも視野において，法律実務家養成における基礎法学の役割について考えてみることにする。

ところで，「基礎法学」ということばは，日本の法学界で作られたことばであり，元来，実用学ないし応用学としての法律学（実定法学）に対してその基礎科学として位置づけられる法学関連分野で法学部に講座が置かれているものを指すものとして作られたと考えてよいであろう。「基礎科学」の代わりに（法学の）「補助科学」と言ってもよい[3]。この概念は，外延として比較法学ないし外国法，法史学，法哲学，および法社会学を含むものとして用いられることが多いようなので，ここでもそう理解しておく。その内包[4]についてはあまり論じられていないが，「法（学）」に一般的に通じる観察・知見・理論等を追求する基礎的な ── 実定法（学）上の個別的問題に関わる成果を直接目的としない ── 研究といった含みがあるように思われる。各基礎法学分野は，法学と法学以外の専門分野の学識とが結合された，いわゆる「ハイフン付き」の分野であり，研究者には，法学に加えて各対応分野の専門的な学識・研究能力を修得していることが要求される。たとえば，英

（2）たとえば，前田雅英教授は，（主として実定法科目である刑法を念頭に置いたエッセイの中で）法科大学院においては基礎法学分野の大半は役割を減少していくであろうという観測を述べている（前田 2003：21）が，この立言は，法科大学院に視野を限定し，法曹養成における学士課程教育の意義を視野の外においたものであることに留意すべきである。

（3）基礎法学にあたる講座は言うまでもなく明治期以来いくつか存在したが，それらを包含するために「基礎法学」ということばを本文で述べたような意味で最初に用いたのはおそらく末弘厳太郎氏であったと推測される（六本＝吉田 2005参照）。

（4）「基礎法学」ということばを敢えて英語にすれば，basic science(s) of law となろうか。たとえば，基礎法学分野である外国法の特定の論文について「基礎法学的な論文」である，といった評言がなされることがあるのも，これが単なる便宜上の集合名ではない何らかの固有の内包をもった概念であることを示唆している。

米法などの外国法では，その外国の社会や歴史，法史学では関連する歴史(学)，法哲学では哲学，法社会学では社会学（というよりも，社会科学——後述69頁参照）というように。したがって，基礎法学科目は，教育科目としては日本の法体系に関する実定法学と比べると，人間や社会や歴史のより広い範囲に関わることになる。

そこで，法曹養成教育を論じるにあたっては，便宜上「法学」の教科を（数多くの実定法分野を含む）「実定法学」と「基礎法学」とに分けることができよう。しかし，上に見たような法曹養成の理念からすれば，こうした基礎法学科目が法科大学院の教育課程に加わっているだけでは足りないことは言うまでもない。大学教育による「幅広い教養と豊かな人間性」の涵養には，その他に法学以外のさまざまの専門分野の勉学が必要であり，より重要であるとも言えよう。（さらに，学生にできるだけ広い社会体験を得させる，あるいはそれを前提とする教育方法も要求されている。）このことは，法曹養成に特化した教育機関を，（法学以外のいろいろな分野を含む）学部（学士課程）教育を終えた後の大学院レベルに新たに設置するという司法制度改革の考え方から見ても明らかである。すなわち，法科大学院の学生は，それ以前に，法学のほかに，政治学・経済学・歴史学・社会学・心理学といった法学以外のさまざまな専門分野（のいくつか）を大学の学士課程で習得していることが望ましいとする考え方が前提となっている[5]。さらに，これら人文社会系の学識に限らず，物理学・化学・医学・工学・情報学・生物学・地質学などといった理系の専門教育を経ていることが，法律実務に役立つことが多いということは容易に推察できる。これらの諸学問が，「幅広い教養と豊かな人間性」を備えた法律家の養成の観点から，重要な基礎ないし補助科学となることは明らかであろう。

3 「幅広い教養」とリベラルアーツ

ここで，「教養」というキャッチワードをどのように理解すべきかが，重要な鍵となる。大学教育の文脈では，従来からこれに当るものとして，一般教養（科目）ということばが用いられ，多くの大学に教養（学）部が設けられていた。これは，第二次大戦後の大学設置基準で，「専門科目」その他と

---

(5) 後述するように，このこと以上に，人文社会系であれ自然系であれ，学士課程段階で法学未履修の学生についても法科大学院の3年の課程で法曹養成教育が完結しうるという考え方こそ注目すべきものであるが。

並んで「一般教育科目」の開設が大学に義務づけられていたことに対応するものであった。1991年の大学設置基準のいわゆる「大綱化」の改正によって，これらの区分が制度上なくなり，ほとんどの大学で教養部が廃止され，大学の最初の２年の教育課程そのものを一般教育（教養）課程と呼ぶ呼称も消えた。しかし，新たな大学設置基準は，「教育課程の編成に当たつては，大学は，学部等の専攻に係る専門の学芸を教授するとともに，幅広く深い教養及び総合的な判断力を培い，豊かな人間性を涵養するよう適切に配慮しなければならない。」（19条２項）と規定しており，「教養」は依然として大学教育の指針となるひとつのキーワードとなっている。そして，現行制度では，これに相当する授業科目は，各大学の判断によって設定され，４年の学士課程のどこかに配置されて行われることになっている。

それでは，「教養」の中身についてはどうか。かつて丸山真男氏が政治学徒に求められる目標とした，「あらゆることについて何事かを知っており，何事かについてあらゆることを知っている」という「教養人」[6]の概念が思い浮かぶ。これは，各人の専門分野（この定式の後者の「何事か」）以外のあらゆること――文学や音楽はもちろん，料理でもスポーツでも――含むので極めて広い。このような教養が（あらゆることに関わりうる）法律実務に役立つことは間違いないにしても，この概念は，そのまま大学教育課程の文脈に当てはめるには明らかに広すぎよう。ここでは，やはり職業教育に対置された古典的概念であるリベラルアーツ (liberal arts and sciences) に立ち帰るべきであろう。これは，周知のように，直接の有用性や実際的な必要から解放されて (liberated) ――その意味で自由に――追求する学芸[7]という人文主義的な価値観に根ざすものである[8]。すなわち，リベラルアーツとは，特定の種類の教育科目を職業や資格その他の実用目的のためではなく，各分野のいわば文法・作法に即して深く追求することをとおして知識や技能を身につけるべき学芸であり，自由な探求心，それに伴う自由な批判精神を尊ぶ心

（６）これは，J. S. ミルによる定式として引用されている（丸山1995［1956］：196参照）。

（７）たとえば，音楽の学問的知識や演奏技能の習得，さらには楽団での課外活動の経験が，法律実務に直接役に立つことがないとは言えない。たまたま目についた一例であるが，管弦楽団の団員の離職問題が法律事件になったという報道があったが（朝日新聞1989年12月23日付記事），このようなケースを扱う法律家にとっては楽団員の生活世界の実体験を持つことは無意味ではないだろう。

（８）Oakshott 1989：15ff. 本文の記述は，より一般的に，リベラルアーツの教育理念は，各種職業学校の輩出や科学的人間観の進出に対抗して人文主義的理念を奉じるものであると説くオークショットの見方を参考にしている。なお，リベラルアーツの語義を考察した最近の著作として，浜口稔 2005：161-163がある。

的態度を強調する理念を表わすものと言えよう。

　新しい法曹養成の理念のひとつとしての「幅広い教養と豊かな人間性」をこのような教養概念で理解するとすれば、それに対応する教育科目が、旧来のことばでは「一般教育科目」と呼ばれてきた諸科目ということになる。ここでも便宜上このことばを使うとすると、これらについてはどのように理解したらよいか。これは、どの専門分野をも超えるものという意味で一般的な分野というような語感を持つ。しかし、大学における研究・教育のための一般教育という専門分野は開発されておらず、実際は、従来からそれぞれの専門学問分野の専攻者がその分野でそれにあたる教育課程を担当してきているのが実情である。そうすると、一般教育科目は、各学生が専門分野として選んだ特定の分野（法曹志望者にとっては実定法学）以外の、他の（それ自体は専門的な）学芸分野一般（に関する教科目）を総称するものとして理解する方がむしろ適切だということになりそうである。「幅広い教養」を培う教育上の観点からは、学生各自の選んだ専門分野以外の分野について、そこで蓄積されてきた専門的学問成果を上述のような自由で虚心な態度で身を入れて学ばせるべき科目ということになる。法曹養成の理念の背後には、このような意味での幅広い学習の成果が、逆説的に各自の専門的知識・能力を実生活で生かす上で役に立つ（無用の用）という古典的な考え方があるのだということになる。

　このように見ると、法曹養成という特殊の観点からは、大学における教育課程において学生が学ぶ諸分野を、先にもふれた政治・経済・歴史・社会・心理等々の人文社会系の諸分野および自然系の諸分野で法学以外の諸分野をすべてひっくるめて、便宜上、上記のような意味で「一般教育科目」として位置づけることができるかもしれない。そうすると、法曹養成の途上にある学生にとっては、専門科目としての「実定法学」の他に、「基礎法学」および一般教育の諸科目があり、さらに実務教育基礎科目があるという構図が描かれることになる。

4　法曹養成におけるリベラルアーツの意義

　さて、法曹養成のための大学教育の諸課程のこのような整理を前提として、そこにおける基礎法学の役割を考えるとすれば、基礎法学科目を一般教育科目と並べ、実定法科目に対して共にリベラルアーツ科目として位置づけることになる[9]。そこで、法律実務家に「幅広い教養」が必要とされる理由に

（9）　法律実務家養成に関連して、基礎法学科目を「役立たないがゆえに役立つ」リ

ついて考えてみよう。法律実務家に人間・社会についての幅広い教養が求められるのは，法が社会で現実に生じている利害対立に関わるものであり，法の営みが社会の運営自体にかかわるものであることから当然のことであるとも言えるが，その中心的な役割である（法的争いまたはその予防に関わる）ケース処理について細かく見ると，その理由にはいくつかの側面があることが分かる[10]。

第一に，すぐれた法律実務家には，単に法知識だけでなく，人間と社会に対する広い知識と豊かな感受性が求められる。日本弁護士連合会が一般人の法律需要を調査したさいの調査票[11]を見ると，実務で扱われる主な法律問題の種類を見渡すことができるが，実務の対象となるケースには，たとえば消費者ローン，自動車事故，通常の不動産賃貸借や労使紛争などのように，大量社会現象から派生するもので法的にも既知のパターンに従ってある程度類型的な処理ができるようになっている事件があり，量的にはこれらが法律実務家の扱う事件の相当部分を占めていることは事実である。しかし，その一方で，婚姻や少年事件や相続のように個人の性格・価値観・生活環境など複雑な要因がからむケース種もある。また，医療や情報技術や環境問題のように専門性の高い分野もあるし，企業取引や企業経営のように専門性や国際性の上に絶えず変化にさらされている分野もある。刑事についても重要な犯罪現象は社会の動きを背景として生じることが多い。こうしたものを含めて個性的で複雑なケースの処理には，何よりもまずさまざまな個人や団体が持ち込むさまざまな事案を正しく理解して法的関連性の見地から適切に整序し，また関連性ある事実や証拠を積極的に探し出すことも必要となろう。こうした基礎的な作業には，人間と社会に関する幅広い知識と理解力が必要となることは明らかである[12]。

　　リベラルアーツとして位置づける見方は，笹倉2002：316-334でも示されている。しかし，そこでは，基礎法学は司法の官僚化に対抗するための学問としていわば実体化されており，職業柄まず「人間」から出発する伝統を堅持するとされる弁護士に代表される自由人専門職の像と結びつけられている。そこではリベラルアーツの「リベラル」が自由主義の「リベラル」とダブっているようにも見受けられるが，本稿はこうした見方を採らない。

(10) 法律実務家には，このほかに立法の文脈における提言や法的議論の提示という役割もある。また，事件依頼者や当事者などの一般人との接触や法律家世界内の折衝や討議の場でも，言葉による適切・効果的な伝達能力といった人間的・社会的スキルが要求される。しかし，幅広い教養の意義についての以下の考察は，これらについてもあてはまると思う。

(11) 日弁連1986：253ff.。

(12) 臨時司法制度調査会の会長を務めた我妻栄氏は，裁判官に求められる3つの条件の1つとして「裁判の内容が事の真相を捉えた適切なものであって国民から信頼

第二に，法律実務で扱われるケースには，上でも触れたように事案の複雑なものも含めて，事案に既存の法知識を定型的に当てはめるだけでは適切に処理できないケースも多い。特に弁護士ほかの法律専門職業家に持ち込まれるに至るケース，特にその中でも重要なものには，こうしたものが多いであろう。こうしたケースは，裁判ケースの中で「難事件」[13]と呼ばれるものに相当するが，この場合には法律家には事実と法規範の双方に対して新たな解釈を試みることも求められる。その際には，双方の立場から立てることができる法的主張を想定し，それらに即応した法的議論を組み立てたり，対応策を立てたりする能力が求められよう[14]。こうした創造的な法の解釈・適用においては，社会の実情や社会問題についての知識や情報[15]およびそれら

納得をえられること」を挙げ，それを満たしうるために必要なものとして，「法律の精神の理解」，「法律の知識以前の一般的教養」，および「複雑な社会における生活体験」を挙げている（大内＝我妻 1965：49）。これは，裁判官に求められる資質についての古典的な定式と言えようが，これをやや一般化すれば，主として社会についての知識の法律実務にとっての重要性を示すことばであると言えよう。

(13) 「難事件」ということばを，ここでは次のようなケースを指すものとしておこう。①事案が複雑ないし専門的で，事実や因果関係や責任の確定が難しい。②事案に当てはまる法令や先例が存在しない。③事案に当てはまると主張できる法令や先例が曖昧である，あるいは複数競合している。④事案に当てはまる法令等の違憲性や判例変更が問題になりうる。⑤事案に当てはまる法令や判例を適用すると，具体的妥当性ある解決がえられない。この概念の原型を示した文献として，Patterson 1982 参照。

(14) 能見善久教授は，「日本の法学教育は，異なる立場からの議論が可能であることを学生に教える教育をしていない。もっぱら『正しい解決』を導く訓練をしている。多様な議論ができない法曹が日本の社会に多いとしたら，それは日本の法学教育の責任でもある。」と率直に指摘し，「法学教育の中で複層的な視点を持ち，多様な議論ができる法曹を育てる上で法制史など歴史的な視点から法律学を教えることは重要である。」と述べている（能見 2001：173）。このことは，法制史以外の基礎法学科目にも当然当てはまるであろう。なお，同教授は，そのような歴史的ないし社会的視点は，法律家による法解釈作業（そのうちのいわゆる「発見のプロセス」）において重要な意義を持つほか，立法に関する法的議論においても重要な役割を果たすことを指摘している（同上：165-167；172）。

(15) 裁判において社会，あるいは特定の部分社会で行われている慣行が主要な判断基準とされるケースも，法律実務家にとって社会知識や社会感覚が直接に役に立つ場合の例と言えよう。その種のケースにおいては，「生きた法」概念による法社会学的な研究成果（鑑定のかたちで活用されることも多い）に基づく社会的知見が特に重要となる。これは，基礎法学としての法社会学が法律実務にとって有効性を発揮するひとつの場面と言える。（今日の法社会学では，農村の生きた法研究はかつてほど中心的な地位を占めてはいないが，企業取引慣行や近年ではいわゆるソフトローの研究などが重要となっている。）ただ，法曹養成を中心とした本稿にとっては，こうした特定種類の事件の処理のためというよりは，法律実務の処理にとって

の理解力が必要とされるだけでなく，特定の内容を持った法規範が複雑な利害対立状況を示す社会の規律においてどのような意義を持つか，そこにどのような社会的価値がかかっているかについての認識が重要な役割を果たすであろう。こうしたケースにおける判断はしばしば関与者の選択にかかり，それが社会的価値の選択の問題であることもある。(最終的な決定につながる可能性を性質上常に潜在させた）法的判断に関わる法律業務に携わる法律実務家は，——どのような立場で携わる場合であっても——こうした法的判断が単に法技術的な操作だけでなく，本質的に社会関連性を持つものであることについての基本的な認識，鋭い感覚を持っていることが要求されると言えよう。これは，単に社会に関する知識というよりは，むしろ「法」についての知識，法を社会の中において捉え，その社会関連的性質を理解することに関わる知識であると言えよう。

第三に，以上のような，法に関わる人間的・社会的事象についての知識や認識が高度専門職たる法曹に求められるということは，必然的にそうした知識自体に関する知識が求められることを意味しよう。法曹養成にとって必須である実定法の教科においては，法律家としての固有の専門性の証となる法規範の知識とそれを基準とした規範的判断の技法の習得のためにインテンシヴな学習が課される。しかし，認識論上，当為判断は事実判断と対立し相容れないとされている思考様式であることを思い起こすことは重要である。と言うのは，人の頭が前者に過度に偏すると社会的事実に対する認識や関心が損なわれる危険が大きいと考えられるからである。特に大陸法型の法システムに共通の大教室での講義を中心とした法学教育においては，自己完結的な体系をなす膨大な量の実定法規範の学習が強調され，それが思考の大前提として学生に意識され，そこからの演繹的な論理操作が重視されるようになりがちである一方で，事実に依拠した帰納的な思考が軽視されがちであることは否めない。しかし，法律実務家は，一方で法規範とその解釈に基づいた確固たる当為判断を下す能力と同時に，他方でその法規範自体を相対視し，その性質や社会的意義を顧慮し，その別様であり得た（あるいはあり得る）可能性[16]を見る突き放した見方も身につけていなければならない。そのために不可欠なのは，事実判断に向けられた思考能力と，その観点からする社会的関心の涵養であろう。法規範に対してこうした二重の観点を十分に備え，それらを適切に組み合わせる能力[17]が，法規範を反省的・批判的な視点か

　　一般的に必要ないわば背景的な知識や感覚が主な関心事である。
(16)　これは，法社会学者ニクラス・ルーマンの「不確定性」の概念にあたる（ルーマン 1977：38）。
(17)　法哲学者 H. L. A. ハートのよく知られた概念（ハート 1976：98-100）を用いて

ら吟味し，創造的に発展させていくべき法律実務家に求められるわけである。

　他方，社会的利害状況などの社会的事実や法の社会における役割に関する知識や認識を深め，それを法律実務において適切に活用していく上でも，(たとえば人間の認識の視座依存性やその限界といった) 人間の認識作用についての学問的成果を学んでいることは，有益な前提条件となろう。もっと実務に近い面では，法廷における事実認定をめぐっても，人間の認識作用の認識論的構造や心理学的機序についての知識が，すぐれた法律実務にとって重要な意味を持つことは明らかであろう。自然系・人文社会系を通じてリベラルアーツの素養が重視される根本的な理由は，対象に対する専門的な知識を与えてくれることだけではなく，(哲学に限らず) およそどの教科であれ，経験的「事実」の認識をめぐる (学問) 方法論上の問題を意識させてくれるという点にもあるのではなかろうか。

　ところで，実定法教育のこのような性格に関連してもうひとつ重要なことがある。すなわち，法的な当為判断に志向した専門教科としての実定法教育は，外界諸般の学問的認識に関わる「幅広い教養」に関わる学習を十分経た後でなされるのが望ましいということである。世の中の実相をある程度でも知っていなければ諸分野の法規範が規律対象としている問題を理解できない(「法律は大人の学問である」，「法律はガキには教えられない」) ということは真であるが，これは単に実人生の体験が法律の学習にとって重要な意味を持つということだけを意味するわけではない。大学の教育課程との関連では，それは，諸般の分野にわたる学問的探求とその成果に触れて人間や社会についての理解や関心が育った上ではじめて，法の社会的意義についても理解できるのであり，法律家になることを積極的に選択することも有意味になるということも意味していよう。これらは，上で述べた意味で一般教育科目であるが，上で指摘したように，教科内容としてはそれぞれが専門的な学問分野として扱われるべきものである。先に触れた実定法科目の性格からすれば，大学教育の早い段階で実定法の本格的な教育をはじめることは，当為志向の思考様式を若い頭に押しつけ，閉じた体系からの演繹論理の技法をみがく反面で，人間と社会に対する幅広い関心，豊かな感受性，自由な探求心の発達の

言えば，法規範に対する「内的観点」と「外的観点」との組み合わせということになる。他方，ルーマンは，この二つの思考様式の対比の重要性を，「認知的」(予期に反した現実に適応する) と「規範的」(予期に反した現実にさからって予期を固持する) とを対置する概念装置によって強調した (ルーマン 1977：49参照)。法律実務家が法規範の可変性の要請に対処する上でこの二種の視点の組み合わせが重要となることについては，ルーマンは，法システムは「認知的態度」と「規範的態度」をともに制度化することが必要であるという言い方で触れている (ルーマン 1977：262)。

芽をつみ取る結果となる危険が大きいことが推測できる。当為判断という「実践」的な目的にとらわれた目ですべてを見るようになる前に，それから自由な (liberated) 目でリベラルアーツ科目に取り組むことによってはじめて，下地として身についた教養を獲得できるということになる。司法制度改革によって大学院レベルのロースクールを法曹養成教育の中核とすることとされ，法学未履修者や社会人経験者にもロースクール入学の途が開かれることになったことの重要な意義を，こうした面からとらえることが重要であると思う[18]。

5　法曹養成における基礎法学の役割

さて，このように，法律実務家にとって人間・社会に関する「幅広い教養」が果たす役割には，(1)法に関連する「社会」の諸相についての知識，(2)社会との関連における「法」についての認識，(3)社会と法に関する知識の基礎としての認識論上の問題についての知識という3つの側面があると言えよう。こうした観点から，法曹養成における基礎法学の役割について考えてみ

---

(18)　米国における法学教育は建国当初は学士課程で始まったものが19世紀の前半以降大学院レベルのロースクールを中心とする今日の制度へと発達したものであり（田中英夫 1972：296ff)，日本の改革は，方向としてはこの線に沿ったものと言える。(因みに，イギリスでは，法律家の職業団体であるバーとローソサイエティによって担われてきた実務教育課程が，種々の改革を経た今日では，通常，法学を含む学士課程の後に位置するものとして，ロースクールと通称されるようになっている。)しかし，周知のように，これまでの日本では，大陸法型法システムのモデルに従って法学教育は学士課程の後期に元来想定された専門課程として行われてきたが，社会の複雑化に伴う教育内容の質量の増大に対してむしろ法律科目の相当部分を前期課程に下ろし，履修開始時期を早める方向で対応してきたのが実情であり，司法試験の周知の状況もあってそこから顕著な弊害が生まれ，その状態が長く放置されてきた。すでに1964年の臨時司法制度調査会の意見書でも「司法修習生の素質に関しては，基礎的教養に欠ける面のあることが指摘されている」（臨時司法制度調査会 1964：103）と記されていたが，当時から一般的に，何年もの繰り返し受験者を生んでいる司法試験制度の問題として議論される傾向が強かった。それに対して，今般の改革は大学における法学教育に遡る抜本的なものになり，大陸法型にコモンロー型を接ぎ木したいわばハイブリッド型になったわけである。ただ，法曹養成の中核を大学院レヴェルに上げる改革によって，（コモンロー型の法学教育が適していると考えられる）事実からの演繹的思考を強める改革にもなるかどうかは，（ケースメソッドの採用など）実定法教育の中身に関わることなので，別の問題である。(なお，ケースメソッドの特徴に関する私の理解については，六本 2001を参照されたい。)

よう。

　上で見た社会のさまざまな領域についての学問的な知識は，主として一般教育科目でカバーされようが，上記(2)の法の社会関連性というような「法」の性質に関しては，通常の一般教育科目では明らかに不十分であると考えられるのであり，ここに，基礎法学の諸科目が法曹養成において果たすべき基本的な役割が見出しうるように思われる[19]。先にも触れたように，基礎法学の諸分野は，「法」を社会・人文諸科学の方法視角から社会と人間の営みの中に位置づけて，その性質や論理構造や文化的種差や発展経緯や社会的機能を追求する分野である[20]。その意味で，基礎法学を実定法科目と一般教育科目，特に人文社会系の諸分野との間を架橋するブリッジとして位置づけることもできるかもしれない[21]。というのは，法の現象や制度は独特の思考方法により自己完結的な世界を形づくっており，その専門的な学習を経ない人には中々理解しにくいものであるのに対して，基礎法学は，法を一般社会現象の中に置き，政治・経済・社会・文化・歴史・哲学といった人間と社会に関するいろいろな分野における学問的探求の視角と方法によって解明して見せることができるからである。逆に，法律家または法学専攻者にとっては，基礎法学は，法からこれらの諸分野へと通じる入り口となり，法の問題に関して人間・社会自体を対象とした探求[22]をするさいの手がかりとしての役割を果たしうる。

---

[19]　と言っても、基礎法学が役割を果たしうるのは学士課程のみであるという趣旨ではなく、法科大学院の教育課程においても果たしうると考えている。ただ、その具体的なあり方については、法科大学院において基礎法学科目に配分されている単位数が少ないこともあって、相当な工夫が必要とされると思う。

[20]　実定法研究が、法律実務家と同じように現行実定法体制に対して「内的観点」に立つのに対して、法社会学などの基礎法学的な研究は「外的観点」に立つと言うことができる。ただし、これは、後者が法解釈論の視点を採らないという意味では真であるが、法規範や法システムがどうあるべきかという点について当為の視点を採ることはないという意味なら真ではない。基礎法学は他のあらゆる学問と同じように何らかの現実的な（旧い言葉で言えば実践的な）問題関心を背後に持って出発するのがむしろ常態であり、単に（あるいは常に）傍観者的立場に立つべきものでは決してない。

[21]　日本法制史専攻の井ヶ田良治教授が次のように書いておられるのが参考になる。「文学部出身の私が法制史を学びはじめた頃は、法科派の法制史研究者と違って、法律学の世界は異郷のようで、とても歯が立たない世界であった。それへの懸け橋が実は法社会学であった。」（井ヶ田 1989：48）。

[22]　実定法学者の手によって、個々の法律の沿革や社会的背景（また比較法的連関）について詳細に探求する研究がなされることが多いが、これは、法社会学のいわば母体となった私法学ではひとつの伝統的パターンとも言えよう。（「民法学における社会学的研究」について星野 1980：63-65参照。）

尤も，基礎法学と言っても，それに含まれる分野は多様である。一方で法史学は，歴史学との結びつきから史料や言語や歴史文化といった基盤面で固有性が強いが，さらに日本，東洋，西洋と分かれており，それぞれが相互に別の世界の趣を与える[23]。他方で外国法は，各外国の現行実定法の知識が法律実務において直接に役立つという点で，実定法に極めて近い分野である。しかし，外国法の研究は，こうした実用志向によるではなく当該社会の歴史・社会・文化との関連で，あるいはそれらの一環としても行われるべきことが強調されている[24]。それに対して法哲学および法社会学は，対象が特定の法システムに限定されていない点で共通であるが，そのうちで法哲学は，どちらかと言えば方法の固有性が強い方に属し，法社会学は，それが弱い方に属すると言えよう。法哲学は，法認識論のほかに法価値論の広い領域を持っている。法社会学について言えば，このことばは，法学と社会学とが結合したものであり，実際にも社会学との結びつきは強く重要である[25]が，それは決して排他的な結びつきではない。法社会学の研究は，実際には，歴史・政治・経済・文化・心理といったさまざまな角度や方法を用いて法に接近するものを含んでおり，方法面では法に関する社会科学と言う方が適切かもしれない。英米では，ドイツ臭の強い「法社会学」ではなく，「法と社会」（law and society）あるいは「社会＝法研究」socio-legal studies という呼称が用いられている。一般的に見ると，日本の法学界では，かつては（近代社会化とか資本主義化とかの）人間社会の巨視的な発展図式に拠るといった意味での歴史，特に（マルクス主義）経済史との関連で法を眺める見方が強かった。しかし，近年では歴史志向性が薄れてきた反面で，近代経済学系の「法と経済学」（これが基礎法学の分野に入るかどうかは確かではないが）の研究が盛んになっている。

　基礎法学の諸分野は，このように多様な方法的基盤に立つものであることから，各分野がそれぞれ法学以外の方法論的軸足の上で学問的自立の色彩を強める傾向を持つ。基礎法学各分野の学問としての発展は，それを単に実定法学に役立つ補助科学として見るのではなく，逆に法学を補助科学とする学

---

[23] 東洋法史学の岡野誠教授は，大学院学生時代にある先人の「史料の職人たれ」という言葉に深い印象を受け，「まさに目から鱗が落ちる思いがした」と書いておられる（岡野 2001：145）。この文献は，東洋法制史学の研究・教育の状況を具体的に伝え，その固有の魅力を外部者にも分かるように偲ばせてくれる貴重な文献であると思う。

[24] 典型的な例として，田中英夫 1980：656-659を参照。

[25] 特に，社会事象に対する学問的認識方法としての社会調査および統計分析の技法は重要であり，法律家や実定法学者の養成においてその基本的な原理にもっと注意を払われてしかるべきものと言えよう。

問として自覚的に追求することを促すわけである。しかし，他方でそこには，そのそれぞれが他から隔絶した「たこ壺」(丸山真男)のようになる危険性があるということに注意しければならない。実際，法社会学においても，かつては社会科学諸分野にある程度共通の分析概念や用語が通用していたのに対して，今日では同学界内でも理解しにくいほど難解になる傾向があることは否定できない(26)。これはひとつには，法学における各分野の固有の存在根拠を主張する必要にも根があるのかもしれない。このことは，法の実定性・実用性に確固たる存在基盤をおいている実定法学に対する関係において，基礎法学の各分野に多少とも共通に言えることなのではないかと思われる。しかし，基礎法学が法曹養成において上述のような役割を果たすべきであるとすれば，各分野がその固有の対象を固有の方法で追求しながら，何らかの共通の志向性を見出してゆく必要があるのではないかと思われる。

　法についての基礎科学として焦点となるのは，やはり各分野のそれぞれの視角からの「法」の性質の探求——たとえば，法現象のいろいろな形態や特質，法的制度の生成・発展・消滅や社会的機能や機能不全の条件等々について何らかの一般化の手がかりとなるような知見を求めること——であろう。そのためには，当然「法」の概念論が問題となろう。というのは，実定法学では，既存の法システムの妥当を前提とするので，その中で妥当している法規範を中心とした捉え方が想定されているのに対して，基礎法学では，これとは異なり社会現象としてのさまざまな存在形態に即した「法」の概念への問題意識が必要とされるからである。法社会学を例として挙げれば，法規範が妥当することの構造的基礎を含め，また法の運営に関わる裁判所等の諸機関や法律家や一般人の法への関わりといった諸要素を包含する「法システム」(27)というより広い概念が試みられている。また法の社会的機能について

---

(26)　法社会学については，星野 1989：59は，「ところが，ここに至り，法社会学の方法の洗練・緻密化により，一言でいえば法社会学の学問としての，より端的にいえば社会学の一部としての実定法学の方法との相違がきわだってきて，よほどの能力のある者を別にすれば，実定法学者としては，もはやその内容の理解さえ困難を感ずるようなものとなるのである。」と述べているが，それはある意味で，法社会学内部にもあてはまる。

(27)　法社会学の観点からする法システムの概念規定の一例として，六本 2004：4 ff を参照されたい。「法システム」にあたる概念としては，かつて支配体制に通じる「法体制」という概念が用いられていたことがある。近年では「法システム」ということばが，法社会学以外でも時々見受けられるようになったのは，従来の実定法学よりも広い法概念の必要性が高まってきたためかもしれない。近隣アジア諸国の法が法科大学院でも重視されるようになることが予想されるが，そのさいも，「法システム」といった広い概念が有効となろう。Tanaka 1976 は，「法システム」

も，社会統制や紛争解決といった空虚な決まり文句で満足するのではなく，もっと多様な機能が想定され，論じられている。

6 結　語

このように見てくると，法とそれ以外の二つの学問世界に身を置き，二つの視点を組み合わせたハイフン付き学問分野としての基礎法学が，法の世界と一般の世界とをつなぐチャネルとして果たすべき役割と課題は大きいと言えよう。そのことは，基礎法学が，もろもろの社会現象のなかで独特の特徴をもつ規範現象を，具体的当為判断の観点ではなく事実判断の観点から探求し明らかにすることを通じて，社会諸科学の一角を担う学問分野として大きな希少価値を持つことも示していると思う。

参照文献
井ヶ田良治　1989：「法社会学への期待──法史学から」『法社会学』41号
岡野誠　2001：「法史学の現状と課題，そして若干の可能性」『法制史研究』51巻，142-162頁
笹倉秀夫　2002：『法哲学講義』東京大学出版会
司法制度改革審議会　2001：『司法制度改革審議会意見書──21世紀の日本を支える司法制度』
田中英夫　1972：『アメリカの社会と法──印象的スケッチ』東京大学出版会
田中英夫　1980：『英米法概論』東京大学出版会
日本弁護士連合会・弁護士業務対策委員会（日弁連）　1986：『市民と法律問題──日常問題処理の実情』（非売品）第一法規出版社
能見善久　2001：「実定法学は「歴史」に何を求めるか」，『法制史研究』51巻，163-175頁
ハート，Ｈ・Ｌ・Ａ　1976：『法の概念』みすず書房
浜口稔　2005：「変貌するリベラルアーツ──真理追究から問題対処の教育へ」，寺島善一他（編著）　2005：『リベラル・アーツと大学の「自由化」──教養・専門課目の活性化をめぐる考察』，明治大学人文科学研究所叢書所収
星野英一　1989：「法社会学への期待──一民法学者の目から」『法社会学』41号，56-73頁
前田雅英　2003：「法科大学院とアカデミズム」『UP』373号，東京大学出版会，18-22頁

ということば（ただし英語の legal system）を日本の法学者が用いた早い例を示すものであろう。

丸山真男　1995：「政治学」,『丸山真男著作集第6巻』, 岩波書店, 167－203頁（初出は,『社会科学入門』みすず書房, 1956年刊所収）
臨時司法制度調査会　1964：『臨時司法制度調査会意見書』
ルーマン, ニクラス（村上淳一＝六本佳平訳）　1977：『法社会学』岩波書店
六本佳平　2001：「ロスクールの教育方法」『法学協会雑誌』118巻12号, 4－32頁
六本佳平　2004：『日本の法と社会』有斐閣
六本佳平＝吉田勇（編著）　2005：『末弘厳太郎と日本の法社会学』（刊行予定）
Oakeshott, Michael 1989: *The Voice of Liberal Learning*, Liberty Fund.
Tanaka, Hideo (ed), *The Japanese Legal System: Introductory Cases and Materials*, The University of Tokyo Press.
Patternson, Alan 1982: *The Law Lords*, Macmillan

実定法学と基礎法学の協働
―― ドイツ法史の視点から ――

石 部 雅 亮
大阪市立大学名誉教授
大阪国際大学教授

1　法科大学院教育の目的

　2004年4月に開設された法科大学院は，研究者養成を主眼にした従来の大学院法学研究科と異なり，専門職大学院として，実務法曹の養成に特化された大学院である。高度に専門的な職業人を養成するという目的のもとに教育がおこなわれ，「理論的教育と実務教育を架橋する法曹養成教育」が重要な課題とされている。だが，「高度専門職業人として直ちに活動を開始するために必要な知識・技能のすべてを教育する」ものではなく，それに接続して，実務における職業教育がおこなわれることが予定されている。これまで通り，司法研修所の教育を含む実務修習が存続する一方，法科大学院のカリキュラムでは，まず理論教育を主な柱とし，さらに実務教育の最初の部分を取り込むという方針が立てられている。これらのことは，「法理論教育を中心としつつ，実務教育の導入部分を併せて実施すること，実務との架橋を強く意識した教育であること」と表わされている（法科大学院設置基準）。具体的な教科としては，法曹倫理や要件事実および事実認定の基礎の授業が例示されているのである[1]。
　これまで，法曹を志望するものは，原則としてまず大学で法学教育を受け，

　＊　注記のしかたについて：　本稿は，ドイツ法史を対象とするため，当然欧文文献をふまえて書かれているが，詳細な注記は，紙幅との関係上，本文と注のバランスを崩すことになる。そこで，ドイツ語文献の引用を断念したほか，邦文文献でさえも，ごく少数の著書・論文に限定しなければならなかった。あらかじめこれをお断りするとともに，ここに引用された文献を介して，さらに関係文献を探し，利用されるようお願いしたい。
（1）　司法制度改革審議会意見書（2001年6月）および法科大学院設置基準等について（2002年8月）

そして司法試験に合格した後，司法研修所その他で実務修習を受けることになっていた。すなわち，法学教育と実務修習が制度上分離され，大学と司法がそれぞれ分担する仕組みである。これは，ヨーロッパ諸国の，とりわけドイツの伝統的な法曹養成制度と共通の考え方に基づいており[2]，その影響を受けて成立した戦前の養成制度を基本的に継承したものとみることができる。しかし，わが国の大学における法学教育には，直接に法曹養成と結びつくものではなく，また大学の大衆化が進むにつれ，ますますその目的が拡散していったことに特徴がある。法学教育の目的は，一般には法学的素養を持った社会人ないしジェネラリストの養成というように幅広くとらえられていた。法科大学院の発足によって，それが根本的に変更され，もっぱら実務法曹の養成が目的とされるようになったわけであるが，そのような新しい事情の発生によって，法学の教育・研究に著しい変化が生ずるであろうことは，当然に予想される。それが教育方法にとどまるのか，さらに教育内容に及んで，法学のあり方に根本的な変化が生ずるのか，それはどのようなものか，今後の動向を注意深く見守っていく必要がある。

現在の法曹養成制度の改革をみると，従来の裁判官養成を主にしたものから，なお一部ではあるにしても，すでに弁護士養成に向けられたものにシフトしつつあることが分かる。法曹志望者の大部分が将来弁護士になることを考慮すれば，当然といえようが，弁護士養成に重点が置かれるようになると，そのことによってまた法学の再編成が必要になりはしないか。すなわち，裁判官活動を対象にした法学から弁護士活動を対象にした法学への重点の転換である。そしてまた，弁護士の法廷活動のみならず，助言活動も含む幅広い領域が法学の対象になってくる。予防法学といわれるものもその一部であるが，それらの新しい分野をどのように取り入れるかも，あわせて検討する必要がある。しかし，いまそこまで手を伸ばすことはできない。従来の裁判官養成モデルを念頭に置きながら考察することにしよう。

法科大学院においては，「実務との架橋」という要請に応えねばならないが，なお法理論教育が中心である。そのなかでまた基本になるのが実定法学または法解釈学である。法学部の学科目のなかには，そのほかにも基礎法学とよばれる部門がある。それに属するのは，法哲学，法史学，法社会学，比較法および外国法といった科目である。これらが法科大学院でどのような位置を占め，役割を果たすことになるか，それは，そのときどきの法学をどのように構想するか，それらの科目とそのあり方は，たんに法学の専門化・分

（2） 拙稿「法曹養成制度のドイツ型」日本法社会学会編『司法改革の視点』法社会学53号（2000年）111頁－21頁。

業化の所産であるばかりでなく，また，それぞれの時代の教育政策と学術政策のあり方にかかわり，その根底にある文化・哲学思想に触れるところの問題である。この議論は避けて通ることのできないものであるが，ここではそれにも立ち入ることができない。筆者に与えられた課題は，（比較法・外国法を含めて）法史学の立場から，実定法学と基礎法学の協働をどのように考えるか，ということである。筆者の専攻は，ドイツ法史およびドイツ法との比較であるから，以下の論述は，ドイツ法学および日本法学の議論に言及しながらおこなわれることをあらかじめご了承願いたい。

基礎法学と実定法学の協働を考える場合，法史学には，基礎法学の他の科目とちがって，そう簡単には答えることができない独特の難しさがある。その一つは，法史学の課題が過去の法現象の認識にあるというところからきている。古代ローマ法を学ぶことが，あるいは19世紀のドイツ民法学ともいうべきパンデクテン法学を学ぶことが，いまから法の実務家になるものにとって，どのような意味をもつのか，という問いが発せられる。現行法を適用して，現在直面している問題を解決するのに，法の歴史が一体何の役に立つのか，という疑問が出るのはある意味では至極当然のことである。そのような疑問に十分な解答が見出せないままに，学生の間，さらには研究者・教師の側にもまた法史学に対する敬遠の傾向が広がっていることは，否定できない。歴史離れは，現代社会に支配的な風潮であるが，歴史離れの法解釈学と法解釈学離れの法史学という構図が法学のなかにすでにできあがっており，動かしがたいものになりつつあるのが実情である[3]。

このような状態がつくりだされるについては，それなりのながい歴史的経緯があり，それを踏まえたうえでなければ，法史と実定法の関係についても，なんらかの態度を示すことができない。したがって，迂路を経ることになるが，まず2世紀以上にも及ぶ法史学の学問史を一瞥して，問題の根深さを理解してもらうことが必要ではないかと考える。

2　ドイツにおける法史学の成立とその後の歩み

ドイツの場合，法史がひとつの学科として成立するのは，19世紀になって

（3）近年，法解釈学と法史学との関係を問い直そうとする試みが生じている。それについて，≪シンポジウム≫「法学における歴史的思考の意味」『法制史研究　51』（創文社，2001年）および村上淳一編『法律家の歴史的素養』（東京大学出版会，2003年）の諸論考を参照されたい。

からである[4]。法史学は，歴史的経験主義的傾向をもつゲッティンゲン学派によって準備された後，歴史法学派のなかから生まれてきた。解放戦争の勝利によってフランス支配のくびきから脱し，国民主義的感情が一段と高揚したこの時期に，ドイツ統一市民法典の編纂の提案がおこなわれたことは，周知のところである。有名なサヴィニー・ティボーの「法典論争」の結果，この提案は支持を得られず，大勢は，法典によらず，むしろ法学を通じて，一般私法の規範体系を創出し，法実務の統一化・画一化をはかる方向に進んだ。その後のドイツの私法のあり方を決する法政策上のひとつの選択がなされたことになる。法学の主導権を握ったのは，歴史法学派であったが，その領袖サヴィニーによって，従来の混乱した法学を立て直し，自立した専門法学を確立するという「法学の革新」がおこなわれたのである。

　歴史法学の課題は，歴史的方法と哲学的（体系的）方法を用いて，一般的抽象的な法規範・法原理の体系をつくりあげることであった。その作業には，体系形成とならんで，一方においてローマ法源，他方においてゲルマン法源から，実定法の素材を抽出し確定することが含まれていた。ローマ法，カノン法，ドイツ法など雑然と入り混じった実定法の規範群を整理し，ロマニストはローマ法を，ゲルマニストはドイツの固有法を分担して，これら過去の法のうちで，「すでに死滅したもの」と「現在なお生きているもの」を選別し，現在に妥当する法は何か，を明らかにするという実践的課題に取り組んだのである。まさに法の歴史と実定法の蜜月時代ということができようが，法学者たちは同時に法源の歴史的研究に深く沈潜した。その結果，法史学は，ガイウスの発見と解読に始まり，T. モンゼンの『ローマ国法』や『ローマ史』にみられるような数々の輝かしい業績を生み出したばかりか，一般歴史学をも先導する役割を果たしたのである。

　しかしながら，19世紀中葉以後，ドイツの一般私法の理論体系の完成が近づくにつれ，歴史的な法源研究との乖離が生じ，法史と実定法との間が疎遠になった。それとともに，法史学の実定法学からの解放，法史学の歴史学としての純化が急速に進行したのである。パンデクテン法学にくらべて，実定法学とのかかわりが少なかったゲルマン法学は，もっと早くから歴史学に接近していた。ドイツ民法典が成立すると，これまでなおかなりの地域で現行法として効力を持ち続けていたローマ普通法が，法典の規定に取って代わられることになる。プロイセン，バーデン，ザクセンなどすでに法典を備えていた地域でも，大学の講義は，ドイツの法実務の一体性を確保するため，パ

---

(4) F. ヴィーアッカー著，鈴木禄弥訳『近世私法史』（創文社，1961年）が基本書である。ほかに，H. シュロッサー著，大木雅夫訳『近世私法史要論』（有信堂，1993年）。

ンデクテン法学が中心になっていた。それが法典施行以後どのように扱われることになるかについて，不安が生じたのである[5]。1896年アイゼナッハで開催された大学教授会議では，将来の大学における法学のあり方について検討がなされ，その最終決議で，ドイツ民法典の準備教育，すなわち入門講義としてローマ私法やドイツ私法の講義を前置するという結論が出された。プロイセンでは，実際にその翌年から，パンデクテンやプロイセン一般ラント法に代わり，「ローマ法史」，「ローマ私法の体系」，「ドイツ法史」，「ドイツ私法綱要」の講義がおこなわれるようになったのである。民法典施行後も，法学教育における法史の科目の不安定な状況は続いた。だが，そのような状況は，たんに法典が編纂されたことだけで惹き起こされたのではない。法史学の基礎にある人文主義的教養思想が，世紀末の社会経済的構造の変動とともに，翳りをみせ始めたことにも起因する。また，実定法学と法史学の間では，研究方法の相違があることが強く意識され，価値判断と認識，規範形成と事実認識の間に越えがたい溝があり，その両者の結合をどのようにするかは，ひとつのアポリアとして残されたのである。法史学は，古代学または中世史学として研究の新しい地平を切り開き，この領域で卓越したかずかずの業績を生み出したが，法学内部の風潮は法史学にとってあきらかに敵対的であった。さらに，ナチの時代にはローマ法は迫害され，ゲルマン法はナチのイデオロギーのために利用された。

　第二次世界大戦後の法史学は，ナチによって受けた被害を修復しつつ，旧態に戻ったが，戦前からの問題を依然として引きずっていた。法史学は，現行法の解釈学から切り離され，歴史学に属するという自己認識に変わりはなかったものの，社会科学としては方法論的転換をとげた歴史学にもおくれをとったというあせりもあったようにみえる。60年代中頃には，法史は司法試験の必修科目からはずされた。以後，法哲学や法社会学とともに，法史の基礎を考慮した授業に参加することが義務づけられたにすぎない。このような状況のなかで，法史学の自己認識について議論が再燃した。法史家は，方法の多元性を承認しつつ，法史は，法の成立と変化，その適用と実現を社会的な関連において認識し解明しようとするものであるとする点で，ほぼ一致した見方があったということができる。この時期に，かつての「ローマ私法」や「ドイツ私法」のように，ドイツ民法典の体系や概念でもって，過去の時代の法を叙述したり，民法の規定の沿革を説明したりする法史の講義は，姿を消した[6]。

（5）　拙稿「第二帝政期ドイツの法学教育」『法社会学コロキウム』宮沢・神長編（日本評論社，1996年）11－29頁。
（6）　拙稿「ドイツ法制史学の現況」法時52巻8号，132－134頁。

戦後の法史学の領域でめざましく台頭してきたのは，近世・近代法史であろう。この科目はもともとナチ時代の法学教育の改革の落とし子であったが，それまでながい間法史学の対象範囲が，古代ローマ法と中世ドイツ法に限られていたのを改善した。それによって，法史は，ローマ法の継受，人文主義法学，パンデクテンの現代的慣用，自然法学および歴史法学・パンデクテン法学，現代法学まで手を伸ばし，ヨーロッパ全体に視野を広げた。たしかにこの分野の研究の進展はいちじるしく，法の歴史的知識は豊富に蓄積されてきたが，法学全体のなかでそれほど強い関心を持たれたわけではない[7]。

近年で注目すべきは，ヨーロッパ法の領域における一動向である。すなわち「ヨーロッパ私法」の形成の機運に呼応して，ヨーロッパの共通法の伝統の担い手をローマ法に求め，ローマ法を手がかりにして共通法の原則や規則の形成を企てようとする動きである[8]。ヨーロッパ裁判所の判例のなかに，法原則や法命題の基礎づけにローマ法が引証されていることをもって，ローマ法がなお現在に妥当する法であるという主張もあるが，ローマ法の復権の要求の基礎にあるのは，主に，つぎのような見解である。それによれば，19世紀の国民国家の成立以後，私法は国民法になってしまったが，それ以前にはヨーロッパを覆う共通法（ius commune），すなわちローマ法とその法学が存在した。それゆえ新しいヨーロッパ共通法の形成には，これまでそのような形態において存続してきたローマ法学の蓄積を活用すべきである。とくにヨーロッパ大陸法と英米法の接近をはかるには，法制度のこまごました相違点にとらわれずに，積極的に両者の共通点を取り出していく必要があり，その目的のためにはローマ法が有用であるとされる。この主張には比較法学の側からも手が差し伸べられ，実定法学の一部にも共鳴するものがあり，ここに法史，比較法および実定法の提携が成立するかのような状況が生じた。ふたたび法史と実定法学との関係が議論として取り上げられる局面が現れたのである。これに対するドイツの法史学者の反応はさまざまである。みるところ，ローマ法をこの新しいヨーロッパ共通法の基礎にすえようという主張は，まさに「現代ローマ法」に相当し，それゆえに，ネオ・パンデクテン法学ともよばれるのであるが，元祖のパンデクテン法学が一般私法の体系の形成を

（7）　80年代のドイツにおける議論について，田中実「法制史の法解釈学への貢献について」『法制史研究 40』153−182頁に詳しい。

（8）　大久保泰甫「ヨーロッパ法の基層と再生」法時68巻8号17−25頁。なお，この動きの強力な推進者であったH．コーイングの著書の翻訳として，久保正幡・村上淳一訳『近代法への歩み』（東京大学出版会，1969年），佐々木有司編訳『ヨーロッパ法史論』（創文社，1980年），上山安敏監訳『ヨーロッパ法文化の流れ』（ミネルヴァ書房，1983年）などがある。

目指したのに対して，これは，ローマ法学がそれぞれの時代の社会において示した柔軟な適応能力を評価するものであって，むしろ「新現代的慣用」というべきであろう。たしかにヨーロッパの共通法の伝統は，ローマ法を絆とする諸国の大学の法学によって支えられてきた。しかし，それは人文主義，自然法，現代的慣用，パンデクテン法学によって度重なる変容を経験したのであり，そこでいわれるローマ法とはなにか，現にどの範囲でそれが用いられているのか，もしユースティニアーヌス法典に収録されたローマ法曹の意見であるとするならば，それは，いまなお実定法を越える法源なのか，伝統を根拠に妥当を要求するのか，過去の優れた手本として解決のヒントを提供してくれるものというべきなのか，なお慎重に検討する必要があろう[9]。

3 日本における西洋法史

わが国で，1893年帝国大学に講座制が設けられたとき，「ローマ法」，「法制史・比較法制史」の講座が設けられ，後に日本法制史と西洋法制史に分離することになったことはよく知られている[10]。このように最初から法制史の科目が設けられ重視されたのは，当時法学部の重鎮であった穂積陳重が，イギリス法も大陸法も，すべて将来はローマ法族に帰一するという認識をもっていたこと，この時代ヨーロッパを席捲した進化論的発展史観にもとづき，すべての民族の法は客観的な法則に従って発展し，それぞれ一定の発展段階に位置づけられるという考えを持っていたこともかかわりがあると推測される。しかし，まもなく法実証主義の立場から，こうした進化論的比較法制史に対して批判が加えられ，やがて科目名も比較法制史から西洋法制史へと改められた。比較法制史も西洋法制史も，実際には，ヨーロッパ諸国の法源や主要な法制度が講じられた。

わが国の場合，民法典編纂における外国法の継受のため，現行法の理解のために，主要な継受の対象であったドイツやフランスの法史，さらにその淵源であるローマ法を学ぶことは不可欠の前提であった。原田慶吉『日本民法典の史的素描』のような著書は，民法典の規定を分類し起源・系統を明らか

---

(9) ここでは，R. ツィンマーマンとH. ケッツを念頭においているが，かれらの所説については，拙稿『ヨーロッパ私法統合の理念的基礎』（OIUヨーロッパ問題研究会報告書，2004年），川角由和ほか編『ヨーロッパ私法の動向と課題』（日本評論社，2003年）を参照されたい。
(10) 日本における法制史学の展開については，岩野英夫「わが国における法史学の歩み（1873−1945）」同志社法学39巻1・2号（1987年）225−312頁。

にし，実定法学に当時としては最高水準の歴史的素材を提供したとものと評価できる。だが，わが国の西洋法制史が始まったころは，すでにドイツにおいて，法史の実定法学からの離脱と歴史学への純化がおこなわれていたから，それに対応して，わが国の場合も，実定法学との間には最初から距離がおかれていた。法史は，ドイツ法史の圧倒的影響のもとに，実証主義的に法源研究の深化を目指した。

しかし，1920年ごろから，マルクス主義法学，新カント派法哲学，法社会学の新思潮の交錯するなかで，法と社会の連関を歴史的に追求することに対する関心が高まった。この傾向は，法史学においてもみられたが，むしろ実定法学において明瞭であり，それが，我妻栄『近代法における債権の優越的地位』や川島武宜『所有権法の理論』などの，古典的作品を生み出すもとになった。これに続く来栖三郎あるいは磯村哲といったひとびとの歴史および哲学に対する傾倒は，これを継承するものであろう。ドイツ，フランス，イギリスにおける法発展に照準を合わせつつ，民法における法制度の社会的意義，役割・機能を説明することにつとめてきたのは，わが国の民法学の大きな特徴ということができる。

第二次世界大戦後，法学も日本社会の近代化の使命の一翼を担ったとき，マルクス主義および法社会学の高揚のなかで，民法学は，大正期の「市民法学」に立ち返って，それを再出発の拠点としようとしたとみることができよう。それゆえ，民法学の中に歴史が一定の地位を占め，当初はここに民法学と法の歴史研究の幸運な結合が成り立った[11]。

このような事情は，法史学の領域でも，同じであった。法制史家世良晃志郎の見解は，当時のかれの指導的立場から，法史学の後の世代に強い影響力をもった。それは，ヴェーバーの立場から，マルクス主義の法則史観を批判するとともに，他方で歴史法学批判を通じて，法史を実定法学に対する婢女の立場から解放し，純粋の歴史学として脱皮すべきことを説くものであった[12]。法史の歴史学としての純化は，ドイツでは19世紀中葉に始まっており，法史と実定法学の方法的相違は明らかであったから，ほとんど異論のないところであった。かれの純化要求を徹底するならば，法史はもはや法学部に属する必要はなく，他の学部（たとえば文学部）に移るよりほかないという結論に導かれるであろう。法学部にとどまっても，法史学は実定法というよりも，むしろ歴史学の方を向いているという状態が生じるおそれがある。わが

---

(11) 日本の民法学史については，星野英一『民法講義　総論』（有斐閣，1983年），水本浩・平井一雄編『日本民法学史・通史』（信山社，1997年）およびその引用文献を参照されたい。
(12) 世良晃志郎『歴史学方法論の諸問題』（木鐸社，1973年）。

国の法史学は，社会科学としての法史としての自覚において，ドイツよりも一歩先んじ，その上，社会科学の隣接領域との接触を広げていったが，ドイツのように，法史学者が実定法をも兼担することのないわが国では，専門の枠に立てこもる傾向も加わって，法学部における法史の孤立化が一層目立つ結果となった。

　他方，進化論やマルクス主義の法則史観，啓蒙主義的進歩史観の影響力が衰退するにつれ，法史における事実の認識と実定法における規範の適用・形成の問題は，ますます困難となった。既存の歴史哲学の影響が失われてくるとともに，法史学の持つ魅力も薄れてきた。

　ここで述べようとしていることは，実定法学と法史学の間には，かつてあったような直接的な連結はないし，今後もありえないであろうということである。したがって，実定法学が法史学に対してそのような期待をもつとしても，それは法史と実定法の科目の関係の不安定さの改善にはならないであろう。けれども，現在は，実定法秩序が未曾有の変革期にあり，実定法学自体が自己のアイデンティティを検証し，再確認しなければならないときである。実定法学の体系，法概念，法原理，法規則を総点検して新しい創造に取り組まなければならない状況に直面しているといってよい。そのような変動期に，法科大学院の教育において，実定法学を既成の技術として教え，また学ぶだけでは不十分であり，法に対する根底的な理解を深めるべきであるという考えが生ずるのは当然である。そしてその場合，実定法学と基礎法学——法哲学や法社会学のみならず，外国法や法史学をも含めて——協働が必要になってくるのは自明のことといってよい。これまでも実際，すぐれた実定法学者といわれるひとたちはみな，基礎法に対し強い関心を持ち，その堅固な基礎の上に自らの研究を打ち立ててきたといって過言ではない。この点は，実務家の実践についても変わりはないはずである。重要なことは，法科大学院の教育において，実定法学と法史学が，それぞれの立場で自分たちの抱えている問題を投げかけ，どのような箇所で，またどのような仕方で協働すべきか，することができるか，率直に議論してみることである。それにしても，実定法学と法史学とが協働が成功するには，その前になお粘り強く時間をかけて解決しなければならない種々の課題が山積している。法科大学院の制度の発足は，協働に向けての体勢の立て直しの好機ではあるとはいえ，現在の事態をそれほど楽観視できないことも述べておかなければならない。

第Ⅰ部 論　文

4　法史学の取り組む諸問題

　法史学の直面している困難のひとつは，19世紀の近代法学が作り上げた法概念や法原理，法制度や法体系を過去の法の分析の持込むと，正確な法の歴史像を描き出すことができないことにある。近代法学の越権を批判するばかりでなく，いまや近代法学そのものの見直しが必要になってきている。それぞれの時代，それぞれの社会の法を的確に把握しうる新しい史観と方法を鍛えなければならない。一元的な法則史観や進歩史観に基づいて作られた図式を適用するにも慎重でなければならない。このような図式は，わが国の法学全般に，また実定法の個別的な解釈論においても，かつては好んで用いられた。一定の時期に，そのような歴史の見方の果たした役割・機能を否定するものではないが，単線的な必然的な道だけがあるわけではなく，前進と後退に蹉跌，思いがけない経路や陥穽もあることを見落としてはならず，もっと精密な検討が必要である。

　わが国の法史学の分野において——ドイツ法史に限ってみても——近年新しい研究業績が蓄積されつつあることに目を向けていただきたい。しかもこれは，狭い意味の法史のみならず，外国法や実定法の研究者も協働してつくりだしてきたものであって，協働の一つのあり方と見られるが，互いの問題の指摘と批判があれば，それによって，さらにこれを改善し，発展させていくことが可能となってくると思われる。主な課題を任意に列挙すれば，法と国家の観念，立法権や司法権の構造，教会法と世俗法，訴訟の制度・手続，訴訟外の紛争解決，法曹の政治的社会的構造，大学と法学教育，法学のあり方，法の解釈方法，法の体系・原理・概念の意味と機能，とりわけ，ローマ継受，パンデクテンの現代的慣用，パンデクテン法学，法典編纂，所有や契約，家族とジェンダーなどをめぐって，現代の問題関心から，法の歴史の探求が続けられている。したがって，現行法の解釈の論拠を提供することができるかどうか，という短絡的な考えをもってさえしなければ，現在の法についての理解を促進することになるのは，間違いないと考える。

5　有責配偶者の離婚請求をめぐって

　総論部分はこれくらいで切り上げて，本稿の執筆に当たって編者によって示された例題のひとつ，「有責配偶者の離婚請求」について，ドイツの法史

をみるときどのような問題点があるのか，ということをごく大雑把に述べておこう[13]。たしかにこの数世紀，離婚法ほど歴史的にみて起伏の多い変化を示した法領域はないといってもよいくらいである。教会と国家，個人と社会のあり方をめぐり，性と生殖のコントロール権をだれが握るか，これをどのように組織するか，の問題をめぐって激烈な対立と抗争があったことを，ヨーロッパの歴史は教えてくれる。ドイツ民法典（1896年）の離婚法は，文化闘争によって国家が教会に対する優位を確立することができ，カトリック教会との妥協がなって後にようやく成立しえたのである。18世紀には，なお教会の婚姻法が支配的であり，婚姻の不解消が原則であるか，離婚は限られた有責的な原因がある場合にしか認められなかった。世俗国家では，君主の大権判決によって，厳格な離婚法に突破口が作られ，啓蒙絶対主義の法典，プロイセン一般ラント法（1794年）の離婚法——それは，夫婦間に克服しがたい嫌悪がある場合や子のない夫婦の間で合意がなされた場合，裁判官に離婚を認める権限を付与した——には，世俗的自然法思想と絶対主義国家の人口増殖政策の特異な結合がみられるのである。19世紀初頭の復古期には，教会側の抵抗を発端として，一般ラント法の離婚法は厳しい批判にさらされるようになる。ドイツ民法典の編纂者は，婚姻が倫理的法的制度であるという観点から離婚に一定の制限を課すべきことを説くサヴィニーやゲルラッハのキリスト教的な市民的婚姻観を継承して，有責主義の立場に立った。編纂の最後の段階では，離婚原因は，はげしい議論の後承認された精神病の場合を例外として，姦通，殺害の企図，悪意の遺棄および有責的な婚姻生活の破綻（1565条以下）という有責主義的な離婚原因に制限された。最初の三つは，絶対的要件であるが，最後のものは，「婚姻の継続をその夫婦に期待できない」程度という制約が付されているものの，裁判官の裁量にゆだねられ，立法は，この夫婦間の厄介な問題に立ちることを控えたのである。

　法典の編纂のさいに，すでに離婚の自由を求める諸方面からの運動が展開されていた。世紀の転換期における性意識と婚姻観の変化，したがって婚姻制度の動揺という事態に直面して，裁判所も，概念法学批判や自由法学の登場という方法論の転換も背景にはあったと推測されるが，法律の文言から自由な解釈をおこなうことによって，対応していった。民法典の離婚法と現実の乖離は，また離婚を希望する当事者双方があらかじめ合意し，その後の訴

---

(13) D. シュヴァープ著，鈴木禄弥訳『ドイツ家族法』（創文社，1986年），W. ミュラー・フライエンフェルスほか著，田村五郎編訳『ドイツ現代家族法』中央大学出版部，1993年），W. ミュラー・フライエンフェルス「20世紀前半のドイツ婚姻法における立法権と司法権の関係」海老原明夫編『法の近代とポストモダン』（東京大学出版会，1993年）。

訟で有責事由を共謀して作り上げるいわゆる「協議離婚」を促した。

1938年の婚姻法は，はじめて破綻主義の離婚原因を採用した。すなわち，「家庭的共同生活が3年以上廃止され，かつ婚姻関係の不治的破綻によって，婚姻の本質にふさわしい生活共同関係の回復を期待できないとき」には，離婚を請求することができる，と規定した。だが，原告である配偶者が破綻について完全に，または主として責任を負うときには，被告には異議権が認められた。ただし，この異議は，「婚姻の本質と両当事者のすべての行為を正しく評価するならば，当該婚姻の維持が倫理的に正当化されえない」場合には，顧慮される必要がないとされたのである（55条）。これは，確かにワイマール時代からの離婚法改革の努力を立法化したのであるが，同時にナチスの人種・人口政策という別の政策目標に奉仕するものであった。ナチスの政権獲得後の1934年，カール・シュミットが「不確定概念やいわゆる一般条項はすべて，無条件に国家社会主義の意味で適用されねばならない」と述べているのは，婚姻法のこの条項の適用においてもやがて同様のことが生ずるであろうことを予告するものであった。「婚姻の本質」の解釈には，ナチの「民族共同体」にとって「価値ある婚姻」であるかどうかが判断基準となった。一般条項による授権に基づき，裁判官はナチに望ましい婚姻をつくりだす使命を課された。その点で，裁判官は立法者の意思に忠実に婚姻・離婚判決をナチスの家族・婚姻イデオロギーで染め上げた。もちろん，裁判所の判決がことごとくナチスの人種・人口政策を実際に実現するものであったという総括的な批判には慎重でなければならず，個別的にはナチスの言辞の表層の下に冷静な判断を隠している判決，あるいは正面から抵抗した判決もないわけではないとされている。婚姻法の膨大な判例を，ナチスの裁判官に対する人事統制とも関連させて検討してみることは，現在においても意義のあることだと思われる。

第二次世界大戦後1946年，管理委員会法によって，38年婚姻法からナチスの色彩は拭い去られたが，離婚原因にかんしてはそのままの文言が維持された（48条）。しかし，興味深いのは，46年婚姻法が，破綻主義的離婚原因について，38年婚姻法と同一の規定を有していたにもかかわらず，連邦裁判所の判例は，これとまったく対照的な帰結を導いた点である。反ナチスならびに復古的風潮にのって，連邦裁判所は，原則と例外を入れ替え，相手方配偶者の異議権が原則的に考慮される運用をおこなった。このような見解の出発点は，婚姻とは生涯解消しえない両性の生活共同体であるという伝統的婚姻観であった。破綻は運命的な出来事ではなく，意思決定であるとして，そこに主観的な要素，過責が持ち込まれた。破綻のきっかけをつくった当事者は破綻について責任があるとされた。判例は，異議の考慮を通じて，破綻主義

の枠内で有責主義の拡張を企てたのである。また，婚姻が実定法を越えた客観的倫理的秩序または制度であることが当然の前提とされ，そこにはキリスト教的自然法と共通するものが含まれていた。管理委員会は，婚姻法の改正に当たり，将来の婚姻について明確な指針を提示しなかったために，連邦裁判所はみずからの婚姻観に基づき法形成をおこなわなければならなかったのである。ボン基本法のもとでは，婚姻の保護の条項（6条）による制度的保障と結びついて，婚姻は夫婦が生涯かけて維持することを相互に義務づけられる制度であるとみられた。こうした立場に立つ一連の離婚判決は，社会の価値観の多様化・相対化を顧慮せずに，一定のイデオロギーを押し付けるものとして批判が加えられることになった。1961年の家族法変更法は，それまでの法実務を確認するにとどまったが，この法改正で立法者の指示が与えられた限りにおいて，裁判所の負担は軽減された。

　その後，社会の世俗化，教会の婚姻規制に対する反発，性の解放の動き，とくに女性の社会的経済的能力の向上といった変化に対応して，離婚に対する一般社会の寛容度も高まってきた。有責主義の離婚訴訟では，破綻を惹き起こした責任がどちらにあるかを明らかにしえないことが多く，当事者双方はお互いの責任を転嫁して非難しあい，また個人の秘事までさらけ出さねばならないという問題がある。しかも，隠れた「協議離婚」の数は増大し，離婚の90％以上はそのような方法によるものもとなった。その場合，最低3年の別居を要件とする48条よりも，他の有責事由を利用する道が選ばれている。1976年，社会民主党の政権下で婚姻法改正第一法律が成立したが，その改革の核心は，破綻主義の徹底であった。「婚姻の挫折」が唯一の離婚原因とされ，「夫婦の生活共同体がもはや存在せず，かつ夫婦の生活共同体の回復がもはや期待しえないとき，婚姻が挫折したとみなされる」と規定された（1565条）。挫折の証明を容易にするために，「夫婦が1年間別居しかつ夫婦の双方が離婚の申し立てをするか，申し立ての相手方が離婚に同意したとき」ならびに「3年前から別居していたとき」に挫折を推定するという二つの推定事由が設けられたのである（1566条）。これが現行法にいたるドイツの離婚原因規制の変化の概略である。

　これだけを取ってみても，離婚法の変化をたどるのに，法律規定の変遷をみるだけでは足りないことが明らかである。離婚原因の規定するにあたって，時代によってさまざまなファクターが働いているのであり，ざっと挙げるだけでも，教会と国家の関係，国家権力の構造，立法権と司法権の関係，社会・経済の状態，立法者の政策的意図，一般的価値観念，裁判官はじめ法曹のあり方，法曹の政治的，社会的，宗教的思想，専門法学の思考と方法などがそうである。それらのファクターがどのようなものであったか，またそれ

らがどのような関連においてひとつの決定に到達するにいたったか，総合的に考察していかねばならない。そうして明らかになったそれぞれの時代の歴史的事実の永い間の積み重ねうえに現在があるといえよう。そのような法の歴史過程を考察し，われわれの法と比較することによって，同時にまた，われわれの位置と置かれている状況を正しく認識することができるのではないか。明治民法典や現行民法典の離婚原因にかんする規定，いわゆる「踏んだり蹴ったり」判決（最判昭和27年2月19日）と35年後これを改めた最高裁大法廷の判決（最大判昭和62年9月2日），さらに「民法の一部を改正する法律案要綱」（平成6年2月）にいたる変化をドイツ離婚法の歴史と対応させて眺めると，そこから多大の示唆を受けうることは疑いない。わが国の裁判所も，ドイツの事例を参考にすることがあったと推測される。そう考えると，ドイツ法の歴史に対する関心が一段とたかまるのではないだろうか。

6 法史学と法解釈の方法——歴史的解釈について

ところで，歴史は，法律の解釈において何らかの役割を持つことがあるだろうか。法史と法解釈学との接点として通常取り上げられるものに，法解釈の方法における歴史的解釈というトポスがある。これに簡単に触れておこう。歴史的解釈というのは法解釈の方法の一つとされているが，わが国の法学の教科書類には，その分類と位置づけが統一的でなく，あまりはっきりしないところがある。たとえば，主観説（立法者意思説）と客観説（法律意思説），文理解釈，歴史解釈，論理解釈，体系的解釈，目的論的解釈というようなものが並べて説明されており，なかで主観説と歴史的解釈が同一に扱われたり，あるいは両者が区別されたりする。主観説・客観説の区別とその他の解釈方法の分類は，方法論の歴史からすると別の次元で議論されてきたものであるから，上記の分類は，もう少し歴史的に整理し，説明するのがよいのではなかろうか。解釈の方法も，それぞれの時代と社会で，立法権と司法権の正当性（君主制や民主制による基礎づけ）や構造（三権分立のあり方），法律の成り立ちや目的，社会への対応関係，法曹階層の政治社会的構造や役割などを念頭において提唱されたものであるから，それによって具体的内容が決まるのであって，絶対的なものではない。旧主観説といえども，通常いわれているように，けっして立法者の具体的経験的な意思を考えていたわけではない。17・18世紀には，たしかに解釈において立法者意思が中心になっていたといえるが，その場合の意思は，法律の合理的根拠（ratio legis）に支えられたものであった。19世紀のはじめ，サヴィニーの定義では，法律の解釈とは，

「法律のなかに表現された……思想の再構成」を意味し，法律の歴史的または文献学的解釈と異ならず，立法者の動機，目的・根拠が考慮されるわけではない。ユースティニアーヌス法典が法律として受けとめられたとしても，ディゲスタに収録されているのは，個々のローマの法律家の意見であり，そのようなものの動機や目的を個別に探索することは不可能である。さらに，新主観説と名づけられているのは，後期のエールリッヒやヘックの取った立場であり，そこでは，法律の「規範命令の背後にあって，これと因果関係に立つ利益の歴史的探求」が出発点とされる。このような考えを踏まえて，現代の主観説は，「制定法に表現された規範の意味——諸観念，利益状態およびその考量，立法目的，法的諸原理を含む——を，立法者の意識的意思・観念のみでなく，無意識的にせよ前提された諸条件を基礎として確定しようとする。したがって制定法規範を制定当時の歴史的地平圏において解釈しようとするもの」であり，それゆえ「歴史的解釈」とよばれるべきものとされるのである（磯村哲）。これに対して，客観説では，法律は，制定と同時に立法者から分離して独立したものと考えられ，法律を解釈する者は，立法者がそれに与えようとした意味にかかわりなく，法律に内在する合理的意味内容を読み取り，それに法的拘束力を持たせようとする。したがって，法律の文言の範囲内で，いろいろな選択可能性を探した上で，現在の立場からみて，もっとも合理的なものを発見すべきであるとする。その点で，客観説は目的論的解釈と結びつくことになる。法律の基礎にある社会状態はつねに変化するから，社会の要求に応えるには，法律解釈の幅を広くとらえる客観説のほうが適当である。主観説によると，法律の欠缺と見られる範囲が広くなり，それだけ裁判官の法創造にゆだねる領域が拡大される。法律の現代の要求への対応や裁判官の恣意の抑制という判断に立ち，客観説が通説的立場に立っている。わが国の民法学者の間では，このような主観説と客観説の中間的な立場，すなわちまず歴史的解釈を試み，ついで目的論的解釈に移るのが有力であるとされているのである[14]。

　中間説では，歴史的解釈から出発して，目的論的解釈に移るとされ，結局は，現在の変化した社会状態に対応した合理的な決定基準の獲得を目指すことになる。そのさいの手順としては，まず「準備作業として，制定時における法規の意味内容を，制定時の社会的諸条件をふまえつつ，立案過程・制定

---

(14) 磯村哲「法解釈方法の諸問題」，磯村哲編『現代法学講義』（有斐閣，1978年）85－124頁，広中俊雄『民法解釈方法に関する12講』（有斐閣，1997年），星野英一『法学入門』（放送大学教育振興会，1995年），『民法のもう一つの学び方』（有斐閣，2002年）などを参照されたい。最近の議論について，瀬川信久編『私法学の再構築』（北海道大学図書刊行会，1999年）の諸論考が有益である。

過程の議事録その他立法関係資料によって確定する」，つぎに「法規の歴史的意味内容の確定できた場合には，その意味内容に従った法規の適用によってもたらされる結果が現在における民事紛争の処理として妥当なものと判断されるかどうかを検討し，結果が妥当なものでないと判断されない限り右適用を肯定すべきであるが，結果が妥当でないと判断されるときには，そう判断せざるをえない理由を明示したうえ，右適用をしりぞけて客観的解釈による法規の適用を考えるべきであり，また歴史的意味内容が確定できなかった場合にも，同じく客観的解釈が課題となる」というように整理されている。その考えに従うと，まず，制定法の成立時に，法規の意味内容がどのようなものか，歴史的に確定し，つぎに現在法規の適用のさいに，歴史的に確定された意味内容に基づいて適用すべきかどうかの判断は，やはり歴史認識をふまえなければならないはずである。すなわち，法規の成立期と適用期の間の変化に注目して，①法規の基礎にある社会経済的利益とその対立状況，②価値意識や価値観念，③立法者の法政策的意図などが，どのように変化したか，その結果，法規が最初に与えられた意味に従って適用されるならば，妥当でない結果が生ずることを論証しなければならない。法規に新しい意味が付与されるためには，その前提として，二つの時期の間の変化を精密に追求する作業を経なければならない。

　歴史解釈のこのような方法をとることは，まず立法時の規範目的について，文理解釈や体系的解釈よりもより明確な認識をうることができるという点に意義がある。この方法をとらないで規範目的が不明のまま，あるいは誤った規範目的の理解から出発して任意の決定をおこなってきた場合，これを否定したり，修正したりすることも歴史的解釈の役割であろう。立法時の規範目的との同一性を主張することによって，決定の正当化をすることもありえよう。さらに，重要なことは，法律の解釈によってどの範囲まで変化に対処できるかどうか，立法または裁判官の法形成にゆだねなければならないかどうか，その限界を明確しうる点にある。

　実際は，法律の解釈のいろいろの方法のうち，歴史的解釈に優先的な地位があたえられているわけではない。解釈基準の適用に順位が定められているわけではないからである。また，歴史解釈においても，その手順が忠実に，厳密におこなわれるとはかぎらないであろう。しかし，この方法をとることは，解釈の透明性あるいは解釈者の誠実さを示すことになると考えられる。

7　体系形成とその変化

　前述のように，現代は実定法秩序，同時にまた実定法学の変革の時代でもある。そのような時期であればこそ，実定法学の総点検が必要であることを強調しておきたい。わが国の民法学は，明治期の立法的および学説継受によって，ヨーロッパ——それも主にフランスとドイツの——伝統的法文化の一部を摂取してできあがったものであることは，周知の通りである。ドイツを例にとっていうならば，18世紀には，法システムは，自然法学の壮大な政治的倫理的システムの一部として構想されたにすぎなかったが，歴史法学は，ローマ法を素材に，その歴史的考察と体系形成を通じて自立した実定法学のシステムを構築したのである。民法，とくに財産法は，伝統的秩序から切り離され，自由な市場経済に対応する商品交換法の法システムであった。それゆえ，人為的技術的性格のものととらえられ，法の自然的倫理的側面は後景に押しやられ，根底にはただ「人間の平等な倫理的尊厳と自由」が据え置かれたのみである。この倫理が民法においてどのような形態をとって現われるのかを，民法の基本概念である「人」をとって考えてみよう。

　民法上人または法人格（Person）とは，通常，法技術的意味において，権利義務の主体たりうる地位である，あるいは権利義務の帰属点であるというような説明が与えられる。18世紀までの自然法学では，人とは，理性的な認識・判断力を持ち，自由な意思に基づいて倫理的行為をおこなうことのできる人間であり，自然状態では自由であり，平等であるが，市民状態においてさまざまな身分・地位の帰属点としてみられている。したがって，この概念は社会の身分的編成と矛盾なく結合しうる。「人とは市民社会においてある種の権利を享受している人間である」というC．ヴォルフの定義は，そのような結びつきを許容するものであった。なぜなら，身分的差別を残す市民社会では，身分に応じて人間の享受する権利は異なるが，市民も農民も貴族も，異なった身分的権利を有しながら，みな人として扱われるからである。しかし，身分的地位を捨象し，自由・平等の市民社会を前提する限り，人は，権利を取得しうる能力として可能態としてとらえられることになる。そこに近代法学の概念の出発点がある。ドイツ民法典は，もはや人の概念の定義を置かず，この言葉を表題に掲げ，いきなり「人間の権利能力は，出生の完成に始まる」という規定を置いたにすぎない。人，権利能力と倫理的自由の理解の保障は，法学を通じてのみ与えられるのである。

　自然法学では，人または人格の自由から所有権の概念が導出される。人・

人格の広範な概念は，人の生命，身体，自由その他人間の幸福をも内容とし，そのような人格に対する支配権が承認されたのである。これに対して，サヴィニーは，このような人格権を実定法上の権利としては認めない。これは原権ないし生得権とよばれるものであるが，一般的に人格権を認めると，そこから思想の自由を導き出したり，自己の生命・身体を処分する権利，自殺の権利を主張する者が出てくるかもしれない。他方で，実定法は，さまざまな法制度を設け，人格の侵害について配慮をしている。そのような論拠を挙げて，原権の人為的恣意的な拡張を非難しているのである。後のドイツ民法典は，この考えを受け継いで，人格権に関する一般的規定を置いていない。個別に氏名権（12条）を規定したほか，生命・身体・健康・自由（823条1項）・信用（824条）の違法な侵害を不法行為として保護する規定を設けるにとどまった。

19世紀の民法学の体系形成にあたって切り捨てられたものも，けっして消え去ったわけではない。法学の支配的な潮流の伏流として永らえた。一つは，ナチスの時代においてみられた人から民族の一員への概念の転換である。ユダヤ人の民族構成員からの排除とともに，人間が民族に対する役割・機能の視点から，民族共同体のなかにおける法的地位にあるものとしてとらえられるようになったことは，近代法が抹消しようとした共同体秩序の反逆であったかもしれない。第二は，一般的人格権の登場である[15]。19世紀において，自然法学の衣鉢を受け継いでいたゲルマニストのギールケらによって，すでに一般的人格権の主張がなされて成功をみなかったのち，20世紀初頭のスイス民法は，人格的諸関係に対する違法な侵害の禁止を一般的に宣言する（28条1項）とともに，侵害行為と過失が重大な場合に，慰謝料の請求を認めた（債務法49条）。

さらに第二次世界大戦後，プライバシー保護との関連における，判例の一般的人格権理論の展開には注目すべきものがあった。人間の尊厳と人格の自由な発展を保障した基本法1条および2条から，一般的人格権という概念を実定法上の権利として導き出し，個の権利に対する侵害に対して，裁判所は慰謝料請求を承認し，民法典の壁を突き破った。同様の問題は，死者のプライバシー保護に及び，死亡後にもなお人間の法人格性が存続するか，の議論となった。

人格権を生命・身体・自由・健康に対する自己決定権まで広げて考えるならば，サヴィニーが否認した原権の孕んでいた問題性がふたたび息を吹き返

---

(15) 一般的人格権については，五十嵐清『人格権法序説』（有斐閣，2003年）および同書における引用文献を参照されたい。

したということができる。これらは，近代民法学のシステムとその倫理の外側にあって，われわれの態度決定を迫っている問題である。生命倫理，環境倫理，医療倫理など，実定法の欠落のゆえに，また既存の倫理が妥当しなくなったがゆえに，新しい倫理，新しい市民生活のルールの形成が求められているとみることができる。このような問題について，われわれのいまできることは，理性的な議論を尽くし，一歩一歩規範形成に向けて努力し，ある場合には，倫理的指針を，ある場合には，明確な法規範を定立することによって，解決を模索することではなかろうか。

以上の瞥見からも十分窺えるように，近代・現代の実定法システムの問題性は，歴史的考察を重ねることによって，より鮮明になると思われる。整合的につくられたとみられる近代の民法のシステムが，すでに2世紀に及ぶ社会の変動に直面して，幾多の機能障害・不全を惹き起こしているところがある。それを克服しなお機能しうるためには，このシステムがどのようにして成り立ち，展開してきたのか，そのどこに問題があるのかを，システムの内外の規定的ファクターを点検しつつ，解明していく必要があろう。このような作業において，また法史学と実定法学の協働は可能であるばかりか，促進されるべきであることを強調しておきたい。

8　総　括──法学と価値判断

総括として一言述べて締めくくりにしたい。法は人間行動の規則であるから，価値および価値判断を伴うのは当然である[16]。法学もそのような性格からまぬかれることはできない。しかし，実定法学・法解釈学といえども，なんらか一定の価値判断を示し，押し付けるものではない。法的判断・評価の可能性を探り，その合理的根拠を明らかにし，人々の選択にゆだねるほかない。実際にはその選択にさいし，ある種の権威や外在的なファクターの影響が働くことがあるかもしれないが，内在的な合理性が基準となるべきであろう。基礎法学もまた，法学の一部として，価値判断にかかわりがないとはいえない。しかし，それは，幅広い時間と空間の座標軸を設定し，外側からある距離を置いて，さまざまな視点から複眼的に考察するものであって，直接に価値判断には携わらない。むしろ一定の価値判断のなされることの意味

---

(16) 法学は，これまで永い間，法解釈における事実認識と価値判断の関係について，議論を重ねてきた。最近の議論として，原島重義『法的判断とは何か』（創文社，2002年）

および意味連関を考えることに，基礎法学の役割があるのではないか。法史学や外国法もまたその例外ではありえない。

以下，西洋法史に関する最近の教科書・参考書を挙げておこう。
石部雅亮・笹倉秀夫『法の歴史と思想』(放送大学教育振興会，1995年)
岩村等・三成賢次・三成美保『法制史入門』(ナカニシヤ出版，1996年)
上山安敏編『近代ヨーロッパ法社会史』(ミネルヴァ書房，1987年)
勝田有恒・森征一・山内進編『概説　西洋法制史』(ミネルヴァ書房，2004年)
K. W. ネル著，村上淳一訳『ヨーロッパ法史入門』(東京大学出版会，1999年)
F. ハフト著，平田公夫訳『正義の女神の秤から』(木鐸社，1995年)
村上淳一『法の歴史』(東京大学出版会，1997年)
このほか，とくに近代市民法の概念史的考察として
村上淳一『近代法の形成』(岩波書店，1979年)
村上淳一『ドイツ市民法史』(東京大学出版会，1985年)
立法史として
W. エーベル著，西川洋一『ドイツ立法史』(東京大学出版会1985年)

基礎法学への期待
―― 民事法研究者の立場から ――

伊 藤 滋 夫
創価大学法科大学院教授

第1　はじめに[1]

　法律解釈というものは，その基本的性質として価値判断を含んでおり，そこから価値判断というものを除くことは不可能である。価値判断が入るとすれば，それは，実定法学[2]としての狭義の民法学の法技術的判断のみでは相当とはいえない場合を，少なくとも含むことは避けられない[3]。もしそうであるならば，そうした場合の判断については，実定法学以外の学問，主として[4]基礎法学[5]の叡智によることが有用であると考えられる。そうし

（1）　筆者は，今までほぼ同様の関心から二つの小論を書いている。その一つは「法科大学院における教育内容について　幅広い視野と深い洞察力のある実務法曹の養成のために」自由と正義2001年4月号112頁以下（特に，124頁から125頁）であり，今一つは「基礎法学と実定法学との協働　民事法研究者の立場から」自由と正義2003年6月号14頁以下である。しかし，前者は，法科大学院の教育内容全般を述べる中で簡単に「基礎法学との連携」に触れているに過ぎないし，後者は，基礎法学と実定法学との協働についてある程度詳しく述べてはいるが，本稿に比べて非常に未整理なままに止まっている。
　　本稿も，もとより全く不十分な試案であるが，実定法の解釈が価値判断を必然的に含むものとなることの指摘を出発点として，ある程度体系的にこの問題に触れ，その上，極めて不十分ながら暫定的な解決方法を模索している点で，筆者の前2論文より少しは前へ進んだつもりである。
（2）　ここで実定法学とは，実定法解釈学を指す。
（3）　次のように言うものもある。すなわち「ここで注意すべきことは，このような法規範正当化の推論において持ち出される論拠は，最初のうちは法的な性格が強いもの，たとえば制定法の条文や，最高裁が採用する，その解釈命題であろうが，議論が進むにつれてしだいに法的な性格が弱くなり，最後には，倫理的命題など法に属するとは必ずしもいえない論拠にいたるであろう，ということである。」と。（平野仁彦・亀本洋・服部高宏『法哲学』（有斐閣アルマ）247頁〔亀本洋〕〔有斐閣，2002〕）
（4）　もとより協力を得ることが必要なのは，基礎法学に限られるものではなく，広

た意味で，本稿で述べていることは，主として実定法学としての民法学の立場から，民法の解釈に当たって基礎法学の力を借りたいという願いを述べたものである。本稿は，そのような性質のものであるから，主として，なぜそうした願いが出てくるのかの理由，及びそうした願いを実現することが，実定法学の発展に役立つ（実定法学からの基礎法学への問題提起の意味を持つことになり，結果として基礎法学の発展にも有用であろうかと思う）との認識を述べたものであり，基礎法学の支援を得ることができれば，実定法学の直面している実際の困難な問題がこのように具体的に解決できるとの結果を示すことができているわけでは，必ずしもない。いわば，実定法学から基礎法学への問題提起の趣旨の論稿であり，もし基礎法学の分野からこうした問題提起に応えていただくことができれば，そこから「基礎法学と実定法学との協働」とも言うべき作業が始まる[6]であろうと考えている。

　また，本稿では，もっぱら実定法学の立場から基礎法学に対する支援を期待する内容になっているが，それは，基礎法学が常に実定法学にとって直接に有用なものでなければならないとか，基礎法学の研究が実定法学にとって有用であるものを目指してなされるべきものである，などということを述べているのではない。基礎法学には基礎法学独自の視点からの研究があることは当然のことであり，実定法学の立場からしても，そうした研究の成果がいつか何らかの意味で実定法学に役立つことがあるかもしれない，というだけで十分であり，それ以上を求めるべきではないと考えている。

　以上は，私見の基本をなす考え方である。これを以下に順次説明すること

　　く政治学，経済学，社会学など隣接諸科学に及ぶべきものであるが，本稿では，取り分け必要なものという趣旨で，主として基礎法学に限定して述べることにする。
（5）　基礎法学という学問の範囲も人により多様であろうが，通常は次の学問分野を指して言われるように思う。すなわち，法哲学，法社会学，法心理学，法史学，比較法学，外国法学（比較法学とは厳密には異なると考える）などである。

　　　基礎法学としては，法史学も忘れてはならない。一般に法史学は，法の歴史を根拠に，現在の法のよって来たる根拠を考え，現在の法の趣旨・内容などについて判断するための判断の根拠を与えることができると考えられる。また，法史学を学ぶことによって,，今までの歴史の中でいろいろな態様の制度があったことに気づくことになり，現在のような法制度の在り方のみが絶対ではなく，現在の法制度に対する柔軟な対応の仕方や改善を考えることが，いっそうできるようになると考えられる。
（6）　もとより，このように「始まる」と述べたことは，従来そうした動きが一般になかったなどという趣旨ではない（これまでの動きについては，後に紹介する）。ただ，この論稿が，ここで提起している幾つかの具体的な実定法学上の問題についての新たな取り組みの始動の一つにでもなればとの思いから，そのような表現を使わせていただいた。

にするが，そうした説明に入る前に，このような問題について従来どのような議論がされてきているかについて，まず述べてみたい。

第2　基礎法学と実定法学との関係に関する議論の状況

1　はじめに

従来から，基礎法学と実定法学との対話というものは必要であると考えられてきたと思われる[7]。「法哲学も実定法学も，最近のめざましい研究の進展に伴って，ますます専門化・細分化の傾向が強まっており，それだけに，相互に他の研究領域の議論からも学びあい，意思の交換をはかる必要が一段と高まってきているように思われる。現に，次々と生じる新たな法理論・法実務上の諸問題には，法哲学者だけによっても，また，実定法学者だけによっても，十分に対処することがむずかしく，双方の協力による原理的かつ多面的な考察を必要とするものが多い。」とは「法哲学と実定法学との対話」と題する書物[8]の星野英一教授（民法学者）と田中成明教授（基礎法学者）の連名によるはしがきである。

こうした考え方を，実定法学サイドからの動きと基礎法学サイドからの動きとに分けて考えることは厳密には難しいのであろうが，一応，どの分野に属する人々によって主として主張されているかという点から，形式的に便宜分けて考えてみたい。

2　実定法学サイドからの動き

民事法学の分野の研究者から基礎法学への呼びかけをされている代表的な動きの一例は，星野教授の提案[9]ではあるまいか。

最近の民法学者の業績としては，加藤雅信教授[10]，河上正二教授[11]，吉田邦彦教授[12]らのものが挙げられよう。

---

(7)　その一例として，星野英一・田中成明編著『法哲学と実定法学との対話』（有斐閣，1989）を挙げることができる。
(8)　同書とは，前注記載の書物である。
(9)　星野英一「法社会学への期待――一民法学者の目から」法社会学41号（1989）〔民法論集第8巻（有斐閣，1996）所収，251頁以下〕。
(10)　河合隼男・加藤雅信編著『人間の心と法』（有斐閣，2003,）。便宜民法サイドから挙げておいたが，基礎法学サイドからと言うべき面もある。
(11)　河上正二『民法学入門――民法総則講義・序論』（日本評論社，2004）。
(12)　吉田邦彦『民法解釈と揺れ動く所有論（民法理論研究第1巻）』（有斐閣，2000），同『契約法・医事法の関係的展開（民法理論研究第2巻）』（北海道大学法

小生は，上記先達の業績とはまったく比較にならないが，民事法研究者の立場から，既述の拙稿[13]で基礎法学と実定法学の協働の必要性を主張し，かつ，ある小稿[14]で法社会学の手法を真似て，ささやかな実作を試みている。

3　基礎法学サイドにおける動き[15]

　基礎法学サイドにおける動きも従来からあったとは思われるが，それが大きな流れとなって続いてきたというようには思われない[16]。しかし，特に，最近になって，基礎法学サイドからの動きには注目すべきものがあると考えられる[17]。ある雑誌の比較的最近の特集の企画の趣旨として次のように述べられているのも注目に値する。すなわち，「リベラリズム，個人の自律，個人と団体の関係，個人と国家の関係，国家や裁判所の果たすべき役割といった法哲学的テーマが憲法学や民法学をはじめとする実定法学の諸分野で論じられている。こうした問題に関して，法哲学から実定法学へ問題を提起し，論争することがお互いの利益にならないはずはない。」と[18]。

　上記において，法哲学・法社会学の区別は，小生にとっては格別の意味を持たない。法社会学でも規範的検討を行うものもあるかもしれないし，この

　　　学研究科叢書〔17〕）（有斐閣，2003）ほか。
(13)　拙稿「基礎法学と実定法学との協働」・前掲注1参照。
(14)　伊藤滋夫「権利の生成過程と内容――主として受動喫煙問題を題材として――」司法研修所論集107号35頁以下（2002）。
(15)　以下ではわが国における動きを述べているが，外国における動きは，より進んだ状況にあると考えられる。例えば，わが国においても極めて例外的に実定法と基礎法を同時に担当しておられる教授がおられるが，アメリカのロースクールにおいては，実定法と基礎法を同一の教授が教えていることは珍しいことではないであろう。また，実定法と関連させた基礎法学の文献も珍しくはないと思われる。例えば，Gerald J. Postema (ed.), Philosophy and the Law of Torts (Cambridge University Press, 2001)。
(16)　亀本洋「この企画の趣旨」（特集　法哲学者が最高裁判例を読む）法律時報75巻8号5頁（2003）は，これまでの基礎法学と実定法学との交流の経緯を簡単に振り返りながら，最近は，両者の交流が少ないことを憂えている。
(17)　村山眞維「法社会学の『危機』と『好機』」日本法社会学会学会報64号1頁（2003年4月1日号）は，法科大学院制度に関係し，司法改革のためには，「直感や個別的経験を超えた社会科学的データが必要とされるはずである。」と述べる。太田勝造教授は，契約法に関する実証的研究が契約法に関する解釈論にも重要な意味を持つことを強調され，「広い意味での実証的研究を行うことが，法学者として一人前と認定される登竜門とされるような時代に21世紀がなることを期待したい。」とまで述べておられる。アメリカ法2003−1号168頁（2003）
(18)　亀本・前掲注16・5頁。

二つの学問の境界がどこにあるかについては，筆者はあまり関心がない。

4 法科大学院の教育との関係における動き

法科大学院における教育に関連して，今後の実務法曹としては「幅広い視野と深い洞察力」が求められている[19]し，基礎法学界においても法曹養成との関係で基礎法学の果たすべき役割について，積極的な動きが見られる[20]。

社会人・他学部出身者を法科大学院に相当程度の割合で受け入れるべきであるとされる趣旨も，法科大学院における教育を単なる法技術的教育に終わせないようにするところにあることを考えると，法科大学院における基礎法学の教育の重要性と相通ずるところがあると言わなければならない[21]。

第3 実定法学が基礎法学からの協力を必要とする理由

1 はじめに

ここでは，実定法学の意味するところが実定法の解釈学なのであり，そうした実定法学が基礎法学にどのような協力を必要としているかを検討しようとするのであるから，そのためには，実定法の解釈というものの性質を明らかにする必要がある。その性質を明らかにすることによって，基礎法学の叡智による協力の必要性が明らかになると考える。

---

(19) 『司法制度改革審議会意見書——21世紀の日本を支える司法制度——』（平成13年6月12日）Ⅲ第2，2（1）イに説くところも同旨であろう。伊藤「法科大学院における教育内容について」前掲注1・115頁，116頁参照。自由と正義2003年6月号の特集1「基礎法学と実定法」についての編者のことば（同号14頁冒頭）は，法科大学院における実務教育の行き過ぎを懸念し，「実用法学は，基礎法学の土台のもと築かれるべきものである」ことを強調している。

(20) 例えば，その大きな動きの一つとして，2002年2月開催の日本学術会議第2部基礎法学研究連絡委員会主催シンポジウム「法曹養成と基礎法学」において，法科大学院における基礎法学の教育の重要性について活発な議論が展開されていることに注目すべきであろう。

ごく最近の動きとしては，日本学術会議第2部基礎法学研究連絡委員会・比較法学研究連絡委員会主催シンポジウム「ロー・スクール時代の法学研究・教育を問う——基礎法学の主張——」が，2005年3月16日に開催された。

(21) 筆者は，勤務先である創価大学法科大学院において，民事法学を基礎法学の視点を含めて検討することを目的として設けられた授業科目「実定法と基礎法Ⅰ」（第4セメスターに週1コマ，2単位の必修科目である）を担当している。その授業内容は，本稿の趣旨とするところと基本的に一致している。

2 法律解釈の基本
（1） 価値判断[22]の入る必然性

　法律解釈の基本は，実定法の定めの本質を理解し，それを事案の本質との関係を考えながら事案へ当てはめることに尽きる[23]。実定法の定めの本質をどうやって理解するかが問題となる。幾つかの方法がある。

　まず，民主主義社会であるわが国の法律は，国民の代表である国会によって制定されたものであり，実定法の本質を理解するに当たっては，基本的にその立法の趣旨を尊重して解釈されるべきものである[24]。そして，立法の趣旨が法条の文言に明確に出ており[25]，それをそのまま事案に適用して結論が妥当な場合においては，その文言どおりの解釈をすればよい[26]。

---

(22)　ここで言う「価値判断」とは，「美しい」というような美的価値判断を含まず，「人を殺してはいけない。」という類いの規範的価値判断（当為に関する価値判断）を言う。以下，本稿において同様である。もっとも，「人は，美しいものを尊重しなければならない。」という判断があるとすれば，それは規範的価値判断であると考えるべきである。

(23)　伊藤滋夫「実践的法学教育論──民法の授業の現場からの一試論──」大東法学8巻2号31頁以下（1999）参照。もとより法の解釈の本質をどう理解すべきかについては，各説がある。この点については，平野仁彦ほか・前掲注3・220頁以下参照。

(24)　筆者は，最近の拙稿で民事訴訟法248条について，以下の説明とほぼ同様のことを述べた。伊藤滋夫「民事訴訟法248条の定める『相当な損害額の認定』（上）」判時1792号3頁（2002）参照。

　　もちろん，立法の趣旨とか立法者の意思とか言っても，理論上は多くの困難な問題があろう。こうした点については，長谷部恭男『比較不能な価値の迷路──リベラルデモクラシーの憲法理論──』124頁以下（東京大学出版会，2000）参照。しかし，差し当たっての本稿の重点は，正しい立法者意思は何かの厳密な議論にあるわけではなく，価値判断が法の解釈に入らざるを得ないこと，そうした価値判断の正当性をどのように担保すべきか（また担保できるか）という点についての概括的考察をする所にあるので，今この点についての厳密な結論までを出す必要はないであろう。

(25)　民法4条の「年齢20歳をもって，成年とする。」などは，その典型例と言えよう。しかし，極端の場合を考えると，この場合においてすら価値判断が入る可能性があろう。例えば，満19年11か月30日と23時間59分59秒に完了したことが明らかな契約締結行為において，親権者の同意がないことをもって当該法律行為を取り消すことが著しく正義に反するとき（未成年者が十分な判断能力を有し，かつ，取り消しにより相手方が致命的に重大な損害を受けるような場合）に，裁判所は，20年と準じて考えるのを相当とすると判断する可能性は十分にあろう。

(26)　「立法の趣旨が法条の文言から明らかな場合で，それをそのまま適用して妥当な場合には，そのまま適用すればよい。」といった場合には，全く価値判断というものが介在しないかのようであるが，そうではない。適用した結果が妥当かどうかの判断をするに当たって，一種の価値判断をしているのであって，結果として，選

しかし，法律が立法当時において予想しなかったような事態がその後に生じたり[27]，また稀には一種の立法ミスがあったりした[28]ために，法文の文言どおりに解釈したのでは，具体的事案を適正妥当に解決することができないことがある。そしてそもそも，法律というものは，将来生起するすべての現象を正確に見通して，それをすべて法文の上に表現するということは原理的にできないという制約もある[29]。立法が当初から判例や学説の進展を待って解決されることを期待してあえて一般的表現の法文を採用する場合もある[30]。またいろいろな厳しい条件を付した上のことであるにせよ，反制

　　択された価値判断によって，文言解釈を変更する必要がないとの結論が出たにすぎない。
　　もとより，立法自体も一つの価値判断の所産である。
　　法律の解釈と法条の表現との関係についての以下の説明は，概ね伊藤滋夫「基礎法学と実定法学との協働　民事法研究者の視点から」自由と正義2003年6月号14頁以下（特に21頁以下）において既に述べたところである。

[27]　民法85条は，「この法律において『物』とは，有体物をいう。」と定めるが，それが現状に合わず，電気などを巡って解釈が分かれていることは周知の事実である。

[28]　民法412条の表現などは，筆者には一種の立法ミスとしか考えられない。もし文字どおり同条の文言に従って考えるならば，同条1項の場合には，例えば，消費貸借契約において1月末日が弁済期と定められていたとすると，弁済期である同日が到来したら直ちに履行遅滞に陥り，同日分を含めて遅延損害金が発生することになるが，履行遅滞になるのは同日が経過した時から，すなわち2月1日からでなければならないことは明らかであろう。

[29]　いろいろな立法技術があり得るであろうが，おそらく民法709条の規定をいかに工夫して考えてみても，生起し得るあらゆる不法行為を想定して精緻な法文を定めることは不可能であろう。民法の一部を改正する法律（平成16年法律第147号）によって，同条は，従来の「権利」という文言から「権利又は法律上保護される利益」という文言に改められたが，それによって上記問題が解消したとは到底言うことができない。
　　条文上に明確に規定しても，その類推という問題が必然的に生じる（例えば，民法94条2項の類推適用の問題がそうである）。伊藤・前掲注23・38頁，41頁以下参照。

[30]　たとえば，製造物責任法2条2項の定める欠陥の定義は，抽象的であって多くの解釈上の幅を残している。同法制定に当たっては，この欠陥については，諸外国の例を見ると詳細な基準を設ける立法例もあるようであり，同法においても，その判断基準を詳細に定めるべきだとの議論もあったようであるが，それをこのような抽象的な形にしたのは，種々の事情を総合判断して，同法施行後の裁判例の蓄積による解決が賢明であるとの判断があったものと考えられる。例えば，平成5年12月7日付けの法務省民事局参事官室「民法部会財産法小委員会報告に関する説明――製造物責任制度について」によると，同審議会では，欠陥の定義規定を設けることは困難であり，実務の運用に委ねることで足りると考えても不合理ではない，との考えが支配的であったものと考えられる。同法の欠陥の定義規定が抽象的であって

定法的解釈がされることを容認しなければならない場合もあろう[31]。こうした解釈のすべては，解釈技術上は，すべて，大なり小なり類推解釈か反対解釈の問題となる。このいずれであるかは，法規の文言だけからは決まらない[32]。

こうした意味で，法律の解釈というものは必然的に必要になり，以上のすべての場合[33]において価値判断を含んで解釈の基本が定まる。強調しておけば，法律解釈において価値判断の入らない場合はないということである。すべての場合に常に価値判断が入り，いろいろな場合において違いがあるとすれば，そうした価値判断の占める役割が大きいか小さいかという差に過ぎないということである。価値判断が一見全く入らないように見える，ごく普通の民法の解釈においても，価値判断が入っていることを意識することが重要なことである。そうすることによって，無意識の内に誤った価値判断に影響された法律解釈をすることを免れることができる。

以上では，価値判断という用語を使用したが，価値判断は，法律解釈の面においては利益衡量と同じことであると考える。利益衡量による価値判断のほかにも価値判断というものは理論上考えられる[34]。実定法の解釈の方法論として，利益衡量論というものが著名なので，その名称にも言及したのみ

　実務の運用に同法の実質がかかっていることについて，好美清光「製造物責任法の構造と特質 —— 主としてＥＵ法との対比において ——」判タ862号13頁，14頁（1995）参照。

(31)　いわゆる反制定法的解釈については，広中俊雄『民法解釈方法に関する十二講』95頁以下（有斐閣，1997）参照。

(32)　民法419条3項は，金銭債務の不履行による「損害賠償については，債務者は，不可抗力を持って抗弁とすることはできない。」と定めているが，単なる論理的問題としてだけ考えるならば，この条文から，「だから金銭債務以外の債務に不履行による損害賠償については，不可抗力をもって抗弁とすることができる。」との解釈も，「だから金銭債務以外の債務の不履行による損害賠償についても，不可抗力をもって抗弁とすることができない。」との解釈も，可能である。もとよりこの条文からの解釈としては前者が正当であるわけであるが，そういう結論を導き出すためには，金銭債務は，他の債務に比べて特に厳格に扱うべきであって，その不履行については，不可抗力による抗弁も認めない方が正しいとの判断があるからこそ，前者の解釈が正しいということが言えるのである。

(33)　「立法の趣旨が法条の文言から明らかな場合で，それをそのまま適用して妥当な場合には，そのまま適用すればよい。」といった場合にも価値判断というものが介在し得ることについては，前記注26参照。

(34)　例えば，「美しい」という価値判断は，価値判断ではあるが，それが，「人は，美しいものを尊重しなければならない。」という規範的価値判断の形になることによって，初めて利益衡量をする場合に考察の対象となるものであると考えられる。前記注22参照。

であり，ここで利益衡量論の詳細を述べる必要はないと考える。ごく簡単に触れておけば，ここで言う「利益」とは，経済的な利潤といった意味ではなく，より広く，例えば，プライバシーの権利と知る権利という複数の価値が抵触する場合に，そのどちらの価値をも一種の「利益」と表現して，その価値の大小を比較衡量することによって，結論を出そうとする考え方を指すものである。すなわち，価値判断の当否（複数の価値の比較もまた価値判断の性質を有する）によって結論を出すと言うのと，変わりはないのである[35]。もちろん，この場合，利益衡量と言っても，法制度の趣旨などと無関係に，各人が勝手に自己のみの信念に基づいて，この利益が絶対的に尊重されるべきだなどと主張しあうことを，法律論としての，利益衡量論と言うことはできない。

（２） 価値判断の入らない可能性

筆者は，以上に述べたように，法律解釈には，その性質上，価値判断が必然的に入らざるを得ないと考えている（それが望ましいと主張しているわけでもない）が，価値判断というものは，各人によって，その考え方や結論が分かれ得るものであるため，法律解釈の安定性を欠く原因の一つともなることから，法律解釈にはなるべく価値判断が入らない方が良いとの考え方も理由がないとは言えない。しかし，問題は，そうした価値判断が入らないで，しかも，正当性のある法律解釈というものを，どのようにして根拠づけることができるか，ということである。

法律解釈において価値判断の影響を排除するための一つの手法としては，反論可能性を基準とする考え方があろう[36]が，反論可能性の有無のみでは，

---

[35] 同じ利益衡量論と言っても，加藤一郎教授のそれと星野英一教授のそれとは同じものではない。ここでは，その区別の詳しいことを紹介することを差し控えるが，星野教授は，「同じく利益衡量論と言っても，私の場合には，要するに条文の解釈や，条文にはないが認めるべき制度の要件・効果を考えるときの手法の一つの部分を構成するものですが，加藤一郎先生の場合には，抽象的な法の解釈でなく，具体的事件の法的処理の仕方にさいしてとるべき方法です。」と述べておられる（星野英一・田中成明編・前掲注７・26頁，27頁）。

[36] 平井教授はこの考え方を採られる。同教授の考え方を端的に表す叙述としては，「できるだけ多くの反論の手がかりを見つけ出せるような，反論を生み出すような，言いかえれば主張─反論─再反論のプロセスを意味あらしめるような，言明を提起することこそが，法律家の大事な仕事なのである。」（平井宜雄「戦後法解釈論の批判的考察(3)──法律学基礎論覚書(7)」ジュリ926号76頁〔1989〕）がある。

　平井教授の考え方の根底にあると思われるのは「議論」（Argumentation）という考え方であるが，それについてコンパクトに分かり易く説いたものとして，ウルフリット・ノイマン（亀本洋・山本顕治・服部高宏・平井亮輔訳）『法的議論の理論』

正しい法解釈かどうかを決めることは困難である[37]。筆者は，法律解釈の当否を決めるためには，どこかで価値判断が入らざるを得ないと考えている。例えば，被害者に交通事故の前からの素因があり，それと交通事故の衝突によって受けた衝撃の双方が原因となって全治5か月の重傷を負った（内2か月分は前記素因が原因と考えられるとする）被害者が，加害者である車の運転者に対して5か月分に相当する損害賠償を請求できるのか，前記2か月分は被害者の素因が結果に寄与していることを理由に，過失相殺の考え方を類推適用して3か月分に相当する損害賠償のみしか請求できないのか，という問題がある[38]。このことを考えるに当たり，いくら後者の考え方が，前記2か月分に相当する損害まで加害者に負担させるのは，運転者に過当な負担を負わせ，経済の発展を阻害するものであって，前記2か月分は自己責任の法理に従って，被害者がその損害を負担すべきである，ということを詳細に述べたとしても（その限りでは反論可能性は高い），そのことだけを以って，そうした法律論が正しいとは言えないであろう。基本的に，何らかの意味で自己の利益のために車を，多様な人々が行動している社会の中で運転している運転者と交通法規を遵守し何ら過失のない被害者のどちらがより保護されるべきかという利益衡量（もとより正しい利益衡量をするためには，社会経済の実態，市民の法意識などの種々の具体的状況の検討を必要とする）を抜きにしては，こうした法律論の正当性に決着は付かないと思われる。

3 基礎法学からの協力を必要とする程度と協力の意味

ところで，法律は以上のように，価値判断を含んだ解釈が必然的に必要なものではあるが，価値判断を入れる解釈の必要性が薄いもの[39]，又はその必要性があっても，それが比較的容易なもの[40]，逆に，価値判断を含んだ解釈について指針が法律自体の中に見出すことが困難であるもの[41]などが

（法律文化社，1997）がある。
[37] 瀬川信久「民法解釈論の今日的位相」瀬川信久編『私法学の再構築』（北大法学部ライブラリー2）22頁（北海道大学図書刊行会，1999）も，反論可能性だけでは不十分である旨を述べている。
[38] 著名な最判平4・6・25民集46巻4号400頁ほかの提起する被害者の素因減額の問題である。本稿でも，後記第5，7「被害者の素因による減額」において検討している問題である。
[39] 民法4条の成年の年齢を解釈で19年とすることはできまい。しかし，限界的な場合に，ある特定人の年齢を20年と同視する又は20年とは見ないということも全くあり得ないとは言えないかもしれず，基礎法学との協働の必要性が全くないと断言することはできないであろう。前記注25参照。
[40] 民法94条に関しての虚偽表示の類推適用の例を挙げておこう。

ある。

　このような価値判断を含んだ解釈についての指針が法律自体の中に見出すことが困難なものほど，実定法学の技術的見地からのみの検討によって解釈の当否を決めることはできなくなってくるのであり，その当否を決めるためには，当該当否に関する基礎法学の協力を得ることが必要とならざるを得ないと考える。そして，基礎法学からの協力と言っても，法社会学と法哲学とでは，実定法学がその協力によって得るものは，かなり違う性質のもののように思われる。

　また，実定法学で取り上げる問題の種類によって，基礎法学の協力の意味も異なってくるのではないか，との問題もある。市民の法意識が決定的役割を果たすように思われる嫌煙権などの問題と必ずしもそうも言い切れないように思われる「猿の脳の人間への移植は許されるか」といった種類の生命倫理の問題（仮定の問題）とがあるように思われる。果たして，そうした区別があるものなのであろうか(42)。具体的な問題を考えるに当たっては，以上の点も留意が必要であると考える。

　そもそも，筆者は，法解釈において問題とせざるを得ない，客観的に正しい価値判断は何であるかという問題が，基礎法学によって完全に解決できると考えているわけでもないが，実定法学の技術的見地からのみする検討よりも，基礎法学を踏まえた実質的検討によってベターな解決に近づくことが可能である，と考えている。

第4　価値判断の正当性の担保

1　はじめに

　以下においては，筆者は，正しい価値判断は何かの問題について筆者なりの拙い考え方を述べてみようと思う。そう言ったとたんに，正しい価値判断は何かの問題は，実定法研究者である筆者にとっては，いわば専門外ということになるのに，そんなことが可能であるのかという不安が，筆者の胸に湧き上がる。そうした問題に無知であるからこそ基礎法学の叡智が必要なのではないか。そうであるのに，そうした叡智に恵まれていない実定法研究者である筆者が，正しい価値判断の問題を論じるのは，無謀のそしりを免れない。

---

(41)　例えば民法709条の場合には，「権利又は法律上保護される利益を侵害した」とは具体的にどういうことかは，同条の文言からは全くと言ってよいほど示唆を得ることはできない。
(42)　後記注74参照。

しかしながら，実定法研究者として，正しい価値判断とは何かについて，基礎法学の叡智による支援を得ようとするのであれば，自分なりに，基礎法学をできる限り学習し，不十分ながらも，基礎法学の何たるかを実践的な問題との関係において理解し，その関係でどのような解決を要望しているかを表明しておかなければ（単に，漠然と基礎法学に助けを求めても），そうした実践的問題に関連しての基礎法学からの適切な助言が提出されるわけもなく，仮に結果として適切な助言が基礎法学から提出されたとしても，実定法学の解釈との関係においてその助言が持つ実践的意味を理解できるはずもない。そうした場合には，そうした助言は，実定法研究者として，実定法学の解釈を従来どおりの考え方でやっておいて，一種の無関係の飾りごととして使用する意味しか有しないことになりかねない。

そこで次に，筆者なりに，多少は，価値判断の問題を掘り下げて考えて見て，基礎法学の叡智による支援を得るための，いわば地ならしをしたいと思う。こうした実定法研究者の未熟な赤裸々な悩みに基づいた解決のためのもがきを見ていただくことによって，基礎法学サイドの方々もその支援の仕方が分かって頂けるのではないか，と思うのである。

こうした意味で，以下の筆者の意見は，まことに未熟不完全であり，基礎法学の先人の業績も踏まえてもいないものである。ただ，それが実定法の解釈をするに当たっての実際の苦しみから出ているということで，ほんの僅かの価値でもあるのではなかろうかと思い，愚見を述べる無謀をお許しいただきたい。

結論から先に言えば，筆者は，価値判断については，事実の証明と同じような意味での証明というものは存在しない（強く言えば「存在し得ない」）と考えている。科学的真理のようなもの（それが存在するにしても，しないにしても）は，価値判断については存在しないと考えている。以下，このことについて順を追って述べていきたい。

2　事実命題から当為命題を導出することの可否

「事実命題から当為命題を導くことはできない。」ということは，論理的には正しい。なぜなら，この2種類の判断は，それぞれに本質の違うものであるからである。そうすると，上記命題は，厳密には，「事実命題から当為命題を論理的には導くことはできない。」と言うべきであり，その限りにおいて正しいと考える[43]。この点について，「事実から当為を導き得る。」とのJ. R. サールの主張[44]には，疑問がある。サールの主張は，彼の挙げている

---

(43)　笹倉秀夫『法哲学講義』379頁以下（東京大学出版会, 2002）参照。

命題中の「約束」というものに，その命題外で規範的意味を与えており，それとの結合で「当為」を導いているに過ぎない，と考える。

「事実命題から当為命題が導くことはできない。」ということ自体はあまり意味がないという考え方もあり得るであろうが，筆者にとっては，次のパラグラフに述べるような意味で重要である。のみならず，今もなお，この問題は全く考える必要のないほど自明で過去の問題とも言えないように思われる[45]。

当為命題が事実命題から導出できるならば，何らかの証明できる事実命題を基礎として当為命題が導出できることになり，そうした意味で客観性のある価値判断（水掛け論ではない，事実命題と同様な意味で証明の対象となり得る，そして証明できる価値判断）があることになるので，価値相対主義の迷路に入らないで済むことになる。そうだとすれば，その証明が困難であったとしても，原理的には安心できることになる。しかし，いろいろ考えても，そうしたことを肯定する途は，筆者としては見いだすことができず，結局は，当為命題の正しさ（何をもって正しさというかがまた問題であるが，一応）は当為命題のなかでしか解決できないと考えるようになった[46]。

なお，事実命題から当為命題を引き出すことはできないが，この問題と似ているようで違った性質のこととして，事実一般と評価一般の関係という形で考えた場合には，筆者は，極言すれば，すべての事実は，言葉で表現した瞬間から，評価を交えた人間の観察と思考の結果であり，事実と評価の厳密な区別は不可能ではなかろうか，と思っている。例えば，「これは自動車である。」ということも，自動車という概念を目の前にあるものに当てはめて

---

(44) J. R. サール（坂本百大・土屋俊訳）『言語行為　言語哲学への試論』315頁以下（勁草書房，1986）。

(45) それは，例えば，サールの言説をある意味では支持しているように思われる見解（田中成樹「道徳判断における存在命題から当為命題への推論」立命館法学2001年1号1頁以下）が今なお存在し，また，この問題を正面から批判している見解（北田暁大『責任と正義　リベラリズムの居場所』86頁以下〔勁草書房，2003〕）があることから言っても，そう言えると思う。

　他にも，サールに批判的な考え方は多く，それが通常の考え方のように思われる。例えば，加藤尚武『現代倫理学入門』（講談社学術文庫）113頁以下（講談社，1997）。

(46) 前注におけるサールを批判している考え方は，本文記載の筆者の考え方と同様なものであると考える。

　星野教授も，民法典の理念や，民法典の制度・内容についての叙述の問題などは，「五感に触れるゆえに直接その存否の証明・反証ができる問題または学問領域（科学といってよい）と異な」る問題であると考えておられると思う（星野英一『民法のすすめ』（岩波新書）141頁，142頁〔岩波書店，1998〕）。

出てくる評価であると言わなければならないであろう。

3　事実命題と当為命題の定立の関係

「事実命題から当為命題を導くことはできない。」ということは，当為命題（具体的には，ここでは法律などの規範）を定立するに当たっては，事実命題（具体的には，ここでは事実状態）例えば市民の法意識がAであることから当然にAという規範があると考えるべきである，とは言えないことを意味する。しかし，そうかと言って，こうした考え方は，市民の法意識がどうであれ，当為命題（規範）は全くそうした事実命題（状態）とは無関係のものなのであるから，どの様な規範が正しいかを考えるに当たって，全く無視してもよいということを意味するものでもない。

事実判断から価値判断の正当性を導き出すことができないとすると，しかも，法律解釈に価値判断が不可避的に入ってこざるをえず，かつ，そうした価値判断の正当性を担保する方法がないとすると，結局，法律解釈の正当性は，担保されていないことになってしまうが，そのまま放置するのは相当ではないであろう。

そこで，次に試みようとするのが，価値判断の正当性の担保方法についての検討である。筆者のような基礎法学の知見のほとんどない者にとっては，まさに蟷螂の斧を振りかざして鉄壁に立ち向かうの愚を犯すことであるが，前に（前記1「はじめに」）述べたような意味で，これを試みてみたい。

4　価値判断の正当性の証明の不能を前提とした対応

私見によれば，上述のように価値判断については，科学的真理のようなものはないことになる。しかし，そうであるとしても，常時，規範的価値判断の選択に迫られる実定法学研究者又は法曹としては，正しい価値判断というのは幻想であるとして何も考えない，判断停止ということをすることはできない。

わが民法は，法文の要件が曖昧である部分も多く（極端な例としては，民法709条の「権利又は法律上保護される利益」などというのは，白紙条項と変わらないと思う），価値判断を抜きにしては，法解釈のしようがない場合が，非常に多いと思う。

そうすると，何とか自分で（独断という意味ではない）拠り所になる正当な価値判断を考えざるを得ない。実質的に正当な価値判断に裏付けられた考え方でなければ，法の解釈というものは，裁判にしろ学説にしろ，他者に対して説得力を持ち得ない（もとより条文上，その意味するところに，特段の事情のない限り疑義のない場合もないことはない）。何の説得力もない裁判は，市

民に対して実質的影響力も持つことができず，民主社会における法の支配は実質的に無意味となるし，何の説得力もない学説には，相互批判による進展も期待できない。

　正当な価値判断の拠り所として「私がこう信ずる」というのみでは，お互いにそう言い合うだけで収拾がつかず，裁判の説得力も学説の説得力もゼロに等しいことは明らかである。何らかの意味で，他者に対して説得的な（単なる水掛け論に終わらない）根拠を示すことができなければ，そもそも議論が成立しないと思う。かつて，民法の解釈学において，平井宜雄教授が星野英一教授の利益衡量論との関係で，提案された反論可能性のある議論をすべきである，という考え方は，ここに関係していると思う。ただ筆者は，平井教授の言われる反論可能性のある議論をすることはもとより重要であるが，それだけでは全く不十分であると考えている[47]。

5　価値判断の正当性の担保の在り方——根源的価値判断

　結論から先に述べれば，筆者は，最も尊重すべき価値判断を根源的価値判断と名づけることとするが，そうした根源的価値判断は，「人命の尊厳又は人格の尊厳（以下「人命又は人格の尊厳」と言う）を尊重すべきである。[48]」という価値判断であると考える。なぜなら，この価値判断は，圧倒的多数の人が承認する価値判断であると考えられるからである。

　圧倒的多数の人の承認する価値判断をなぜ根源的価値判断と考えるかについてまず説明することにする。次いで，次項において，そう考えたとした場合の難点について検討し，無数の難点がありながら，なおそれを維持すべきことを述べることとする。

　前項までの検討を前提とすると，何らかの意味で価値判断の正当性というものを求めざるを得ないことになるが，その点をどのように考えればよいのであろうか。事実判断と同じような正当性が証明できないことは前述のとお

---

(47)　前記第3(2)「価値判断の入らない可能性」参照。
(48)　表現としては，周知のように，「人間の尊厳」という表現もあるが，その表現を使用したからと言って，問題の本質が明確になるわけでもない。かえって，「人命の尊厳又は人格の尊厳」と述べていた場合において，常に意識せざるを得ない，人命と人格の区別が曖昧になる恐れがあるので，なお検討するまでは，あえて「人間の尊厳」という用語を使用いないことにする。
　「人間の尊厳」という点については，無数とも言える文献があるが，その代表的論文集として，三島淑臣ほか編『人間の尊厳と現代法理論　ホセ・ヨンパルト教授古稀祝賀』（成文堂，2000）を挙げるに止めておこう。
　吉田克己「民法学の方法・覚書」ジュリ1126号258頁（1998）は，人間の尊厳などの価値が解釈の大きな方向を主導する意味を持つことを指摘する。

りである。したがって，価値判断について正当性ということを言うとすれば，価値判断の性質に応じた正当性というものを考えなければならないであろう。

価値判断を単なる個人の主観的判断と違うものとして区別できる基準は，価値判断については事実判断と同様な意味での証明というものがないと考えるから，それが多くの人（この意味がまさに問題であるが）に承認されている価値判断であって，単に一人の感じているに過ぎない判断ではない，という以外にはないと考える。そうした価値判断が客観性のある価値判断であることになる。客観性は当然に正当性と同じではないから，客観性のある価値判断であるからと言ってそうした価値判断が正しいかどうかは分からないとも言える。しかし，価値判断については，前述のように事実判断と同様な意味での証明という基準がないのであるから，多数の承認という以外に正当性を肯定するための基準と言えるものを考えることは，その性質上非常に困難であると考えられる。

以上の考え方を踏まえて，具体的問題についての価値判断をするための方法論を少し纏めて言えば，圧倒的多数の人の承認する価値判断を，一種の根源的価値判断として前提とし(49)，そこから従属的（具体的）価値判断を導き出すほかはないと考える(50)。その導出に当たっては，必ずしも多数の人の考え方ではなく，合理的判断力のある人の，根源的価値判断との整合性についての判断によると考えている。そうすると，従属的（具体的）価値判断については，根源的価値判断と異なり，それが，多数の人の承認しないものであるからといって，当然に正当でないとは言えないことになる。

もしそうした基準を採るとした場合に，前述した「事実命題から当為命題を導くことはできない。」と考えることとの関係が問題とならざるを得ない。すなわち，上記基準は，事実命題から当為命題を導いているようにも見えるからである。

筆者は，その関係を矛盾というようには考えていない。なぜなら，上記私見は，事実命題から当為命題が導き出せるということを前提として，「圧倒的多数の人の承認」を根拠としているのではないからである。価値判断とい

(49) このように述べることは，圧倒的多数の人が「人命又は人格の尊厳を尊重すべきである。」という価値判断が正しいと合意している（規約として取り決めている）というようなことを主張しているのではない。単に，圧倒的多数の人の実情を述べているのであって，それ以上のことでもそれ以下のことでもない。
(50) 青井秀夫「遺伝子治療をめぐる法と倫理」龍谷法学36巻1号242頁（2003）における考え方は，本文記載の筆者の考え方と基本的には同様のものであると考えられる。星野英一教授の言われる「価値のヒエラルヒア」という考え方も同旨と言ってよいのであろうか（星野英一「民法解釈論序説」法哲学年報1967掲載〔民法論集1巻オンデマンド版（有斐閣，2001）所収，31頁〕参照）。

うものの性質上，いわば，それ以外に方法がないので，その点は無前提に肯定しているに過ぎないのである。それ以外に，価値判断（ここでは当為命題における判断と同じ意味であり，美的判断のような当為命題とは異なる価値判断を含まない）の最終的な拠り所を見つけることができれば，それに越したことはないのであるが，筆者は，未だにそれを発見することができていない（原理的に，そうしたものが発見不可能であるとまで断定できるかは問題であるが，発見できていないことについては，筆者には確信のようなものがある）。「価値判断の最終的な拠り所が発見できないからといって，全くの無為の内に虚無的に生きるということが筆者にはできない。そこで，せめてもの拠り所を『圧倒的多数の人の承認』というところに求めよう。」という以外には，根拠はない。どうしてそこに根拠を求めるのかという点については，心理的にどうしてそう考えるに至るのかという説明は，恐らくできると思うが，だからと言って，そうした説明は，以上のような求め方が正しいという根拠には全くならない。「圧倒的多数の人が承認している」という事実から，そのことが正しいという当為命題が導出できると考えているのではない（むしろ，それはできないと考えている）。上記の「圧倒的多数の人の承認」を拠り所としようとするのは，単なる信念であり，情緒であると言われても仕方がない。しかし，もし「あなたの考えている圧倒的多数の人の承認という基準は誤っており（無根拠というのではなく），こうした正当な根拠を持って，あなたとは違う根拠で，正しい価値判断がある。」という納得し得る説明があれば，それが始めて，上記のような，ほとんど無根拠な私見に対する反論となり得るものと考える。私見が無根拠であるというのでは，私見の批判にはならないと考えている。なぜなら，筆者には，私見とは異なり，根源的価値について根拠付けをした考え方は，まだ自分としては発見できていない（もとより，内外の文献を渉猟した結果そう考えているのではなく，ほんの少しの学習の結果の思い込みに過ぎないが）からである（感じだけの問題としては，「まだ発見できていない」ではなく，原理的に「存在し得ない」ということであるが，そう断定するまでの自信は到底ない）。

　今のところ，小生の上記考え方には，上記のような意味で根拠がない[51]が，そうした私見が，根拠がないということを超えて誤っているという批判

---

(51)　森村進『自由はどこまで可能か　リバタリアニズム入門』（講談社現代新書）75頁は，「『自分の身体は（道徳的な意味でも）自分のものだ』という判断は，それ以上正当化できなくても，否定しがたい直観である」と述べる。筆者が本文で述べるのと同様の言い方ではあるが，筆者の見解は，正当な根拠づけとなっているかは別として，少なくとも，ある理由を付けて，すなわち，圧倒的多数の人の承認という理由を付けて述べられているのに対し，上記の直観を抱く理由は全く述べられて

も考えることができないために，上記私見によらざるを得ないというのが現実である。全く強いて言えば，圧倒的多数の人が承認しているから正しいと言えるわけではないが，実務法曹，研究者，教育者として，ほとんど誰も承認しない価値判断を根拠とするよりは，圧倒的多数の人の承認する価値判断を根拠とするほうが，少なくとも実際上は，他の人に対してより説得力があるということは言えるであろう。もちろん，「だからどうなんだ」ということにはなるし，だから正しいという保証もない。圧倒的多数の人が承認する価値判断であるから，多くの人が納得するというのは，ほとんどトートロジーにしか過ぎない。しかし，率直な感じだけで言えば，価値判断というものは，その性質上そういうものでしかないのだというように思っているということである。

　以上の点について，重複のそしりを恐れず，もう少し独り言の類いを繰り返してみよう。小生の立場は全ての価値を否定して虚無に陥るということでもない。性質上価値判断というものは，そういうものでしかあり得ないと考えて，少しでも建設的に考えていこうという考え方である。もちろん，何が建設的かということについて根源的な正当化を求めることは，上記と同じ道すじをたどるだけで，あまり意味のあることではない。

　ただ，たった一人の全く主観的感情よりは，世界における圧倒的多数（一種の幻想の世界にしか存在しないものかもしれないが，観念することは可能である。2005年の日本の世論調査で決まるというような多数とは異質のものを考えている）の承認する価値のほうが，客観性があると思っている。客観性があるものが何故正しいのかということになるが，それにも決定的根拠を与えることは困難である。強いて言えば，それを価値基準とすることが，大多数の人の納得が得られ，人類がうまく共生できる結果を導くから，という程度のことしか言えない。しかし，そういう根拠は，結局は人類の生きることを至上価値としていることとなり，「人命又は人格の尊厳を尊重すべきである」と言っているのと，あまり変わらず，一種の循環論法とも言える。したがって，小生は，「人命又は人格の尊厳を尊重すべきである」ということを根源的価値判断として最も尊重したいと思っているが，そのことを更に正当化できる根拠があるとは言わないほうが良いと考えている。ただ，言えることは，各人が全く個々ばらばらに考えている，千差万別の考え方があるとしたら，その状態そのままでは，そのうちどれかを基準とすることは不可能であるが，

　　おらず，森村教授がそのような直観を持たれる理由は不明である。私見によれば，その直観は，正当であることの根拠が不十分であるばかりか，誤っていると考える。後記第5，5⑸イ「自己の生命を処分する権利の有無」参照。

圧倒的多数の人が承認する価値判断として、「人命又は人格の尊厳を尊重すべきである」ということが言えるとしたら、それを基準とすることは可能である、という性質のことと思う。価値判断について基準を求めるならば、その性質上、そうした基準しかないということだと思っている。少なくとも、「正しい」とは何かの基準を求めたいという共通の立場の中では、ある種の説得力を持つ議論であると言うに過ぎない。しかし、そうした基準を求める立場が圧倒的に多いのだから、このことは、かなり実際上は意味があることと言えるであろう。

　そもそも、基準など何も求めない立場があるとすると、そうした立場を批判するのも、結局は今のような根源的価値を基準として批判することになるので、そうした自らが決めた基準で批判するということになってしまう。そうした基準などおよそ要らないという立場に対して、以上の見解を正当化できる根拠は、ないに等しいと思う。

　上述したことを更に突き詰めて考えれば、恐らく「正しい」ということ自体が、実は、皆が漠然と持っているイメージ以上に、何もその内容が明確に決まっているわけではないので、それを何をもって計るか、という基準も当然に不明確なのではないかとも、感じている。例えば、「正しい」ということは、全ての人が幸福になることだ、と言う人があるとすれば、それは、「正しい」ということについてその人が自分で考えた基準を言っていると同じことで、そうした基準と離れた「正しい」ということ自体の純粋な意味を述べているとも言えないように思う。そう考えると、普通は人は、「正しい」ということが何か存在していて、それを判断をするための基準は何かを考えるというように無意識に考えているように思うのである、そんなことは、そもそも性質上ないような気もする。以上に述べてきた筆者の意見はすべて全く未熟なものであるが、この段落で今述べたことは、自身でも特に不明確であると感じている。今後もっと検討したいと考えているところである。

　上記のような私見は、ほんの少し井上達夫教授の言われる「正解へ導いてくれる確かな『解法』がないにも拘らず、正解の存在を想定して正義の問題についての論議を続行していくことが、充分意味のある健全な営みである」との考え方[52]と似ているかもしれない（ただ、井上教授は、正解がどこかにあるということを想定しておられるようであり、その点は私見とは違うのであろうか）。ここに引用した井上教授のお考えは、小生には、ほとんど根拠づけがされていない断定のようにも思われるが、それは誤解なのであろうか。浅学な筆者にはなお不透明なところがあるように思われるのである。

---

(52)　井上達夫『共生の作法』11頁（創文社、1986）。

6　根源的価値判断に伴う難点

すでに述べたように，小生は，圧倒的多数の人の承認する価値判断を，一種の根源的価値判断（すなわち，それが源をなすものであって，それより遡ることが不能であると考えられる価値）として前提とし，そこから従属的価値判断を導き出すほかはないと考えた。その導出に当たっては，必ずしも多数の人の考え方ではなく，合理的判断力のある人の，根源的価値判断との整合性についての判断によると考えている。

言うまでもなく，以上のことについて無数と言うべき問題や疑問が生ずる。その幾つかについて，以下に試論を述べてみたい。

既述のように，筆者は，根源的価値判断は，「人命又は人格の尊厳を尊重すべきである。」という判断であると考える。

この叙述に対する重大な疑問は，「人命」，「人格」の何れと考えるべきかであると言える。「人命の尊厳」と言ったほうが，「人格の尊厳」と言うよりは，どちらかと言えば，生物としての命に，「人格の尊厳」と言ったほうが，「人命の尊厳」と言うよりは，どちらかと言えば，理性的判断能力を備えていることに，それぞれ重きを置いているように思われる。しかし，例えば，脳死状態の人には「人格」がないとは言えそうであるが，「人命」という用語を使用したからといって，当然に疑問の余地なく，脳死状態の人の命もここで言う「人命」であるとは言い切れないかもしれないので，結局は用語の差，ニュアンスの差に止まるもののようにも思われるし，なお十分に考えてみたい。

次に，何をもって「人命又は人格の尊厳を尊重する」と言うかについて争いがあり，その争いが深刻なものであることは間違いない（例えば，脳死移植の問題，安楽死の問題などに現れる）が，そうした場合の争いは，「人命又は人格の尊厳を尊重する」ことについてこれを肯定する見解と否定する見解があって意見が対立しているのではないと思う。根源的価値判断としての「人命又は人格の尊厳を尊重すべきである」こと自体については対立した意見はなく，社会的合意も存在していると考える。

圧倒的多数の人が考えていることを，どのような方法で正確に把握するか，圧倒的多数の人の「人」とはどのような人を言うのか（著しく判断能力の不充分な人を含むのか，現在この世に生きている人のみを言うのか将来の世代の人も含むのかなど），法規範や制度のほうから市民の意識に対して影響のある働きが多くあるのではないか，などなど上記の私見については直ちに問題になることが数多くあるが，そうであるとしても，「人命又は人格の尊厳を尊重すべきである。」ということが圧倒的多数の人が承認する価値判断であることに間違いはないと思われる。

以上を前提としても，もとより，なお問題は無数に存在する（例えば，胎児は人間なのか，受精卵をどう考えるのかなど人間の出発点の問題や脳死状態になった場合にそれは人間かなど人間の終焉に関する問題や自己決定権と言われる考え方と自己の生命の処分の問題など）があることは言うまでもない。ただ，それらの問題は，すべて「人命又は人格の尊厳を尊重すべきである。」という価値判断を根源的価値判断と認めた上でのその意味をどのように考えるかという問題か，そうした根源的価値判断からどのような従属的価値（具体的価値）判断を導き出すべきかといった問題のように思われる。

　仮に，「人命又は人格の尊厳を尊重すべきである」という根源的価値判断が決まったとしても，そうした根源的価値判断から従属的（具体的）価値判断をどのようにして導き出すのか，それは一義的には全く決まらないことではないのか，それは誰が判断するのか（合理的判断能力のない人も判断資格はあるのか），具体的に困難な問題については社会的合意などないことが多いのではないのか，などなど様々な問題がある。

　そこで問題は，そうした無数の難点があるが，だから「人命又は人格の尊厳を尊重すべきである。」という根源的価値判断など認めるのは無意味であるのか，ということである。筆者の立場は，そうした根源的価値判断として，これに代わるべきものを見い出すことはできない（少なくともまだできていない）し，上記のような根源的価値判断は，前述のようにそれ自体無根拠なものであるとしても，現実に生起する多くの人間に関係する問題を判断するためには，そうした価値判断はあったほうが良い（何のためによいかであるが，結局は，具体的な問題の解決をするために役立つということに尽きるのかもしれない）と考える。さらに正確には，ないよりは良い，ということに止まるのかもしれない。

　こうした困難が無数にありながらも，なお根源的価値判断から従属的価値判断の導出という仕方を取らざるを得ないとした場合に，どういうようなことを考えるべきかについて，もう少し，項を改めて考えてみよう。

7　根源的価値判断から従属的（具体的）価値判断の導出

　次に，そうした根源的価値判断から従属的価値判断を一義的に導き出すことは，多くの場合困難である。しかし，根源的価値判断との整合性という考え方を持たないで，漂流的議論をするよりは良いと考える。まれなことかもしれないが，「人命又は人格の尊厳を尊重すべきである」という根源的価値判断を前提とすれば，ある程度ブランダイスブリーフ[53]的なこと（社会的実態や科学的知見により基礎付けること）で，具体的問題を解決できる場合もあるかもしれない。例えば，「人命又は人格の尊厳を尊重すべきである」と

いう根源的価値判断を前提として考えた場合には，そうした価値判断を前提としながら，他の人の健康に深刻な被害を及ぼすような場合であっても，喫煙を自由にしてよいという判断をすることはできないであろうから，嫌煙権の問題は，比較的そうした価値判断を前提とすれば，後は，科学的知見と市民の法意識との組み合わせを考えることによって，適切な解決方法を導き出すことができるように思われる。ちなみに，筆者は，前にも述べたように，社会的実態がどうであるということ自体から，何らかの結論が当然に出てくるとは考えていない。そこには，そうした社会的実態又は歴史が「あるから」となるか，「あるにも拘らず」となるかの，価値の選択が必要であると思っている。

　そして，この根源的価値判断から従属的価値判断の導出をする際の判断は，必ずしも，圧倒的多数の人の承認という基準にはよらないで考えるべきであると思っている。例えば，根源的価値判断として，「人命又は人格の尊厳を尊重すべきである。」があったとして，そのためには世界経済が順調に作動している（これを「世界経済の成長」と言い換えてよいかは問題である）ことが望ましいと考えられる（従属的価値判断の導出）が，その限りでは特別の専門的判断を要しないであろう。しかし，それ以上に，世界経済の順調な作動のためにはどうすれば良いかということになれば，それは大多数の人の考え方を尊重していればいいというものではないであろう。世界経済の順調な作動のために必要な，多くの複雑な要因を的確に把握し，適切な判断を加えなければならない。こうした判断は，相当程度専門的な知見による困難な判断を要するものであるから，専門家の意見によらざるを得ない，ということになる。ただ，こうした場合でも，経済の高度成長が望ましいか，それと環境保全とのバランスをどう取るかといった問題になると，専門家の判断に委ねるのみでは適当ではないということになるであろう。

　上記の考え方をやや一般化して言えば，根源的価値判断は圧倒的多数の人の承認を基準とするほかはないが，個々の具体的問題についての価値判断は，前提とされた根源的価値判断を基礎にして，良識ある人々の判断によって導出されることになる，という言い方になるであろう。そして，このような良識ある人々の判断ということが問題となる従属的（具体的）価値判断については，おそらく根源的価値判断と異なり，圧倒的多数の人の承認というものがあることはないであろう（そうした「圧倒的多数」という基準で見る限りは，意見が分かれるということになるであろう）。また，こうした良識ある人々の判

---

(53) ブランダイスブリーフについては，田島裕「ブランダイスブリーフについて」法の支配132号55頁，56頁（2004）参照。

断というものは，ある時期における特定の社会の市民の法意識と必ずしも一致しないと考える(54)。こうした良識ある人々の判断は，上記のような社会経済的な事実に関する問題についての判断のような場合だけではなく，複雑な価値判断の根拠となる多様な利害の状況の組み合わせ，その相互の影響など，価値判断と事実のいずれにも関係する複雑な状況を判断する場合などにも，必要とされることになるであろう。市民の法意識が，そうした複雑な状況を正確に判断して形成されるとは限らないからである。そして，もちろん，ここで言う「良識ある人々」とは何かなど，その他既に指摘したような無数の困難があることは言うまでもない。

以上考えたように，根源的価値判断と従属的価値判断の関係については，多くのレベルの違う問題があって，一概には言えない困難な判断が要求されると言わなければならない。

8　主として法的観点から採るべき価値基準
(1)　憲法の採る価値基準との関係

上記の根源的価値判断を何と考えるべきかについては，既述のように多くの問題があるが，そうした根源的価値判断というものが，ある国において市民一般の承認（前述の，圧倒的多数の人の承認というのと全く同じではないであろう）を得たものと考えるのであれば，法治国家においては，それは，まさに憲法で承認されている価値判断のなかにこそ見出すことができるはずである。

実定法学において問題となる価値判断の基準を考えるのであるから，憲法の採っている価値基準と正面から抵触するような価値基準を前提として価値判断をすることは許されない。そのように考えると，基本的な価値について，価値相対主義を採るか否かは少なくとも決定的重要性を持つわけではない。その点を厳密に論議をするまでの必要はないように思われる。

ただ，憲法において採られている価値基準は抽象的であるために，直ちにそこから具体的な実定法学上の問題を解決する鍵を見つけることが困難な場合が多い。

現実の状況とは異なるが，仮定として，もしわが国の憲法が「人命又は人格の尊厳を尊重すべきである。」という，それ自身としては根源的価値判断として肯定した価値判断をあまり重視しない内容を多く持っていたとすると，そうした規定の解釈をなるべく上記の根源的価値判断に沿う形で考えていくべきであるということになる。もとより，法の解釈として立法者意思をどの

---

(54)　後記注74参照。

程度重視すべきかという問題はあるが，その点の詳論はここでは避けたい。幸いに日本国憲法は「人命又は人格の尊厳を尊重すべきである。」との価値判断を当然の前提として規定していると考えられるので，そうした矛盾はない。その場合には，憲法があるから根拠なく正当だという法理論ではなく，憲法の理念は正しいと積極的に評価して，それを踏まえて憲法の解釈をしていくことになり，憲法の解釈に実質的説得力を与えることができる。あるいは，憲法上認められている価値の抵触の問題を考えるときに何らかの拠り所となるかもしれない。

（2） 当該法律の採る価値基準との関係

価値判断はまず当該法律の趣旨に基づくべきものであろうが，そうすべきではない特段の事情を考えることが必要かもしれない。当該法律の趣旨が，憲法に違反する恐れもなくはないという場合（はっきり抵触する場合ならば，当該法律の定めは無効ということになろう）には，当該法律の趣旨から離れても，なるべく合憲的になるように制限された解釈をする必要が出てくる。

（3） 一般に合意のある現行法体系の採る価値基準との関係

また，必ずしも具体的な法律の趣旨というものが確定できない場合であっても，憲法以下の実定法秩序全体として当然に前提としている価値判断があり，かつ，具体的な当該法律の領域，例えば，民法財産法の領域において，多数の人々の肯定する価値判断があると考える。例えば，取引の安全と言った考え方をその適例として挙げることができよう。こうした点を良く考えて議論することによって，少なくとも，実定法学の議論としては，ある程度噛み合った議論ができるのではなかろうか。

また，例えば，功利主義の当否という形で漠然と考えるのではなく，功利主義の具体的内容をなす「最大多数の最大幸福」という原理を理論上徹底すれば，少数者にも認められるべき人間としての権利を無視してもよいことにならざるを得ないが，それを認めるわけにはいかないであろう。実定法学の議論としては，およそ最大多数の最大幸福のためであれば，ごく少数の人を奴隷として認めてもよいというような考え方[55]は全く検討の余地はない。

以上のような問題を検討する際に，可能な限り基礎法学の協力を得ることはできないか。例えば，取引の安全と言っても，お互いに，単に思い込みで

---

(55) この点は，功利主義の問題点としてつとに指摘されるところである。平野仁彦・亀本洋・服部高宏『法哲学』（有斐閣アルマ）130頁〔平野仁彦〕（有斐閣，2002）参照。

主張しあっているだけでは，あまり意味がないであろう。そこでは，法社会学，法と経済学や法心理学などの知見を活用することにより，ある結論を採ることが，社会経済の実情に合っているのか，またそうした結論を採ることが社会経済の実情にどのような影響を及ぼすのか，人々はどのような心理的感情を持ってそのような結論を受け入れ又は反発するのか，など多くのことが具体的に議論の対象となり得るものと思う。

一般に，法と経済学（例えば，交通事故と保険の問題について），法社会学（例えば，嫌煙権問題における市民の法意識に関係して），法哲学（正義の「普遍的」概念への背反，例えば，明らかに恣意的な利己主義は許されないのではないかなど），ある制度を採った場合の具体的に起こり得る問題の詳細な考察（例えば，安楽死の問題について）などの知見を総合的に考察することによって，ある程度は，いわゆる水掛け論に陥ることを防ぐことが可能かもしれない。なお，以上の記載の中では，安楽死の問題について，基礎法学の種類を書いていないが，それは，法哲学，法社会学，法心理学など多くの基礎法学に関係すると考えられるからである。

(4) 法律解釈に当たって価値判断の入ること以外に留意すべき点

以下において，法律解釈の具体的問題の検討に入るので，ここで，法律解釈に当たって価値判断の入ること以外に留意すべき点について述べておきたい。

条文の文言の尊重その他（論理解釈その他）については，価値判断の問題に関連して既に（前記第3，2(1)「法律解釈の基本」）触れた[56]が，ここで，価値判断についての考え方をどのようにするかとは，一応は無関係に，陥り易い誤謬について指摘しておきたい。

それは，結論先取り型の循環論法の誤謬である。見方によっては，最高裁判例においても，そうした危険を感じることがないとは言えない。
以下は，その一例である。

土地賃貸借の終了に基づく建物収去土地明渡請求事件において，地上建物の賃借人の居住の必要性を，土地賃貸借の終了の正当事由があるかを判断するについて考慮すべきかという問題がある。最高裁判所は，これを消極に解した[57]が，その判文中の以下の点には，本文指摘のような疑問を感じる。すなわち，地上建物の賃借人の「事情は，本件土地賃貸借契約の更新に対す

---

(56) 法律解釈するに当たっての態度一般については，星野英一『民法概論Ⅰ（序論・総則）』48頁以下（良書普及会，1984）参照。
(57) 最判昭56・6・16判タ446号84頁。

る異議につき正当事由があることが肯認された場合にはじめて上告人〔土地所有者・賃貸人〕と本件における各借家人との間に生起する仮定的な問題に関する事情である」と判示するが，そうした事情を土地賃貸借の終了時において同時に判断してよいか，又はすべきかが問題になっている事案において，そのことについての考え方を考察しようとするときに，最初からそのことは後になって「はじめて」問題になる事情と考えるべきであると断定してしまっては，結論の先取りをしていることになる。

　ある見解に対する批判の仕方としては，内在的批判（その見解自体の内部に潜む矛盾や循環論法を指摘する仕方の批判）と外在的批判（例えば，その見解のよって立つ価値判断とは違った価値判断を根拠にする仕方の批判）とがある(58)が，上記のような批判は，内在的批判と言えよう。

第5　私見による問題意識からする若干の具体的課題

1　はじめに

　民法解釈の方法論は，とりわけ困難な問題であり，多くの優れた先人の業績(59)もあって到底ここで簡単に総括できるようなものではない。問題の状況によっても，どちらかといえば民法典全体との体系的整合性が問題となるものから，具体的個別的な利益衡量が比較的直接に問題になるものまで，多くの種類の問題があり，その特徴によっては，その方法論も異なった特徴を持ち，本来は，本稿のような論じ方ではなく，なおきめ細かい論議が必要であるに違いない。しかしながら，いずれの場合においても，結論を出すにあたって，価値判断の入ることが避けられないことに変わりはないと考える。ただ，価値判断の入る程度には違いがあるものと考えられるので，以下では，無数に存在する民法の解釈問題のうち，価値判断と解釈の結び付きが比較的

---

(58)　こうした批判の分類などについては，陶久利彦『法的思考のすすめ』22頁以下（法律文化社，2003）が，ある意見の理由には2種類あり，その一つは内在的理由づけであり，他の一つは外在的理由づけであると述べていることも，参考になると思う。

(59)　ここでは，思いつくままに，例えば，①シンポジウム「転換期の民法学──方法と課題」私法60号3頁以下（1998），②瀬川信久編『私法学の再構築』（北海道大学法学部ライブラリー2）（特に，同書中の瀬川信久「民法解釈論の今日的位相」，吉田邦彦「リアリズム法学と利益衡量論に関する『基礎理論』的考察──民法解釈学方法論の思想的系譜」）（北海道大学図書刊行会，1999），③瀬川信久・小粥太郎・加藤新太郎「民法解釈方法論と実務」加藤新太郎編『民事司法展望』149頁以下（判例タイムズ社，2002）などを挙げておこう。

強く，かつ，さほど法律解釈学特有の技術的問題のないものを選んだつもりである。いずれも，民法の条文の定めているところからは，ほとんど解決への示唆が得られないものばかりであると考える。後記問題中，6「割合的認定」の問題は，民法の条文の解釈に当たり基礎法学の支援が必要である，という視点とはやや異なる問題を扱っていることに留意していただきたい。

以下の説明においては，少なくとも，筆者が基礎法学の支援が必要と思う点について指摘しているとは言えると考えるが，その解決方法については，まったく触れていないか，まったく不十分にしか触れていないかであり，問題提起に止まっていることを予めお断りしておきたい。

以下の分析においては，できる限り今までに述べてきた価値判断に関係する考察を踏まえて，筆者の考えている根源的価値判断との関係，憲法以下の実定法秩序全体との関係を考えながら，筆者なりの考え方を示したつもりである。

2　二重譲渡の第三者の範囲
(1)　従来の見解の検討と私見

二重譲渡については，実に多くの論稿(60)があり，とてもここでそのすべての論点にわたって考察する余裕はない。以下は，この問題についての全くの素描にすぎない。

内田貴教授は，Ａの不動産をＸとＹとが買う場合について「仮に自由競争の原理が働くとすれば，それはＡの不動産をＸとＹのいずれが買うか，という契約締結の段階においてであって，一方が先んじて契約をしたのに，契約の成立要件でもない登記がなければ悪意の第三者にも負けてしまうというのは，自由競争ではなく横領の奨励としか思えない〔中略〕。悪意者は177条の

---

(60)　石田喜久夫『民法秩序と自己決定』（民法研究第8巻）157頁以下（成文堂，1989），石田喜久夫『物権変動論』191頁以下（有斐閣，1979），石田剛「不動産二重売買における公序良俗」奥田昌道先生還暦記念『民事法理論の諸問題　下巻』129頁以下（成文堂，1995），鎌田薫「対抗問題と第三者」星野英一編『民法講座第2巻物権(1)』67頁以下（有斐閣，1984），鎌田薫『民法ノート物権法①』58頁以下（日本評論社，1992），佐伯仁志・道垣内弘人『刑法と民法の対話』112頁以下（有斐閣，2001），曽野和明・常岡史子『私法秩序の構造——法的論理への誘い——』67頁以下（有信堂，2003），半田正夫「不動産所有権の二重譲渡に関する諸問題」半田正夫『不動産取引法の研究』3頁以下（勁草書房，1980），藤井俊二「不動産の二重売買」現代裁判法大系②〔不動産売買〕87頁以下（新日本法規，1999），船橋諄一・徳本鎮編『新版注釈民法(6)物権(1)物権総則』560頁以下〔吉原節夫〕（有斐閣，1997），松岡久和「民法177条の第三者・再論——第三者の主体的資格と理論構成をめぐる最近の議論」前記『民事法理論の諸問題　下巻』185頁以下，吉田邦彦『債権侵害論再考』576頁以下（有斐閣，1991）。

『第三者』にあたらないというべきである。」と言っておられる[61]。しかし，ここで述べられている「自由競争ではなく横領の奨励としか思えない」ということは，単純悪意者排除説の十分な論拠とはなりえないであろう[62]。内田教授の見解は，上記説明を見る限りにおいては，一種の結論先行型であるとの批判も成り立つように思われる。なぜならば，まさに「自由競争ではなく横領の奨励である」かどうかが問題であるからである。それは，次段の説明を見ることによっても，理解できるであろう。内田教授も上記根拠付けのみを持って結論を出しておられるのではないと考える[63]。

不動産の二重譲渡について「単純な悪意者にとどまる場合には，そのような行為といえども民法上有効な違法性なき行為と認められてきている以上は一般的にはこれをもって横領罪の成立を肯定することはできないであろう。しかしながら，〔中略〕信義誠実の原則上からみて許すことができないような第三者である場合（このような第三者を『背信的悪意者』といい〔中略〕）については，具体的状況によっては横領罪の成立を認めることができるであろう。」[64]とも言われていることも考えてみなければなるまい。

二重譲渡に関する現在の見解の対立は，結局自由競争の原理をどのように考えるべきかというところに行き着くと考えられる[65]。本稿では，その点について，若干の考察を試みたい。

どういう場合までが自由競争の原理に鑑み許され，どういう場合からが，自由競争の原理に反し許されないかが検討されなければならないであろう。それには，多くの検討のための視点があるであろう。自由競争と言っても，所有権の二重譲渡と第1売買後の不動産の差し押さえの効力の問題をどう考えるか，第2譲受人からの転得者の保護の問題など，多くの違った視点のいる問題があるであろうが，ここでは，ある不動産を所有者AがBに売った後に，CがAから更に買った場合について，一般の市民の法意識はどういうものであるか，という視点から検討をしてみたい。既にある不動産をBに売って所有権を喪失した者が，なぜ同一不動産をCに売って，Cが所有権を取得

---

(61) 内田貴『民法Ⅰ〔第2版〕補訂版　総則・物権総論』448頁（2000，東京大学出版会，2000）。

(62) 松井宏興ほか編『プリメール民法2　物権・担保物権法〔第2版〕』68頁〔上谷均〕（法律文化社，2004）参照。

(63) 内田教授自身も直ぐ後に続けて，不動産を買う者は現地を見るという取引の実態について言及しておられる（内田・前掲注61・448頁）。

(64) 山川一陽『犯罪と民法』32頁，33頁（立花書房，2003）。

(65) 特に特定の文献を引くまでもないが，例えば，横山美夏「二重譲渡」法学教室273号8頁（2003）も同旨。

することができるかについては，多くの理論構成があるが，それについても，ここでの関心事ではない。

公信力説では登記を信用した人を保護するという点に力点があると考えられるが，より根本的には，未登記不動産の二重譲渡であっても同じことであって，第1売買を知りながら第2売買を行った買主がなぜ保護されるのか，されないのか（第2売買の契約締結に遅れて売主が所有権保存登記をし，第2買主に所有権移転登記をしたときには，悪意者も保護されるべき第三者とすると，こうして登記を具備した第2買主が優先するということになるであろう）というところに基本的問題点があると言わなければならない。登記を信頼したか，登記を信頼するのが正当であるかということも，無関係ではないが，むしろ，こうした第2売買が自由競争の範囲外として保護の対象外となるのかというところに問題の本質がある，として考えるべきであり，その点こそが重要な考察の対象であると思う。したがって，後に考える市民の法意識という問題を考える場合にも，「登記が対抗要件である」とか，「登記に公信力を認めるのが日本における法律制度に合致しているか」と言った法律技術的な問題とからめさせることなく（こうした問題も含めて，市民の法意識をストレートに問題にするのは，市民が適切に判断できるとは言えない性質のことであるから，適当ではないと考える[66]），上記で重要な考察の対象として考えるべきであるとした点についての市民の法意識を検討すべきであると考える。このように法意識を検討すべき対象を限定して考えた場合には，市民の法意識も，ここでの問題の正しい解決の方向に重要な示唆を与えるものと言うことができよう。

第2売買が自由競争の範囲外として保護の対象外となるかどうかが本質的に重要な問題であり，Cがいわゆる悪意者又は背信的悪意者である場合には，上記意味での保護の対象外と扱うべきであるとの考え方を採った場合における要件事実論的構成を次に説明することにする。具体的事案は，第2買主Cが既に有効な所有権移転登記を有していることが明らかである場合であるとする。したがって，「Cに登記がなければ所有者と認めない」との対抗要件に関する権利抗弁をBが出すことは，直ちに対抗要件具備の再抗弁によって排斥されことになるので無意味であり，また，B自身の対抗要件具備によるCの所有権喪失の抗弁もBが出すこともできない場合であるものとする[67]。

---

(66) 後記注74参照。

(67) ここで述べている問題は，要件事実論で扱われる問題であり，一般読者にとっては分かりにくいと考えるが，ここで述べられている対抗要件の問題について直接に知りたければ，司法研修所編『紛争類型別要件事実――民事訴訟における攻撃防御の構造』53頁以下（法曹会，1999）を参照。また，要件事実論の基礎を知りたければ，伊藤滋夫『要件事実・事実認定入門　裁判官の判断の仕方を考える』（有斐

第2売買の買主であるCが所有権に基づき第1売買の買主である占有者Bに対し土地明渡請求をするという事案を考えると，その場合の当事者の主張の構造は次のようになるであろう。まず請求原因は，「①Aが，抗弁①の売買の当時本件土地の所有者であったこと，②それ以後AからCが本件土地を買ったこと，③Bが本件土地を占有していること」である。次に抗弁であるが，事案が上記のようにBからは，上記権利抗弁も，上記所有権喪失抗弁も提出されない場合であるから，抗弁は，「①Bは本件土地をAから買ったこと，②この売買は請求原因②の売買に先立つこと」のほか，説によっては，「③Cは，本件土地をAから買うに当たっては①の売買を知っていたこと」（単純悪意者排除説の場合）又はこれに加えて，「④Cの悪意について背信性があったこと」（背信的悪意者排除説）を主張する（悪意に背信性があるという評価ができる根拠として十分な信義則違反となる具体的事実の主張が必要である）ことになるであろう。

　以上の判断構造の実質的に意味するところは，第2売買は，それ自体として第1売買の買主に対する関係で原則有効であって，それを覆すために，抗弁として（例外的事由として），第1売買の事実の主張のほか，どのような事実関係が必要かということである。そして，今問題としていることとの関係で言えば，その事実関係の内容として，第1売買について，Cの単純悪意で足りるか，背信的悪意を必要とするかという問題である（この区別のどちらを採るかについては，後者の基準は取引の安定を害するという考え方もあるが，その点もここでは取り上げない）。

　こうした判断の構造のなかでされる判断の形式は，先ほど述べた，どこまでの事実関係の主張立証があれば，自由競争の枠外の保護されない第三者となるかということ（保護される第三者であるかということではなく）である。このように考えた場合には，ここでまた，民法の条文自体からは何の解決もできないという事態に逢着することになる。

　石田喜久夫教授は，法解釈の基本的姿勢として，概ね次のように言われる[68]。「自分はこれが正しい解釈であると信じる。」というだけでは無意味であり，そうした解釈が社会の規範意識に底礎されるものでなければならない。現実に取引をしている人がどう考えているかが決め手となる。ただ，非常に技術的な問題については，利益対立の状況を正確に認識しないで自分に都合の良い主張をする危険がある。法律家が正しい利益状況を明らかにして，そういう利益状況が明らかになったら，普通の人はどのように判断するであ

　閣，2003）を参照。
(68)　石田喜久夫『物権変動論』・前掲注60・193頁以下。

ろうか，というように考えるべきである(69)。以上は石田説の要約である。

　石田教授の述べておられることは，筆者の表現によれば，市民の法意識が，自由競争の範囲外である第三者を決する決め手となると言うべきであり，基本的にこの考え方に賛成である(70)。

　そうすると，市民の法意識はどのようなものであるかを論じなければならないことになるが，筆者には，この問題についての市民の法意識がどのようなものであるかを具体的に説明する準備はない。

　ただ市民の法意識というレベルで問題を解決しようとすれば，単に第1売買の存在を第2売買の買主が知っているという程度に主観的認識の対象を漠然と考えて，悪意だから保護されないとか，悪意にも拘らず保護されるとか考えるのでは，全く不十分であると言うことはできる。市民の法意識というものを決め手として考えるという方法論によるときは，もっと具体的に事実関係を考えなければ，市民の法意識を的確に捉えることはできない。

　ここで再び石田喜久夫教授の意見を紹介すると，同教授は，「第1の売買契約が締結されていることを知って，第2売買をするということだけであれば，自由競争の範囲内である。第1売買の買主が既に所有権を取得していることを，第2売買の買主が知って，第2売買をした場合には，自由競争の範囲外である。」旨を説かれる(71)。

　内田教授は，第1譲受人が既に当該土地を建物の敷地として利用していれば，第2譲受人の悪意が推定され，第1譲受人は優先すると言われる(72)。

　筆者は，単に第1売買契約を締結したことを知っていただけの第2売買の

---

(69)　こうした考え方は，根源的価値判断から従属的価値判断を導出するにあたっては，良識ある人の判断によるべきであるとする私見と，ある意味の類似性があると言える（前記第4, 7「根源的価値判断から従属的（具体的）価値判断の導出」参照）。

(70)　藤井・前掲注60・91頁も，「市民の健全な常識」を判断基準としている点では，共通のものがある。

(71)　石田喜久夫『物権変動論』・前掲注60・218頁。松岡教授が，被侵害利益が対世的に保護される物権であるか債権であるかの区別に着目すべきである，と言われる（松岡・前掲注60・215頁）のも同趣旨であろうか。

(72)　内田・前掲注61・448頁，449頁。曽野・常岡・前掲注60・69頁も，第1買主が契約のみで引渡しを受けていない場合と，引渡しを受けて土地に家を建てて居住していた場合とを区別し，後者の事例では，第2買主を自由競争の考え方で保護するのは行き過ぎである，と述べる。石田剛・前掲注60・129頁以下も結局同旨であろう。同論文の最後の「結び」（182頁）において，「本稿では，実質的な価値判断として，不動産の二重売買において，既に第1契約が存在し，且つそれが履行段階に入っていることを意識している第2契約者は，第1契約者に対して物権を優先的に取得することはできない，ことを主張してきた。」と述べられている。

買主は保護されるべきであり，第1買主が土地の引渡しを受けて建物を建てて居住していたことまで知っていた第2買主は保護されるべきではない，と常識的には思う。しかし，それでは，契約を締結して，既に代金の半額を支払っていた場合はどうか，代金は2割程度しか支払っていないが，引渡しのみ受けながら土地の現状の変更をしていない場合はどうか，とか考えていくと，現段階で明確な基準を示すまで考えが熟していない。

さらには，本質的には同様の問題ではあろうが，第1買主がどの段階で（手付を支払った段階か，引渡しを受けた段階か，代金を大部分支払った段階か，所有権移転登記を受けた段階かなど）所有者となったと感じているか，ということも問題にしなければなるまい。第1買主が，売買契約締結後も，所有者となったとおよそ感じていないような段階というものがもしあるとすれば，そうした問題の処理は，所有権の優劣という問題として処理されるべきではなく，第1買主の第2買主に対する損害賠償という形で処理されるのが，より事柄の実態に合っているということになるであろう。

そうだとすれば，市民の法意識の実態についての正確な研究がされなければならないが，その点についての先人の業績については，まだこれを見出しえないでいる（この程度の内容の市民の法意識であれば，さほど技術的な問題点はないので，法社会学的意識調査にも親しむのではないかと思うのだが）。ただ，以上のような点について市民の法意識がどうであるかについて，実定法学の研究者が，ただ自己の推測を前提として議論をしているだけでは，不十分である，ということだけは確かではなかろうか[73]。

（2） 本稿全体の視点からのまとめ

単純悪意者排除説（正確には単純悪意者も177条の第三者に当たらないとして排除する説）か背信的悪意者排除説（正確には背信的悪意者のみを177条の第三者に当たらないとして排除する説）かの分かれ目のポイントとなる点は，取引の安全の保護などの観点もあるが，究極的には市民の法意識（より端的には規範的法意識の一種である正義感）にどちらの説がより合致するかという点に求められることになるであろう（背信性の度合いをどう考えるかによっては，用語の問題となるであろう）。こうした財産取引法の分野における上記のような自由競争の保護の範囲というような問題であれば[74]，市民は適切な判断

---

(73) この意味で，松村良之「所有権の心理学」菅原郁夫・サトウタツヤ・黒沢香編『法と心理学のフロンティア Ⅰ巻 理論・制度編』35頁以下（北大路書房，2005）は，ごく最近の業績として注目すべきものと考える。今後このような研究が発展していくことを強く期待したい。

(74) 死刑存置の適否というような問題については，ある時期における市民の法意識

をすることができる問題であり，市民の法意識を尊重するということが，基本的に重要である（そう考えることによる弊害もない）と考えるわけである。細かい技術的な制度（例えば，登記制度を前提とした対抗問題もそれに入るのかもしれない）面での判断までも市民の法意識でストレートに決めるとすると問題かもしれない。

　そう考える根拠となると，上述してきたような問題については，そのように市民の法意識を基本に考えるということが，結局は，そうした取引を中心とする社会経済問題を適切に解決し，人々の幸せにつながる，というように考えることになろう。そうした経済的な意味での人々の幸せということは，筆者の言う「人命又は人格の尊厳を尊重すべきである」という根源的価値判断に合致している，少なくとも矛盾してはいない，というように考えて，市民の法意識を尊重するという判断が正当である，と結論付けることになるのである。

3　有責配偶者の離婚請求
（1）　二つの最高裁判決の存在

　民法770条1項5号は，離婚原因として，配偶者に不貞な行為があったときなど，同条1号から4号までに具体的に掲げた離婚原因のほかに「その他婚姻を継続し難い重大な事由があるとき」を挙げている。この条文の解釈に関係して，周知のように，最高裁判所は，35年の時を隔てて，相反する判決をしている。筆者がここで取り上げて問題にしたいのは，こうした重大な判例の変更が，上記民法の条文に何らの変更もないのに，その条文の解釈の名の下にされているということである。そうして，そのような解釈の変更の根底にある実質的なものを指摘したいと思う。有責配偶者の離婚請求に関する真の論点は何か，判決の変更の真の理由は何かということを考えてみたいと思う。

　最判昭27・2・19民集6巻2号110頁（以下，「27年判決」と言う）の事件において，上告人（原告・夫）は，被上告人（被告・妻）に対して離婚請求をしているが，上告人は，その請求を棄却した原判決を批判して，夫婦生活を継続する上での「障害発生の責任者が何人であるかは問ふ所ではない。〔中略〕上告人〔原告・夫〕と被上告人〔被告・妻〕はどの様にしてみても夫婦としての生活が復活するものとは思はれない。だから潔く離婚を容認すべきであるのに原審はこれに反した判決をしたのは違法である。」と上告理由の

のみを基準とする（例えば，死刑存置論が多数であるから，それによるべきであると言う風に）ということでよいかについては，問題もあると考える。前記注54，同66を付した各本文の説明参照。

中で主張している（すなわち，上告理由は，この時既に破綻主義を採るべきことを明確に指摘しているのである）。これに対して，最高裁判所は，婚姻を継続し難い状況になったのは，上告人が他に情婦を有しているがためであって，こうした場合には，これを「前記法条にいう『婚姻を継続し難い重大な事由』に該当するということは出来ない。〔中略〕結局上告人が勝手に情婦を持ち，その為め最早被上告人と同棲出来ないから，これを追い出すということに帰着するのであって，もしかかる請求が是認されるならば，被上告人は全く俗にいう踏んだり蹴ったりである。法はかくの如き不徳義勝手気儘を許すものではない。道徳を守り，不徳義を許さないことが法の最重要な職分である。総て法はこの趣旨において解釈されなければならない。」と判示して，いわば揺るぎない正義感の下に自信溢れる態度を示して，上告人の上告を棄却した。

　ところが，その約35年後には，その最高裁判所が，全くこれとは異なる価値観の元に，有責配偶者である夫から妻への離婚請求を認めるに至った。それが有名な最大判昭62・9・2民集41巻6号1423頁（以下「62年判決」と言う）である。同判決は，多くの他の詳細な説示の中で，次のような判示もしている。

　まず，「民法770条は，〔立法経緯に触れている。中略〕1項1号ないし4号において主な離婚原因を具体的に示すとともに，5号において『その他婚姻を継続し難い重大な事由があるとき』との抽象的な事由を掲げたことにより，同項の規定全体としては，離婚原因を相対化したものということができる。また，右770条は，法定の離婚原因がある場合でも離婚の訴えを提起することができない事由を定めていた旧民法814条ないし817条の規定の趣旨の一部を取り入れて，2項において，1項1号ないし4号に基づく離婚請求については右各号所定の事由が認められる場合であっても2項の要件が充足されるときは右請求を棄却することができるとしているにもかかわらず，1項5号に基づく請求についてはかかる制限は及ばないものとしており，2項のほかには，離婚原因に該当する事由があっても離婚請求を排斥することができる場合を具体的に定める規定はない。以上のような民法770条の立法経緯及び規定の文言からみる限り，同条1項5号は，夫婦が婚姻の目的である共同生活を達成しえなくなり，その回復の見込みがなくなった場合には，夫婦の一方は他方に対し訴えにより離婚を請求することができる旨を定めたものと解されるのであって，同号所定の事由（以下『5号所定の事由』という。）につき責任のある一方の当事者からの離婚請求を許容すべきでないという趣旨までを読みとることはできない。」と述べた後，更に次のように述べている。

　わが国のような「裁判離婚制度の下において5号所定の事由があるときは

当該離婚請求が常に許容されるべきものとすれば，自らその原因となるべき事実を作出した者がそれを自己に有利に利用することを裁判所に承認させ，相手方配偶者の離婚についての意思を全く封ずることとなり，ついには裁判離婚制度を否定するような結果をも招来しかねないのであって，右のような結果をもたらす離婚請求が許容されるべきでないことはいうまでもない。
　思うに，婚姻の本質は，両性が永続的な精神的及び肉体的結合を目的として真摯な意思をもって共同生活を営むことにあるから，夫婦の一方又は双方が既に右の意思を確定的に喪失するとともに，夫婦としての共同生活の実体を欠くようになり，その回復の見込みが全くない状態に至った場合には，当該婚姻は，もはや社会生活上の実質的基礎を失っているものというべきであり，かかる状態においてなお戸籍上だけの婚姻を存続させることは，かえって不自然であるということができよう。しかしながら，離婚は社会的・法的秩序としての婚姻を廃絶するものであるから，離婚請求は，正義・公平の観念，社会的倫理観に反するものであってはならないことは当然であって，この意味で離婚請求は，身分法をも包含する民法全体の指導理念たる信義誠実の原則に照らしても容認されうるものであることを要するものといわなければならない。
　〔中略〕
　そうであってみれば，有責配偶者からされた離婚請求であっても，夫婦の別居が両当事者の年齢及び同居期間との対比において相当の長期間に及び，その間に未成熟の子が存在しない場合には，相手方配偶者が離婚により精神的・社会的・経済的に極めて苛酷な状態におかれる等離婚請求を認容することが著しく社会正義に反するといえるような特段の事情の認められない限り，当該請求は，有責配偶者からの請求であるとの一事をもって許されないとすることはできないものと解するのが相当である。けだし，右のような場合には，もはや５号所定の事由に係る責任，相手方配偶者の離婚による精神的・社会的状態等は殊更に重視されるべきものでなく，また，相手方配偶者が離婚により被る経済的不利益は，本来，離婚と同時又は離婚後において請求することが認められている財産分与又は慰藉料により解決されるべきものであるからである。」
　最高裁判所は，以上のように判示して，結局，その別居期間が36年間に及び夫婦間に未成熟子がない本件において，上記特段の事情の存否について審理判断を尽くすべきであるとして，原判決を破棄し，本件を原審高等裁判所に差し戻した。

（2） 二つの最高裁判決の判断の構造

まず注目すべきことは，この二つの最高裁判決の解釈の対象となった民法770条は，その1項5号(以下単に「5号」と言う)を含めて，同条1項も2項も全く変わっていないということである。そうであるのに何故このような結論の差が出たのかということがここでの考察の対象である。そこで，この考察の初めに，この二つの最高裁判決の判文上の判断の構造を検討してみることにする。

「事由」の国語学的意味としては，「物事の理由・原因」ということである(岩波『国語辞典』(第6版))から，「婚姻を継続し難い重大な事由」とは，言葉の国語学的意味としては，「婚姻を継続することが困難であると考えられる重大な理由・原因」ということであろうから，「夫婦としての実質が全く失われて，いわば夫婦関係が完全に破綻しているという状態があるということは，当該夫婦が婚姻を継続することが困難であると考えられる理由・原因がある」と考えなければならないであろう。そのような理由・原因を招来した責任が当該夫婦のどちらにあったか，より端的に言えば，一方配偶者の不貞があったためにそうなったかということは，5号の「婚姻を継続し難い重大な事由」の存否の判断には関係がないということになるであろう。

そうであるにもかかわらず，27年判決は，「夫婦としての実質が全く失われて，いわば夫婦関係が完全に破綻しているという状態」が一方の配偶者が不貞をしたために生じた場合であるときには，こうした場合には，これを「前記法条にいう『婚姻を継続し難い重大な事由』に該当するということはできない。」と判示している。この考え方は，上記判示からも明らかなように，国語学的には「婚姻を継続し難い重大な事由」に当たる場合であっても，法律的には「婚姻を継続し難い重大な事由」に当たらないということを判示していることになる。そして，そう考える理由を，法の趣旨に求めている。そうした法の趣旨が，民法の条文上必ずしも明らかではないにも拘らずなのである。前記判文を見ても，ほとんどそれは，当該判決をした裁判官の婚姻観によるものであると言っても良い印象を受ける。

これに対し，62年判決は，全く同一の民法の条文を，ほとんど正反対に解釈し，有責配偶者の離婚請求を，限定を付しながらではあるが，肯定している。

62年判決は，その冒頭において，裁判官の婚姻観とは一見無関係に，立法経緯と民法の法条の定め方を根拠に，いわば法律の文理的解釈をしているように見える。そこでの法律論は，簡単に言えば，民法770条2項は，1項1号から4号までの場合には，一定の事情がある場合には，前記各号に該当する場合であっても棄却することができると定めているのに，5号の場合には

棄却することのできる場合の定めがないことを理由として、有責配偶者の離婚請求だからといって、これを棄却することができないことを根拠付けている。判文上の表現としては、有責配偶者である「当事者からの離婚請求を許容すべきでないという趣旨までを読みとることはできない。」と述べているのである。この判示の意味をどう理解すべきかが問題であろう。判文は、有責配偶者からの離婚請求でも、これを棄却することができないのであるから、常に認めるべきであるという言い方をしてはいない。

もし、有責配偶者の請求も、常に棄却することはできないという趣旨までも5号の条文から言えるとすれば、62年判決の言う、他方配偶者の困窮をもたらすような場合にも請求を認めるべきであることになり、いわゆる苛酷条項に該当するような場合であっても、有責配偶者からの離婚請求を棄却することはできないことになるが、62年判決もそう考えているわけではない（いわゆる苛酷条項に該当する場合には、棄却できると考えている）。

しかし、文理からだけ言えば、5号については、4号までと異なり、棄却できると書いてないし、この判決の前記判示のように他に棄却を認めた規定がないのであれば、5号に当たると考えた以上は、常に有責配偶者からの請求であろうと、棄却できない、すなわち認容すべきである、ということになるはずである。そうであるのに、そのような判示はしていない。このことは、上記判示自体が既に、ある価値判断に基づき、条文の文理から離れて、同判決がこれから導き出す結論と整合性のある前提をもって解釈をしていると言わねばならない。

換言すれば、この判示は、実質的には、5号が有責配偶者の請求だからという理由で、常にこれを許してはいけないと定めているわけではない、と述べることによって、その後の裁判所による判断にフリーハンドを与えているという意味を有すると評すべきであろう。有責配偶者からの離婚請求を棄却するためには、5号自体に当たらないと言ってしまうのが、最も簡単な方法である（現に27年判決はそのような判断の構造で判決をしている）のに、そうしなかったのは何故であろうか。もし有責配偶者からの離婚請求である場合には5号に当たらない（もとより1号から4号にも当たらない場合である）となると、2項の定める一種の裁量的棄却条項も適用できないので、常に棄却をしなければならないことになって、62年判決の採る結論と矛盾してしまう結果となる。そのために、冒頭のような判示をしたものと考えられる。このように考えると、この冒頭の判示は、一見、法律的に厳密な理論的解釈をしているように見えるけれども、その実質は以上のように解すべきであるから、結論を実質的に根拠づけるという点から見ると、ほとんど意味のない議論であると言うべきである。

(3) 二つの最高裁判決の実質的理由

62年判決の決定的理由となっている部分は、「思うに、婚姻の本質は、」から始まり、「この意味で離婚請求は、身分法をも包含する民法全体の指導理念たる信義誠実の原則に照らしても容認されうるものであることを要するものといわなければならない。」で終わる判示であることは言うまでもない。すなわち、62年判決の決定的理由は、裁判官の婚姻観にある、と言わなければならない。62年判決の冒頭にある、上記のような判示の部分は、昭27年判決の裁判官たちが分かっていないはずがないのである。昭27年判決は条文などには目もくれていないことに留意すべきである。

以上の検討によれば、27年判決と62年判決の差をもたらした決定的理由は、両判決に関与した裁判官の婚姻観の差にある、ということになろう[75]。

また、あまり触れられていないし、恐らく結論には影響はないであろう論点として、本来、事案に即して判決の検討をするとすれば、見逃すことができない問題がある。それは、昭27年判決の事案と昭62年判決の事案において、別居期間に決定的な差があることである。27年判決の事案における別居期間は2年間、62年判決における別居期間は約36年間であることを指摘しておきたい。27年判決においても、36年間の別居期間があった事案であれば、少なくとも判文の表現は少し変わったものとなったであろう。

27年判決との間に存する事案の差に注目して、62年判決は、有責主義の原則を変えないまま、同様の結論を採ることも可能であったかもしれない。しかし、62年判決は、27年判決の採った有責主義の原則を明確に破綻主義に変更したのであり、このことに注目しなければならない。

なお、上記両判決における裁判官の婚姻観が、何故このように異なるに至ったのかについては、基礎法学の見地から[76]多くの検討を要することで

---

(75) もとより、以上は、いささか簡単に断定し過ぎるとの批判を受けるかもしれないが、事柄の最終的な本質は、少なくとも民法の条文の立法経緯なり文理解釈なりにあるのではないことは明らかであろう。この点がここで筆者の強調したいことである。

62年判決については、無数と言える文献があり、ここでそれらに触れることは不可能であるが、62年判決の公式判例解説と言える調査官解説(『最高裁判所判例解説民事篇　昭和62年度』540頁以下(法曹会、1990)の詳細な解説も、そのうちの多数の頁を、破綻主義など婚姻についてのいろいろな考え方の説明に充てているが、そのことも、その一つの証左と言えるであろう。

(76) ここでいう基礎法学には、当然に法社会学などが含まれるが、法制史の観点も、婚姻観とは多少違う視点から必要であることに留意すべきである。この点については、星野英一・右近健男「対談　有責配偶者からの離婚請求大法廷判決」法学教室1988年1月号24頁の星野教授の発言参照。

あろうが，その主要な原因は，この間における婚姻についての市民の法意識の変化であると思われる[77]。

（4） 本稿全体の視点からのまとめ

筆者の言う根源的価値判断としての「人命又は人格の尊厳を尊重すべきである」という観点から，皮相な説明であるという批判を受けることを恐れず，あえて極めて簡単に説明をすれば，62年判決におけるような約36年間もの長期間の別居状態[78]にある，破綻した夫婦関係を，有責配偶者からの離婚請求であるというだけの理由で，形式的な戸籍上のつながりによって束縛しておくということは，「人命又は人格の尊厳」を無視するものである，というように考えるべきであると説明することになるであろう（もちろん，その場合にいわゆる苛酷条項に当たるような場合についての十分な配慮をしなければ，他方配偶者の「人命又は人格の尊厳」を害するということになる）。ここで問題となることは，別居期間としてどの程度の長さを要求すべきか，苛酷条項の具体的中身をどう考えるべきかというようなことであろうが，このことは私見によれば，「人命又は人格の尊厳を尊重すべきである」という根源的価値判断に争いがあるのではなく，同価値の具体的内容をどう考えるべきかについて，意見の対立があり得るということであると考える。

27年判決と，それから35年間の年月を経てされた62年判決との間には，「人命又は人格の尊厳を尊重すべきである」という根源的価値判断自体に違いはないのであるが，どのような場合にどのような解決をしたら，その根源的価値判断に合致することになるかについて，考え方の違いが生じたということであろう。どうしてそのような考え方の違いが生じるに至ったかということであるが，既述のように，それは結局は市民の法意識の変化が主要な原因であると言える。

そのように市民の法意識を基本に考えるということが，結局は，そうした家庭に関する紛争を皆が納得のいくように解決することになり，人々の幸せ

---

(77) 前注の調査官解説566頁から568頁も，わが国の国民の婚姻観，離婚観の変化について説明をしている。

(78) どの程度の期間の別居を持って，破綻の一つの判断基準としているかと言えば，62年判決の時から，その短期化が進み，現在の判例では，概ね7, 8年間程度であると言われていると思う。

最判平成16年11月18日　第一小法廷，平成16年（受）第247号　離婚等請求事件〔判時1878号162頁に要旨〕は，他の事情も勘案しながらではあるが，「夫婦の別居期間が事実審の口頭弁論終結時に至るまで約2年4か月であり，双方の年齢や約6年7か月という同居期間との対比において相当の長期間に及んでいるとは言えない」と判示して，有責配偶者である夫からの離婚請求を棄却している。

につながる，というように考えることになろう。そうした意味での人々の幸せということは，筆者の言う「人命又は人格の尊厳を尊重すべきである」という根源的価値判断に合致しているというように考えて，市民の法意識を尊重するという判断が正当である，と結論付けることになるのである。

4　受動喫煙の排斥
（1）　はじめに

　民事訴訟の基本的目的は，原告が審判の対象として当該訴訟において提示している実体法上の権利[79]，すなわち訴訟物の存否を確定することによって原被告間に存する紛争を解決することである。そうだとすれば，この権利というものが何かということは，民事訴訟において根本的に重要な問題であることになる。そして，原告が訴訟物である実体法上の権利を提示する方法は，権利発生根拠事実としての請求原因事実を訴状に記載することによって行われる。ところで，その場合に訴訟物である権利が，既に法律上の権利として特別の理由を要せず認知されているものであれば，その記載方法に格別問題はなく，例えば，所有権に基づく建物明渡請求権が訴訟物である場合には，その記載は，「原告は別紙目録記載の建物を所有している。被告は同建物に居住して同建物を占有している。」ということで，法律上最低限の記載は充たしている。それで権利発生根拠事実を示している限りでは十分なのは，上記所有権に基づく建物明渡請求権というものが法律上の権利として既に法的に確定的に認知されているため，その発生原因事実も明確に定まっているからである。もっとも，こうした確立した権利である場合でも，請求原因となるべきか抗弁となるべきかという限度では，ここで取り扱っている観点とは少し違う根拠から，争いのあることもある。例えば，所有権に基づく明渡請求において，占有権原のないことが請求原因か，占有権原のあることが抗弁かということについては，見解が分かれ得る。

　これに対して，訴訟物である実体法上の権利（例えば，不法行為に基づく損害賠償請求権）の発生根拠となる被侵害利益がまだ生成中であり，法律上の

---

[79]　民法一部改正法（平成16年法律147号）により，民法709条の規定が「他人の権利又は法律上保護される利益を侵害した者は，これによって生じた損害を賠償する責任を負う。」と改められたが，訴訟物として考えられる実体法上の権利とは，この規定との関係で言えば，「不法行為に基づく損害賠償請求権」というレベルでの実体法上の権利のことであり，「他人の権利又は法律上保護された利益」と定められているレベルでの「権利」を指して述べているわけではない。換言すれば，同条の「法律上保護される利益」を侵害した場合にも，不法行為に基づく損害賠償請求権は発生するわけである。

権利と言えるかまだ疑問である場合のみならず，法律上保護される利益と認めてよいかにも問題がある場合においては，それを「法律上の権利又は法律上保護される利益」として認めるために十分な事実がどのようなものであるかが，まだ明らかではないことになる。例えば，いわゆる嫌煙権という考え方は，少なくとも今日においては，すべての状況の下において法律上の権利又は法的に保護される利益（以下ここでは単に「権利」と表現することにする）として認められると言えるほど成熟しているとは，なお言い切れまい。そのために，「XはYである。YはXの近くで喫煙をしている。」というのみでは，XのYに対する，いわゆる嫌煙権を侵害したことに基づく不法行為による損害賠償請求権の発生根拠事実である請求原因事実としては，不十分であり，こうした請求原因事実に基づく請求は，現在はおそらく主張自体失当として棄却を免れないであろう。おそらくこの場合には，人格権（その内容は極めて包括的で不明確であるが，少なくとも人の生命・身体の不可侵性を守ることを内容とするという意味では権利として観念できるものである）に対する侵害と明確に言えるような状況を具体的に主張して，はじめて主張として理由があるということになるであろう。

（2）　ここでの検討対象としてのたばこ問題の特質

　たばこ問題に関する権利意識は，ここ20年ないし15年くらい前から現在までの間に著しく変化し，それに伴って裁判所の態度も喫煙に対して厳しくなってきていると考えられる。そうした状況の変化を追うことによって，喫煙を原因とする損害賠償請求権，差止請求権といった権利がどのような事実を根拠に，誰に対する関係で生成されてきたか，また生成されつつあるかを明らかにすることができる。

　たばこ問題というのは，今日の社会において重要な問題であり，かつ，権利の生成過程の考察については，次のように，多くの意味で参考となる事例を提供しているように思われる。

　①たばこ問題においては，そこで検討の対象とすべき権利の性質が，法的判断の枠組みとしては，社会通念とか受忍限度とか法意識に密接に関係を持ったものであり，それについての直接の法条が極めて少ないこと（契約法の分野のように条文が細かく定まっていないこと），②短期間に相当の変化が起きていること，③その変化を裏づけ得る統計などの客観的資料が相当程度あること，④考察の対象とし得る裁判例の中に市民の法意識など筆者が権利生成の要素として重視している事柄に言及するものが多いことなどを挙げることができる。

（3） 検討の結果の概観

　筆者が別稿[80]で明らかにしたように，ここ20年ないし15年くらい前から現在までの間に，受動喫煙が健康へ悪影響を及ぼすことがますます明らかになり，かつ，たばこ問題に関する市民の法意識や国の認識は大きく変わり，今や市民の間に受動喫煙の人体に対する一般的有害性についての認識はほぼ定着し，それが単なる個人的嗜好・習慣の問題であるという意識はなくなり，他人の喫煙による有害の恐れのある影響を意に反して受けたくないと考える意識は，強固なものになったと考えられる。そして，結局は，大きな時代の流れという観点からマクロに物事を見ると，こうした市民の法意識の変遷が，裁判所の態度を受動喫煙に関し厳しいものへと導いてきた原因と考えられる。

　今日においては，一定の場合において，受動喫煙を強いられた者は，少なくとも不法行為に基づく損害賠償請求権を有するということができよう。

　受動喫煙の問題に関しては，市民の法意識の変遷の在り方が裁判官にとっても，若干の時間差がありながらも，概ね肯定されてきたということができ，その意味では，市民の法意識と裁判官の法意識との間に矛盾がないと言えよう。そのため，市民の法意識と裁判による権利の認知との関係が比較的スムースに進んできたと言えるであろう[81]。

（4） 本稿全体の視点からのまとめ

　以上の検討によって，受動喫煙の強制を理由とする不法行為に基づく損害

---

(80) 拙稿・前掲注14。同稿を発表した2002年3月以降も，受動喫煙に対する厳しい状況はますます加速し，そのことを明らかにする現象として，例えば，健康増進法25条による受動喫煙の防止のための措置の努力義務の立法化，東京地判平成16年7月12日による受動喫煙を受けたことを原因とする損害賠償を命ずる判決の実現などを挙げることができる。

　またごく最近の問題としては，朝日新聞（東京本社版）2005年2月28日朝刊第14版第1頁は，「喫煙による健康被害の防止を目ざす『たばこ規制枠組み条約』が27日発効した。たばこの消費を減らすため。5年以内の広告の原則全面禁止などを締約国の義務に盛り込み，課税強化も促している。」と報じている。これも喫煙被害の防止のための大きな国際的進歩と言えよう。

　また最近のアメリカにおけるたばこ規制の状況を説明したものとして，加藤普章「規制と反規制の政治学——アメリカにおける中絶手術・銃・たばこ問題について——」大東法学14巻1号65頁以下（2004）があり参考となる。

(81) しかし，すべての問題がそのように行くとは限らない。残された問題としては，市民の法意識が，裁判官の考え方を基準として見て合理的でないと考えられる場合があるとすれば，それを裁判所はどのように扱うべきかという困難な問題がある。拙稿・前掲注14によるこれまでの検討によっては，この点が解決されたとはいえず，今後の研究に待つほかはない。

賠償請求権の発生の肯定に至る経緯は，受動喫煙による健康の有害性が科学的知見により明確になったことを主な原因とする市民の法意識の変化が主たる原因として挙げられる。この場合の市民の法意識の変化というのは，より具体的に言えば，受動喫煙を社会的に許された慣行として適法視していたという意識から，受動喫煙を状況によって違法視する意識への変化であると言える。より簡単にいえば，受動喫煙に対する市民の法的価値判断の変化があったということである。それを主な原因として裁判や立法においても，受動喫煙の強制が一定の場合において違法として扱われるようになったということができる。

以上の説明は，法的価値判断というものが市民の法意識というものから大きな影響を受けている，すなわち，より具体的には，民法という実定法規の具体的条文である709条の解釈が価値判断の影響を受けて行われているという事実としての説明になっているのみであり，そうした価値判断が正当であるという理由付けには，それ自体でなっているとまでは言えないであろう。

既に（第4「価値判断の正当性の担保」）述べたところからすれば，以上のように法的判断を動かしてきた価値判断は，根源的価値判断である「人命又は人格の尊厳」ともとより反するわけではなく，憲法以下の実定法秩序に反するものでもない。そこから具体的な上記の判断にどのように到達するかと言えば，以上のような価値判断の変化は，「人命又は人格の尊厳」という根源的価値判断に反しないというよりも，むしろ積極的に合致する価値判断としてこれを肯定することができ，かつ，どのような行為を他人の権利を侵害する不法行為として違法と扱うかについては，それが民主社会（民主社会という考え方は，どこまで厳密に証明されていると言えるかは別として，「人命又は人格の尊厳」という考え方と合致するものであると考える）における基本である市民の一致した法意識に基づいて考えることを基本とすべきであることを根拠とすることになる。以上のような理由付けで，これを正当化することができるものと考える。

5 自己決定権の諸相
（1） 問題の限定

ここでは，自己決定権の問題を，民事法の視点から扱う。背景として憲法の議論，刑法の議論が関係のあることを否定はしないし，そこでの考え方も参考にするが，主題は，あくまで，民事法の問題として，自己決定権というものが何らかの損害賠償請求権の発生根拠となりうるか，あるいは差止請求権の根拠となりうるかに限定する。

憲法における学説としては，人格的自律権説と一般的自由権説との対立が

あると言われるが、そのように説が分かれる実質的理由は何かということが問題である。田中成明教授は「自己決定権をたんに一般的な法的権利として位置づけるだけならばともかく、<u>国家に対する格別の尊重と保護を要請する人権として位置づけ基礎づけるためには</u>、人格権的利益説が基本的に適切であろう。」と述べられる(82)。上記の下線部分は、その表現だけから見れば、そのように基礎付けるという価値判断が前提となっているように思われ、ここでの検討の仕方のように、根源まで遡って考えるという方法を採っている場合においては、あまり参考にならないように思う。なぜなら、まさにそのように人権を基礎づけること自体の基本をも含めて、その正当化の根拠を問うているのだからである。

また、幸福追求権を根拠として考えることによって、具体的な自己決定権の性質・限界を考えるに当たっての決め手が得られるとも思われない。

民事法上の問題として取り上げるべきものとしては多数あるが、本稿の趣旨に照らして適切な課題として、安楽死の問題を取り上げることとし、後述する。

そこにいたる前提となる検討として、自己決定権の定義、自己決定権の権利性及び自己決定権の限界の各問題を検討する。

(2) 自己決定権の定義

自己決定権という言葉の意味は、自分に関して自由に決めることができる権利ということである(83)(それ自体を独立の権利として位置づけるかは別論である)。

後述するように、判例上は、自己決定権というと「自ら意思決定をする権利」と同義のように使われているが、もとより自己決定権という言葉の意味は、自ら決める権利ということであるから、意思決定のみならず、行動の決定権も含むものであろう（ただ、通常は、行動の決定の前には意思決定があるから、そのように言うのであろう）。

---

(82) 田中成明「生命倫理への法的関与の在り方について —— 自己決定と合意形成をめぐる序論的考察」田中成明編『現代法の展望　自己決定の諸相』140頁（有斐閣、2004）。

(83) 瀧川教授は、「『自己決定』とは、『自己の事柄に関して、自ら決定すること』である。これに反して、『自己責任』とは、『自己の決定の結果に対して、自ら責任を負うこと』である。」と述べられる（瀧川裕英「『自己決定』と『自己責任』の間 —— 法哲学的考察」法学セミナー561号32頁〔2001〕）。

自己決定権という考え方の生成過程については、例えば、吉村良一「『自己決定権論』の現代的意義・覚書」立命館法学1998年4号632頁から634頁に簡単な説明がある。

（3）　自己決定権自体の権利性——他の権利と無関係な独立の権利なのか

　自己決定権は，従来の最高裁判例などの流れを見ても，人格権[84]と関係づけて論じられているようである。著名な，いわゆるエホバの証人事件の最高裁判決[85]も，「患者が，輸血を受けることは自己の宗教上の信念に反するとして，輸血を伴う医療行為を拒否するとの明確な意思を有している場合，このような意思決定をする権利は，人格権の一内容として尊重されなければならない。」とした上，医師らが輸血を伴う可能性があることを説明しないまま手術をして輸血をしたことは，このような手術を受けるか否かについて，患者が「意思決定をする権利を奪ったものといわざるを得ず，この点において同人の人格権を侵害したものとして，同人がこれによって蒙った精神的苦痛を慰謝すべき責任を負う……不法行為責任を負う」と判示する。

　また，近時の最高裁判決[86]も，原告が，火災保険契約の申込みの際，同契約に附帯して地震保険契約を締結するか否かの意思決定をするに当たり，保険会社側から地震保険の内容等に関する情報の提供や説明に不十分，不適切な点があったことを理由として慰謝料請求をした事案について，「このような地震保険に加入するか否かについての意思決定は，生命，身体等の人格的利益に関するものではなく，財産的利益に関するものであることにかんがみると，原告主張のような不十分や不適切な点があったとしても，特段の事情の存しない限り[87]，前記慰謝料請求権の発生を肯認しうる違法行為と評

---

(84)　人格権については，次の説明が参考になるであろう。
　「本書では，人格権を比較的狭く解し，それは，主として生命・身体・健康・自由・名誉・プライバシーなど人格的属性を対象とし，その自由な発展のために，第三者による侵害に対し保護されなければならない諸利益の総体である，と定義したい。」五十嵐清『人格権概説』10頁（有斐閣，2003）。
　「人格権とは，身体・健康・自由・氏名・肖像・名誉・プライバシー等々の人格的属性が第三者により侵害された場合に，それを保護すべく，損害賠償，謝罪広告を含む原状回復，差止等が認められる権利である」加藤雅信「『人格権』とその承認」星野英一編『判例に学ぶ民法』2頁（有斐閣，1994）。
(85)　最判平12・2・29民集54巻2号582頁。
(86)　最判平15・12・9判時1849号93頁。同判決については，黒木松男教授の判例評釈（判例評論549号34頁以下）がある。
(87)　「特段の事情の存しない限り」と言うのであるから，「特段の事情があるとき」は別の判断がありうるところであるが，まさに最判平16・11・18（最高裁判所　平成16年（受）第482号　第1小法廷判決）は，分譲住宅の譲渡契約の譲受人が同契約を締結するか否かの意思決定をするに当たり価格の適否を検討する上で重要な事実につき譲渡人において説明をしなかったことが慰謝料請求権の発生を肯認し得る違法行為と評価すべきものとして，「本件各譲渡契約を締結するか否かの意思決定は財産的利益に関するものではあるが，Aの上記行為は慰謝料請求権の発生を肯認

価することはできない。」旨を判示した。

　人格権についての厳密な定義はともかくとして，それが健康・名誉などの人格的利益（不動産の転売利益のような財産的利益と比較すれば，その差をイメージすることができよう）に関して観念される権利であることは明らかであろう。ここでは，それ以上に厳密な定義は不要であるので，その程度にしておこう。

　ところで，上記判例で言う「意思決定をする権利」というものは，自己決定権を「自分に関して自由に決めることができる権利」と捉えるとすれば，その一種であることに間違いはない（判例自体は，恐らく自己決定権という用語を使用することによる，思わざる大きな影響を懸念して，その用語を使用しないのであろう）。判例上は，自己決定権は，上述のように，特段の事情の存しない限り，人格権との関係において観念されるものであるが，エホバの証人事件の判決の「このような意思決定をする権利は，人格権の一内容として尊重されなければならない。」という判文だけからすると，人格権との関係において観念されるということを超えて，あたかも意思決定をする自由という権利自体を人格権と称しているように読めなくもない（すなわち，意思決定というのは精神の自由という人格的利益に関係するからである）。しかし，注86に掲げた前記最高裁判決は，「地震保険に加入するか否かについての意思決定は，生命，身体等の人格的利益に関するものではなく，財産的利益に関するものであること」を理由に，その侵害を理由とする慰謝料請求権を認めていない。そうすると，「意思決定の自由」という抽象的な意味での精神的自由の侵害を捉えて人格権の侵害と言っているのではなく，上述した人格的利益に関して行われる意思決定の自由を侵害したときに自己決定権の侵害と考えていることが分かる。

　そうだとすると，次のような疑問が生じる。

　上記のようなエホバの証人事件における判示と「……明確な意思を有している場合，患者に説明しないままされた医師の輸血行為は，患者の精神的自由を侵害するものとして，同人がこれによって蒙った精神的苦痛を慰謝すべき責任を負う……不法行為責任を負う」という説明との差異はあると考えるべきかどうか。あるとすればどこにあると考えるべきか，ということである。

　例えば，Yが自宅の敷地内にいたときに，Yの同意を得て遊びに来ていたXから身体に力を行使されて，同地内を移動することを妨害された（傷害を

し得る違法行為と評価することが相当である。上記判断は，所論引用の判例（最高裁平成14年（受）第218号同15年12月9日第三小法廷判決・民集57巻11号1887頁）に抵触するものではない。」と判示した。抵触しないとされた先例は，前注86記載の最高裁判決である。

受けてはいない）場合において，それは，「Ｙが自分が自由に敷地内を移動するとの意思決定をする権利を侵害された」と観念して，Ｘに対し損害賠償請求権が発生すると考えるべきかどうか。このような事例を考えると，自己決定権という観念は，この場合の法的結論を出すために必然的に媒体として必要な観念であるかどうかについて，疑問があるように思われる。

本稿において検討している問題意識からすれば，自己決定権という媒介項を使用しないで，端的に問題となっている実質的利益，すなわち法的に保護されるべき利益としての人格的利益に関する精神的自由を被侵害利益として考えた方が良いようにも思う[88]。しかも，注87掲記の最高裁判決は，特段の事情があれば，財産的利益についての意思決定の権利の侵害に対しても不法行為に基づく損害賠償請求権を認めているから，結局は，人格的利益に限らず，特段の事情があるときは財産的利益であっても，法的保護されるべきものと評価できる限り，それに関する精神的自由を被侵害利益として考えてよいのではなかろうか。

しかし，不十分な資料調査に基づいて軽々に結論を出すことは差し控えておこう。以上は一つの可能性として提示しておくに止めたい。

以下は，一応の可能性に基づく議論として検討しているものと理解してほしい。

（4） 自己決定権の限界

もし自己決定権というものを上記のような実質を有するものと考えた場合[89]，直ちに，どのような場合には，「法的に保護されるべき人格的利益に関する精神的自由」を侵害したと言うべきかが問題となる。ここでは，端的には，考察の核心をなすものは，何が「法的に保護されるべき人格的利益」かということであると言わなければならない。更に言えば，既述のように最高裁判所は，「特段の事情があるとき」には，財産的利益に関する場合であっても，意思決定をする権利を侵害した場合には，慰謝料請求を認め

---

(88) ある男性の女性に対する行為を当該事案の具体的状況に照らして考えるときには，「このような性的行為は，人の性的自由ないし性的自己決定権を侵害する不法行為を構成するというべきである。」という表現（東京高判平16・8・30判時1879号64頁における判示）も，自己決定権をその対象として守られるべき自由と区別することの困難さを示しているものとは言えないであろうか

(89) 自己決定権すなわち「意思決定をする権利」という形で考えていると，その権利の侵害すなわち不法行為というように考えかねないことになって，そこには，法的に守られるべき実質的利益を念頭におかないで，形式的に考えてしまう危険があるように思われる。

る(90)のであるから，結局は，何が「法的に保護されるべき利益」かということになってしまうのであるまいか。

　自己決定権と言われるものの実質を上記のように考えてくると，当然に，自己決定権の保護されるべき範囲について他者の利益の保護との調整が問題となり，解決を求められることになる。これは，すべての法的に保護されるべき利益の場合に問題となることである。

　吉村良一教授は，自己決定権に関する限界について，「他者の利益の関係における限界，すなわち，他者の利益を害しないという意味での限界である。……他者の具体的な利益を侵害する場合と他人に単に不快な気分を抱かせるだけの行為を区別すべきであろう。……しかし，自己決定権の限界はそれだけにとどまらない。われわれが何らかの社会秩序を形成しその中で暮らしている以上，そこにおける諸価値やその総体（ここではそれを『公序（パブリックオーダー）』と呼ぶことにする）との緊張関係という意味での限界は避けがたい。……自己決定権の限界としての公序は必ずしも一義的なものではないことに十分留意すべきである。」と述べられる(91)。

　このように考えてくると，いわゆる自己決定権の問題を考察するに当たっては，抽象的に自己決定権とは何かという問題の取り上げ方では，ほとんど解決にならず（例えば，筆者が多少は研究をしている要件事実論の立場から言っても，そうした抽象的な意味での自己決定権発生の要件事実といったものは，全く考えることができない），そこで問題になっている人格的利益，更には法的に保護されるべき権利（既述のように，判例によれば，特段の事情があるときは，財産的利益についても認められている）が具体的にはどのようなものであり，その具体的利益の本質は何であり，それが社会における他の権利や法的に保護されるべき利益の関係などを考慮した全体的考察の中で，どの程度法的に保護されるべき実質を有しているかを見極めることが重要であると言うべきである。

　こうした観点から見ると，前述のエホバの証人事件の最高裁判決が問題にしている実質は，「患者が輸血を受けることは自己の宗教上の信念に反するとして，輸血をともなう医療行為を拒否する」権利があるのか，ということになる。前記最高裁判決は，そうした権利が法的に保護されるべき利益であると考えたからこそ，意思決定をする権利を侵害したという根拠で，不法行為の成立を認めたのである。もし，そうした権利がないと最高裁が考えたとしたならば，医療行為として必要であるとの医師の判断に誤りがない限り，

---

(90)　最判平16・11・18・前掲注87参照。
(91)　吉村「『自己決定権論』の現代的意義・覚書」前掲注83・642頁，644頁。

仮に医師が輸血に関して何の説明もしないで輸血を実行したとしても，最高裁が，それをもって患者の自己決定権を侵害したとして不法行為の成立を認めると考えることは，著しく困難なことであると考えられる。

(5) 安楽死の問題
　ア　安楽死の定義と検討の視点
以上の考察を踏まえて，具体的な問題として，以下に安楽死の問題を考えてみよう。まず，安楽死の定義から始めないと，考察の対象が特定しないので，それを考えることにする。

安楽死とは，ごく概括的に言えば，不治の病いのため死期の迫っていることが明確で，かつ，激しい苦痛を伴う場合において，その苦痛から逃れるために，自ら積極的に選んで招く死のことである[92]。

ここでの筆者の関心事は，安楽死というものに，「人命又は人格の尊厳を尊重すべきである。」という筆者が根源的価値判断と考えるものに照らして，どのように対応すべきかということである。したがって，わが国において既に出された，幾つかの下級審判決[93]において示されている，安楽死が許容される条件の細部にわたる検討をしようとは思わない。

　イ　自己の生命を処分する権利の有無
ここには幾つかの困難な問題が含まれているが，その最大のものは，自己の命であれば，自ら自由にこれを処分することができるかということである。もし，いかなる場合においても，これを肯定することができないとすれば，安楽死の当否に対する答えは消極とならざるを得ないし，もしこれを一定の条件の下に許容するとすれば，安楽死を肯定する余地が出てくるということ

---

[92]　安楽死の定義についてはいろいろあるが，安楽死を認める条件としては，違いがあるとしても，基本的な意味は概ね本文に記載したとおりであろうと考える。例えば，

「瀕死の状態にある者に対し，その苦痛を取り除くため死期を早める措置により死に至らしめること。又はそうした行為による死。」コンサイス法律学用語辞典（三省堂，2003）。この定義には，本人の同意が必要となってはいないが，それは一般に必要とされていると考える。横浜地判・後掲次注はそれを要件として要求している。

[93]　名古屋高判昭37・12・22判タ144号175頁，横浜地判平7・3・28判タ877号148頁以下など。

判決例について刑事法的観点から論じたものとしては，例えば，甲斐克則『安楽死と刑法』（医事刑法研究第1巻）特に，第5章「日本における安楽死論議の新展開——東海大学病院『安楽死』事件判決に寄せて——」（成文堂，2003），中山研一『安楽死と尊厳死——その展開状況を追って——』（刑事法研究第8巻）86頁以下（成文堂，2000）などがある。

になる。

　自己の生命の処分ということと安楽死との関係は、以上のようになるであろう。これについて一つの解決案を示すのが、いわゆるリバタリアンの考え方である。森村進教授は、「私は自分の人身（身体）への所有権として理解された自己所有権を『狭義の自己所有権』と呼び、自分の労働の産物とその代価としての財産の権利も含めて『広義の自己所有権』と呼ぶことにする。前者の発想は『私の体は私のものだ』、後者の発想は『私の労働の成果と代価は私のものだ』と表現することができる。」[94]とされ、「後者は前者を基礎にした自然な前提から導き出されるので、前者ほどではなくてもやはりその主張には強い説得力がある、と考えている。」[95]と言われる。この考え方によれば、安楽死の前提としての、自己の生命の処分を認めることになるであろう。

　しかし、このような考え方については、森村教授自身が直観以外に根拠はないことを自認されるように思われ[96]、それ自体正当化の根拠を欠いていると言わざるを得ない。森村教授のこのような見解に対しては、強い反対論がある。例えば、河見誠助教授らは、「わたしたちの自我は生命・身体を『所有している』というよりは、生命・身体『そのもの』なのであ」るとされ[97]、また、「自己決定権は『生命の尊重』という法原則を超えるものではなく、自己決定権の一環として『死ぬ権利』という権利を肯定することは不可能だとすべきだろう。」と述べておられる[98]。

---

(94)　森村・前掲注51・34頁。

(95)　森村・前掲注51・36頁。

(96)　森村・前掲注51・75頁は、「『自分の身体は（道徳的な意味でも）自分のものだ』という判断、それ以上正当化できなくても、否定しがたい直観である」と述べる。

(97)　葛生栄二郎・河見誠『いのちの法と倫理〔第三版〕』9頁（法律文化社、2004）。石原明『法と生命倫理20講〔第3版〕』189頁（日本評論社、2003）は、「私は、自殺は法的には違法であると考える。〔中略〕更には、全てこの世に存在するものはその存在理由をもっており、まだそれだけで意義あらしめられていると考えるからである。それは人間であると動植物であると、はたまた自然現象であるとを問わず、また善人、悪人、自然の恵み、災害等々を含めて、存在そのものの意義があるものと考える。」と述べるが、結論は同様であっても、こうした説明では、ほとんど説得力はないであろう。

(98)　葛生ら・前掲注97・208頁。なお、同頁は、「法理上は、『人間の尊厳』こそが至高の法原則であり、『生命の尊重』の原則は『人間の尊厳』の維持という、より高次の法原則によって破られることがあるとすべきだろう。もしそれが生命への畏敬の念に著しく反するような残酷極まりない状態であるならば、人間の尊厳を維持せんがための安楽死が容認されるべきであるという帰結が論理的に導き出せる。」と述べる。

ウ　本稿全体の視点からのまとめ

　ここで筆者が行おうとすることは，安楽死に関する包括的理論の展開ではない。この問題が，価値判断と深く密接に結びつき，民法の解釈問題としても，それを離れてはあり得ず，かつ，民法の条文のどこからも答えを見つけることのできない問題であるということである。

　その上で，筆者が，既に（前記第4「価値判断の正当性の担保」）述べたところから，何らかの説明ができるかということである。

　前述のリバタリアニズムの立場からする肯定論には，賛成することができない。自己が自己の生命を所有するというのは，一種の比喩にとどまるものと考えられ，それをもって，自己の生命の処分権の肯定，さらには安楽死の肯定というように考えることは相当でないと考える。

　根源的価値を「人命又は人格の尊厳」という形で考えた場合に，少なくとも，この問題に限定して更に厳密に考えれば，他者と全く無関係に行われると考えた「自殺」（そうした「自殺」があるかがまさに問題である）の当否の問題については，筆者の言う圧倒的多数の人々のコンセンサスがあるとは言えないと考えるので，自殺の許容も禁止も，それ自体を根源的価値に類したものとして肯定したり否定したりすることはできない。また，こうした自殺自体の当否の問題を，根源的価値である「人命又は人格の尊厳」と関係づけて判断することも困難であると考える。しかし，だからと言って安楽死の問題について，およそ判断ができないとは思わない。安楽死の問題は，他者と全く無関係に行われる，上記のような自殺ではないからである。

　結局，筆者は，安楽死の問題について次のように考える。

　安楽死との関係で基準とすることができる「人命又は人格の尊厳」とは，安楽死を認めることによって，例えば生命に対する畏敬の念を崩壊させる危険があること，ひいては他殺の発生が起こり易くなること，安楽死の現場に立ち会う人々その他家族など関係者の過剰な苦しみを招く危険があることなど，他者関係的な意味での「人命又は人格の尊厳」を害することのないように十分な留意がされており，それが，安楽死を望む人の苦しみなどとの比較衡量の上で，容認できる範囲内であることが基準となるであろう。例えば，本当に目の前に死期が迫っており，極度の苦しみにあえぐ人を，何らかの方法で安楽に死なせる方法を考えることは，その具体的限界は，常に問題である(99)が，基本的には，「人命又は人格の尊厳」を害することにはならず，む

　　安楽死に関する文献は無数と言ってもよいほど多く，ここでそれを紹介することは困難である。その一部については，同書236頁参照。
　(99)　裁判例としては，名古屋高裁前掲注93と横浜地裁前掲注93の著名な判例がある。

しろ「人命又は人格の尊厳」を守るゆえんであると考える。その限度で安楽死を認めてよいと思う[100]。

6 割合的認定[101]
（1） 割合的認定についての従来の見解の概要

この理論は，倉田卓次氏の提唱になるものと思われ，同氏は，地裁判事として現実にもその理論に基づいた判決[102]をされるとともに，その理論を説明した論文も発表しておられる。同氏は，交通事故による損害賠償請求事件についての判決（前記注102掲記の判決の交通事故の事件のもの）において，事故と損害（症状）との因果関係について「同種の患者に比し原告の症状が著るしいことが認められるので，特異体質的要因の存在も想定されるのではあるが，症状の発現自体を特異体質のみに基因するものと断ずべき証拠はない。右のように，肯定の証拠と否定の証拠とが並び存するのであるが，当裁判所は，これらを総合した上で相当因果関係の存在を70パーセント肯定する。［中略］不可分の一個請求権を訴訟物とする場合と異なり，可分的な損害賠償請求権を訴訟物とする本件のような事案においては，必ずしも100パーセントの肯定か全然の否定かいずれかでなければ結論が許されないものではない。［中略］この場合，損害額の70パーセントを認容することこそ，証拠上肯定しうる相当因果関係の判断に即応し，不法行為損害賠償の理念である損害の公平な分担の精神に協い，事宜に適し，結論的に正義を実現しうる所以であると考える。」と判示し，入院治療費・付添看護費等の費用及び後遺症に基づく労働能力喪失による逸失利益の算定について，通常の算定方法による損害額の7割を損害額と認めて，これを認容した。また，同氏は，貸金返還請求事件（57回にわたり合計275万4187円の貸し付け——判決はその実質を立替金と見ているようである——があったと原告は主張）についての判決（前記注102掲記の判決のうちの貸金返還請求事件についてのもの）において，「少なくとも請求原因を60パーセントないし70パーセントは肯定しているのであるから，その心証に即した結論を提示したいと考える。本件は金員請求の訴であるか

このほかにも，神戸地判昭50・10・29判時808号112頁は，安楽死に関係した判示をしているが，当該事案では，安楽死に当たらないものと判断している。

(100) 裁判例・前掲注99の見解を参照。
(101) 割合的認定の問題については，詳しくは，伊藤滋夫『事実認定の基礎 裁判官による事実判断の構造』192頁以下（有斐閣，1996〔2000補訂〕）参照。
(102) 東京地判昭和45・6・29判例時報615号38頁［交通事故による損害賠償請求事件についてのもので，倉田氏を裁判長とする合議体の判決］，東京地判昭49・7・18判時764号62頁［貸金返還請求事件についてのもので，倉田氏の単独体の判決］。

ら，心証に応じての割合的な結論が可能な場合であるし，また，ことが単一の契約における金員交付といった1回の事実経過にかかる場合には，心証に応じての金員の配分ということに不自然を免れないのと異なり，本件では，数十回の金銭出納という集合的な事実経過の結論が問題となっているのであるから，金員を割合的な数値で示しても不自然さは少ないと考えられるからである。——本件は立替金請求の事案であって，債務不履行に基づく損害賠償の事案ではないから，もとより過失相殺の法理をそのまま適用すべき限りではないが，訴外会社に保管されている蓋然性の高い商業帳簿を同社の代表取締役である原告が甲号証として提出しないという事態が金額算定の上で原告の不利に作用するという意味では，過失相殺の法意の類推ということも言いえないではないであろう。」と判示した上，証拠によって「一応得られた149万1901円の約65パーセントにあたる97万円を以て被告らが原告に支払うべき金額と認める。」と判示して，その額を認容した。

この割合的認定の理論についての論文は数多くあり，到底ここでその全部を紹介することはできない。この理論に対しては，好意的な意見もあるが，訴訟法学者からも実体法学者からも批判が多い。このように，割合的認定の理論は，現在でも少数説に止まっていると考える。

ここで割合的認定の問題について非常に重要な問題は，どのような視点からこの問題に対するかということである。この点を次に述べる。

（2）割合的認定に対する視点

以下の検討においては，前記の交通事故の事件において問題となった因果関係の問題については，従来から割合的認定の問題のいわば中心的問題として論じられてきたところであるが，ここでは，その問題は，因果関係についての判断ということの特質に基づく問題があるので，あえて取り上げないこととし，割合的認定の問題を，割合的認定という考え方が，常識的には一番採り難い，通常の事実（例えば，売買契約締結の事実，金銭貸渡しの事実など）について考えてみたい。

以下においては，上記の売買契約締結の事実，金銭貸渡しの事実など，直接に法律効果の発生の根拠となる事実（要件事実，主要事実と呼ばれる事実である）について考える（直接には法律効果の発生とは結びつかない間接事実については，また別に考えるべき問題がある）。少なくとも，こうした要件事実（主要事実）についての，民事裁判における事実認定についての伝統的な考え方は，ある事実の存在の確からしさが，法的に考えて証明と考えてもよいとされる程度に僅かでも達していないと考えられる場合には（たとえ，その事実の存在がほとんど証明があったと言ってよいのと同じ程度に確からしいと考えら

れるときであっても），その事実は証明があったとは言えないとして，結果的には不存在と同じに扱われてきた。他方，ある事実の存在の確からしさが，法的に考えて証明と考えてもよいとされる程度に達していると考えられる場合には（たとえ，その事実の存在が90％程度にしか確からしと言えないときであっても），その事実は証明があったと言えるとして，結果的には100％存在したと同じに扱われてきた。すなわち，前者においては，当該事実を根拠として直接に発生する法律効果は全く発生していないものと扱われ（売買代金請求，貸金返還請求は，すべて退けられることとなる），後者においては，当該事実を根拠として直接に発生する法律効果は完全に発生するものして扱われる（売買代金100万円の請求，貸金100万円の返還請求は全額認められることとなる）。ごく簡単に言えば，オールオアナッシングの考え方が採られている。

　民事裁判における，こうした伝統的考え方からすれば，既に述べたような割合的認定という考え方はあり得ないことになる。しかし，上記のような伝統的な考え方も，そうした考え方が，普通の人の考え方にも合致し，民事紛争の解決のために合理的であると考えられたからこそ採られてきた考え方であると言うべきであろう。そうだとすれば，割合的認定の問題も，事実の実際としておよそあり得ないとして退けるのではなく，民事裁判における証明としてどのようなものを考えるのが，裁判制度の仕組みとしてよいか，1000万円の貸金返還請求について，心証度が60％であるときに（仮にその心証度では証明不十分と考えるとして），全部棄却という扱いがよいか600万円認容という扱いがよいかという形で，改めて検討すべき価値のある問題であると言うべきであると考える。

　このような場合に，およそそうした割合的認定は，「理論上」又は「論理上」あり得ないといった形で考えて消極の結論を出すことは相当とは思われない。ある一つの事実が6割方存在し，4割方存在しないなどということは，それが不可分の一つの事実である限り，実際の事実の存在の状態という視点から見る限り，あり得ないのは当然である。しかし，問題は，そうした視点からのみ見ることが，裁判における事実の認定の問題として正しいかということである。訴訟上の証明の問題として，心証度が6割のときに6割の限度で証明されたものとして扱うということは，およそ考えられないこととはいえない。

　民事裁判制度は，結局は，社会に起きる民事紛争の適正迅速な解決を目標として運営されるものであり，制度としてのレベルで考える場合には，当該事件のみならず今後起きる紛争も含めて，民事裁判制度は，そうした解決のための機能を十分に有することを目指さなければならない。そうした場合，裁判によって事案の真相が明確にされた上，現実に紛争が解決されて必要な

権利が実現される(又は必要な権利の防御が行なわれる)ことはもちろん必要であるが,割合的認定の問題をこの観点のみから抽象的に考えている限りは,この問題の解決に到達することはできないように思われる。すなわち,抽象的に考えている限りは,立証責任によって例えば原告の請求を全部棄却するというやり方の方が,事案の真相を明確にし紛争を解決して必要な権利を実現した(この場合は必要な権利を防御したという表現の方が適切かもしれない)と言えると断定することにも,割合的認定をして原告の請求を60％認容することの方がそう言えると断定することにも,いずれにも決定的根拠はないように思われる。

そこで,この点を解決するために,形を変えて,①当該事件における当事者の納得,②当該事件における解決についての第三者の納得,③紛争についての将来の裁判上の解決の見通しとこれに対して対処する方法の存在といったことを考慮されるべきファクターとして,こうしたファクターをどのように考慮すべきかという視点から,割合的認定の問題を具体的に考えてみてはどうであろうか。もとより,この三つのファクターは相互に密接に関連を持ったものと考えなければならない。例えば,将来の紛争を見通して証拠の用意をすることができるのに,それを怠ったような場合(貸金を弁済して領収書を貰えるのにうっかり貰うのを忘れたような場合)には,そのために弁済の立証ができなくて敗訴しても,その敗訴当事者は,ある程度は納得する可能性がなくはないというような関係がある。

(3) 前記(2)の視点から考えた方法による検討

割合的認定によって判決をした場合(例えば,1000万円の貸金返還請求事件において割合的認定の理論により600万円の限度で原告の請求を認容し,それ以外の400万円の請求を棄却した場合)には,その判断が真実と異なる可能性も相当程度あるのであるから,そもそも事案の真相に従った解決とはいえないという点はともかくとして(全部棄却の結論が真相に従った解決というわけでも必ずしもないので),その場合には少なくとも敗訴当事者(この場合は600万円の支払いを命じられた借主である被告)の納得は得られない。全部棄却の途を選択した場合に真実貸借があったとすれば,確かに敗訴当事者(この場合は貸主である原告)の納得は得られないであろうが,法廷に現われた証拠からすれば(例えば,他人間の1000万円という高額の貸借なのに,合理的な説明が尽くされないまま消費貸借証書が証拠として提出されていないなど),裁判所が貸借を認めなかったのも仕方がないと原告本人も納得し得る状況のときも,仮に少数であっても,あるかもしれない(訴訟代理人による当事者本人への説明にも期待して)。このような場合であれば,第三者は,本人より冷静な目で見

ることができるから，当事者本人よりも裁判に対する不信感を抱くことがより少ないであろう。普通，人はある事実が6割方存在し4割方存在しないなどということは考えられないことであると思っている（非法律家である一般の人は，そのことと6割方は証明があり，4割方は証明がないとして扱うということとは別のことであるというようにまで厳格に区別しては考えないであろう）。すなわち，そうした考え方が常識である。そういうことが，割合的認定というやり方に対して納得しないという傾向に結び付いていくと思われる。

　裁判所の使用する立証責任の分配についての考え方が適正であり，かつ，裁判所の証明度に関する判断基準が明確（かつ，できるだけ各裁判官の間で統一的）であれば，社会一般としては，必要な証明手段を用意するなどして，証拠が不十分であるために敗訴するという事態に適切に対処することも，少なくともある程度は可能である。

　このように考えてくると，割合的認定を認めた場合には，前記(2)の①の当該事件における当事者の納得という問題についても，前記(2)の②，③の問題についても，全面棄却の場合に比べて，より望ましい反応やより適切な解決策があるようには思われない。

　以上のように考えると，少なくとも，契約の締結，金銭の交付などの通常の要件事実について，たとえそれが継続的又は多数回のものであっても，割合的認定の理論を認めることは相当でないと考える。

(4)　本稿全体の視点からのまとめ

　以上の検討は，主として，ある事実が割合的に存在するということなどおよそあり得ないという消極論のみでは不十分であるという趣旨で，実質的検討を試みたものであり，その趣旨は，ある事実の存否という物理的な視点から裁判における事実認定の一種である割合的事実認定という問題を考えるのは不十分であることを指摘し，そうした問題の解決のためには裁判の基本的機能は何かという問題に遡って考えなければならないことを説明した。そして，その裁判の基本的機能の達成ということを考えるためには，いろいろな意味での市民の法意識を考えることが極めて重要であることを指摘したものである。

　そうした市民の法意識の尊重と筆者の言う根源的価値判断との関係については，既に（前記2(2)「本稿全体の視点からのまとめ」の第2段）述べたところと同様に考える。すなわち，上述してきたような問題については，そのように市民の法意識を基本に考えるということが，結局，民事裁判制度による紛争の解決を適正迅速に行い，人々の幸せにつながる，というように考えることになろう。そうした意味での人々の幸せということは，筆者の言う

「人命又は人格の尊厳を尊重すべきである」という根源的価値判断に合致している，少なくとも矛盾してはいない，というように考えて，市民の法意識を尊重するという判断が正当である，と結論付けることになるのである。

こうした市民の法意識を的確に把握するためには，以上の考察では，いわば筆者の常識ないし経験的直観によって結論を出してしまっているが，本来は，法社会学，法心理学などの基礎法学の知見の活用による考察が必要であると考える。

7　被害者の素因による減額
（1）　従来の見解の検討と私見

著名な最高裁の判例[103]は，「被害者に対する加害行為と被害者のり患していた疾患とがともに原因となって損害が発生した場合において，当該疾患の態様，程度などに照らし，加害者に損害の全部を賠償させるのが公平を失するときは，裁判所は，損害賠償の額を定めるに当たり，民法722条2項の過失相殺の規定を類推適用して，被害者の当該疾患をしんしゃくすることができるものと解するのが相当である。けだし，このような場合においてもなお，被害者に生じた損害の全部を加害者に賠償させるのは，損害の公平な分担を図る損害賠償法の理念に反するものといわなければならないからである。」と判示している（なお，この判例は，加害行為と実際に発生した損害との間に相当因果関係が存在することを前提としているものと考えられる[104]ことに留意すべきである）が，そう考えるべき実質的理由を全くといってよいほど述べていない。こうした判示の仕方については，学説の批判が強く[105]，何が公平であるかの実質的議論が重要であると考えられる（裁判所の国民に対する説明責任を果たすという観点からも，民主主義社会における開かれた裁判所としては，以上のような判示は不十分であり，これから検討するような具体的事情について判断を示すべきであったと考えるが，この点はここでは取り上げない）。公平という判断をする際に考慮すべき事情は，次に述べるように数多くある。

---

(103) 最判平4・6・25民集46巻4号400頁。なお，最判平8・10・29自動車保険ジャーナル1173号1頁も参照。

(104) もし相当因果関係がないのであれば，過失相殺類推適用による減額という形ではなく，減額の対象となる部分の損害は発生を認めることができないはずである。同判例についての調査官解説も同旨ではなかろうか（最高裁判所判例解説・民事篇・平成4年度207頁以下〔1995，法曹会〕参照）。

(105) 前田陽一「被害者に対する加害行為と加害行為前から存在した被害者の疾患とがともに原因となって損害が発生した場合，損害賠償額の算定に当たり，当該疾患を斟酌することの可否」法協110巻8号1237頁（1993）参照。この判決についての詳細な判例研究である。

そして，こうした事案の場合に，何が公平であるかについては，実定法学としての民法学における議論のみでは不十分であることが明らかである（民法709条その他の民法典の法条の記載からは，ほとんど何も示唆が得られないといってよい）。

この問題について，基礎法学などと関係のある諸問題を思いつくままに挙げてみるだけでも，次のように多岐にわたると考えられる。

被害者が歩行者の場合を基本として考えるべきか（被害者も車の運転者である場合には異なる考え方をすべきか）。なぜ全く過失の無い被害者がその損害を自ら負担しなければならないか。ある偶然から生じる人間の悲運というものをどう考え，そうした偶然による悲運というものは誰が負担すべきであるか（そうした発想自体を無意味と言うべきであろうか）。あるいは公平とか正義とかいうものの根源に迫る法哲学的考察からはどのような視点が提供されるのであろうか。さらには，倫理学の観点からはどう考えるべきものか。加害者に対する非難可能性というようなものは何を基準にして考えるべきものであろうか（そうした考察自体を不要と言うべきであろうか）。

現代社会における自動車の機能，保険の機能など法社会学・法と経済学的な考察からはどのように考えるべきものか。そうした被害者にある素因による損害の発生・拡大は，現在の車社会を前提とした場合において，社会全体で負担すべきものか。特定の加害者又は特定の被害者が負担すべきものか。車社会のより大きい受益者は，車の運転者ではないのか。加害者は，危険な用具を使用する者の責任として，保険でカバーする防御策をとり得るし，取るべきではなかったのか。そうした解決の方法をどうするかによって，社会経済上どのような影響があるのか。

こうした多様な問題の解決は，民法学の見地からの検討のみでは到底これを行うことはできない。筆者は，少なくとも被害者が歩行者である場合においては，「車社会における便益を最も享受している車の運転者は，あるがままの社会の状態（そこにはどのような人が通行しているか分からない），すなわち，何が起こるか分からない状態を覚悟して運転をしているのであって，高額な逸失利益を生じた被害者の損害をすべて賠償する責任があるとされているのと同様に，事故と無関係な被害者の素因があるために，通常の健康な人が被害者であった場合よりも，より重大な損害が生じても，相当因果関係があると考えられるかぎりにおいては，その損害のすべてを賠償する責任がある。運転者は，損害賠償責任保険を掛けるなどして，自ら防御方法を考えるべきであって，減額の原因となるかもしれない素因を有する被害者が通常の社会活動をしている過程で，無過失で生じた事故による損害賠償額が減額されるのは不当である（それを認めることは，そうした方々の正当な社会活動をす

る権利を制約するものである）。そのように考えるのが，公平に合致する。」と考えている。

しかし，以上の問題の的確な解決のためには，法哲学，法社会学，法心理学など広範な範囲における基礎法学者との緊密な協力が望まれるところである。以上の私見は，全く不十分な検討に基づく一応のものと言わざるを得ない。

（２） 本稿全体の視点からのまとめ

「本稿全体の視点からのまとめ」ということからすれば，次のようになるであろう。市民の法意識という問題に関する限りは，その尊重と筆者の言う根源的価値判断との関係については，基本的には，既に（前記2⑵「本稿全体の視点からのまとめ」の第2段）述べたところと同様に考える。しかし，この問題についての市民の法意識がどのようなものであるかを確定すること自体が難しい。更に，この「素因減額」の問題については，種々の対立し考察の対象とすべき問題点が非常に多いので，根源的価値判断である「人命又は人格の尊厳を尊重すべきである。」と整合的な従属的価値判断が，素因減額を肯定することになるのか，否定することになるのかは，判断の困難な問題である。また，ある一つの時代における市民の法意識に基づいて考えればよいというように言い切れるか（筆者の言う，いわば良識ある人々の判断をより尊重しなければならないか）についても，なお慎重な検討を要するものと考える。結局，筆者としては，前記の個人的見解以上のことを述べることはできない。

第6　おわりに

以上いろいろと検討してきたが，以上の説明により，民法を含む実定法の解釈には規範的価値判断の入ることが不可避であること，規範的価値判断については，事実命題と同様な意味での証明はないこと，規範的価値判断は，圧倒的多数の人の承認する「人命又は人格の尊厳は尊重すべきである。」を根源的価値判断として，そこから良識ある人々の判断により従属的価値を導出する方法（実際に第5で検討した具体的問題においては，ほとんど圧倒的に市民の法意識が大きな役割を果たしていると評価できる状態であった）によるべきであることなどが，多少は説明できたかと思う。

以上の程度の検討では不十分極まりないものであることは，筆者自身が十分に承知しているところである。特に，前記第5において取り上げた問題は，

そのそれぞれが単独の論文をもっても論じ切れない困難な問題である。しかし，本稿によって，少なくとも民法などの実定法の解釈には，基礎法学の叡智による支援が是非必要であることだけは，明らかにすることができたと考える。

今後，基礎法学と実定法学との協働の発展のために，本稿がほんの少しでも役立つことを望んで，本稿を終えることとする。

基礎法学と実定法学の協働

第Ⅱ部

座談会

司　会　星野英一
出席者　陶久利彦・六本佳平・石部雅亮・伊藤滋夫
　　　　　（発言順）

Ⅰ　はじめに
Ⅱ　各領域参加者の論稿に関して
Ⅲ　論稿と報告を踏えての意見交換
Ⅳ　おわりに
Ⅴ　座談会を終えて

座談会　基礎法学と実定法学の協働

司　会　**星野英一**
東京大学名誉教授

出席者　**陶久利彦**
（発言順）
東北学院大学法学部教授

六本佳平
放送大学教授

石部雅亮
大阪市立大学名誉教授・
大阪国際大学教授

伊藤滋夫
創価大学法科大学院教授

I　はじめに

［星野（司会）］　それではこれから，「法曹養成実務入門講座 別巻」の，伊藤滋夫さん編集『基礎法学と実定法学の協働』に収録する座談会を始めます。

既に本座談会に先だって，座談会出席者の皆さんから論文を提出していただいており，その論文を読まれたという前提で，ご議論いただこうということですが，それ以上は，特に具体的な内容は決めておりません。各参加者の論稿について4人の方から15分ぐらいずつお話を伺いまして，そのあとはべつに順序を決めなくてもいいのですが，最初に，事実などについて確認をしたいということがあれば，この順序でやっていただき，そのあとでフリーディスカッションをするのがいいのではないかと思います。

いずれにいたしましても，この講座の趣旨は法科大学院の法学教育について検討を加えることが出発点だったと思うのですが，皆さん大体そのようにお書きになっておられます。しかし，それぞれの領域によって若干の違いがあるように見えます。冒頭で一般論について相当お書きになっている方もありますが，時間の関係もありますから，その辺は場合によっては省略して，最初の狙いから若干広げていくとすれば両法学のコオペレーションのためにどうすればよいかということ，私なりにいえば，それぞれの領域の研究をしている者が，自分らはこういうことをやっているとか，といった質問あたりに集中していくのがよいかと思います。

第Ⅱ部 座談会

　率直な感想を申しますと，皆さんの論文やレジュメを見たときには，これだけの内容を扱うとすると，民法の解釈論についてだけでも大変な議論があり，私も若干それに関係しているので文献にはかなり目を通しているつもりですが，それだけでも大変だと思いました。さらに法学論になるともっと大変です。私は民法学とはなにをするものかということもずっと考えてきましたが，法学史を省略して戦後の論稿だけ取り上げてもかなりあるのですから，それをちゃんとこなしたうえでなければどうにもならないと思いました。そこで急遽，ちょっと恥ずかしかったのですが，自分の書いたものの抜刷をかき集めて，皆さんにお送りしたのです。
　そういうことで，まずそれぞれの方の論稿，これは大変な力作が揃っておりまして，私も拝見しましたが，きちんと勉強するだけでも難しいというほどです。はたして法科大学院の学生や，あるいはもっというと法律家でもどこまで理解できるかというぐらい難しいのではないかと思います。その辺は十分意識して書いていらっしゃるわけですが，どうしても学者がやることですから徹底的に考えることになりますので，そういう傾向が出てきます。そこで，最初に簡単に，特にこういうことをいいたかったとか，こういうことを今日補足したいということがおありでしたら，それぞれ15分ぐらいずつお話しいただきたいと思います。法哲学者，法社会学者，法史学者，それから実務家出身の民法学研究者という順序でお願いいたします。

Ⅱ　各領域参加者の論稿に関して

1　法哲学研究者の立場から

［星野］　最初に，法哲学研究者の立場ということで陶久さんからお願いいたします。

■「協働」に関する3つのレベル
［陶久］　東北学院大学の陶久と申します。きょうはよろしくお願いいたします。
　伊藤先生から「実定法学と基礎法学との協働について」という大きなテーマで，法哲学を専攻している者から何か書いてくれないか，というお願いを

Ⅱ　各領域参加者の論稿に関して

受けました。どういうことをお書きすればいいのか，あるいはどういう話題を提供すればいいのか，いろいろと迷いましたが，大きく分けると今も星野先生が言われましたような総論的部分がまずあるのではないかと思います。つまり，実定法学がこういう学問的な営みをしてきたのに対して，いわゆる基礎法学といわれる歴史学や社会学や哲学，心理学等々の学問分野が，大きなレベルでこういうつながりがあるということを論じることです。

もう一つは，個別問題を題材にしながら，例えば法解釈学はこういう風に論じるのに対して，法哲学の観点からは別の論じ方があるということを述べ合うことを通じて，両者の協働関係を考えるものです。拙稿では，価値判断をどう捉えるかということが，この問題事例に当たります。

最後は，非常に制度的な問題に関わりますが，法科大学院の授業でどのように両者をかみ合わせていけばいいのだろうかという問題もあろうかと思います。

私は，今申し上げた三つのレベルのうち，一番最初の総論部分は殆どカットしました。専ら第二の価値判断の問題に焦点を合わせ，最後の方に第三の問題，つまり授業にどういうやり方がありうるかということを述べてあります。ところで，伊藤先生からお話のあった企画は，なによりも法科大学院という制度設計と深く関わっていますから，拙稿の話に入る前に，それに関連したお話を少しさせていただきたいと思います。

■ 法科大学院での法哲学の役割

［陶久］　法科大学院の設立が話題になって以来，法哲学を含む基礎法学が，果たして従来とは違うどういう立場におかれることになるかは，関係者の大きな関心事になりました。いろいろなシンポジウムも行われました。法哲学に限って言いますと，従来の学部での教育とは違う授業を考えるべきか，もしそうならばどういうものであるべきか，そもそも基礎法学の将来はどうなるのだろうか，といった問いが出され，非常に危機的な雰囲気も漂っていたかと思います。

実際に法科大学院が始まり，一年がたちまして，私もいろいろと工夫はしたつもりです。法哲学が法科大学院でどのように講じられるかという点に関して言えば，大きく二つありうる気がします。一つは，法哲学というのはそもそも実定法体系を大所高所から論じるのである，という立場から出発します。価値的な背景，思想的な背景，そういうものを大きく論じて実定法体系を説明するというやり方です。こういう方向をとりますと，授業の中身はどうしても抽象的になりがちです。もう一つは，できるだけ具体的な素材を取り扱いながら，個別具体的な事例の中にどういう法哲学的な視点を取り込む

ことができるかということを述べようとします。

　私は，力不足は当然なのですが，後者の方をこの一年は試してみました。つまり，できるだけ具体的問題，特に判決例を授業の中で取り上げて，そこに現れる法的論理の展開の仕方とか，その背景にある考え方であるとか，そういうものを私なりの視点から学生に伝えたいと思ってきました。伊藤先生からお話がありましたときに，実際に授業でやっていることを何とか論文の形にも反映できればと思ったような次第です。

■ 法解釈の作業と価値判断
[陶久]　そこで，拙稿の中で強調したかった点は，——伊藤先生との従来から続くメール交換も反映されているのですが——特に価値判断というものを法解釈の中でどのように扱ったらいいのかということです。時折，学生からこういう質問を受けることがあります。つまり，法解釈とは，要するに訴訟当事者のどちらかを勝たせればいいのであって，その結論が先にあった上で，後から理屈をつけるという作業に尽きるのではないか，という質問です。

　こういう考え方が学生の間で一般的であるのかどうか分かりませんが，できれば，それとは違う方向に持っていきたいと思いました。結論さえよければ理屈は後からくっついてくるというよりは，むしろ理屈をうまく組み立てる，理屈自体の中に結論を左右するような論理や力もあるに違いない，そういう側面を強調したいと思ったのです。

　そこで私の書きましたものは，骨子としては二つの部分から成り立っています。一つは，法適用のどのような段階でどんな価値判断が現れてくるのかを，正当化のモデルを作った上で，それに従って分けてみようとしたことです。つまり，価値判断と大きく言いましても，法的論理を形成していく中で，それぞれの部分に性質の異なった価値判断が現れてくるでしょう。価値判断一般の性質いかんというよりも，法適用のどんなレベルでどんな価値判断が問題となり，それぞれのレベルでどういう形で価値判断の正当化が為されるのかということを述べてみたいと思ったのです。

　はなはだ簡単な図式ではあるのですが，一方に抽象的な法原理とか法的ルールを考えてみます。他方に，個別具体的な事案や結論を念頭に置いてみます。そうしますと，結論を論理整合的に正当化していくその過程で，いくつかの異なった価値判断が現れてくるのではないか，と思いました。すなわち，非常に抽象的な法的原理に近づけば近づくほど，そしてまた特殊法的な色彩が強くなればなるほど，法特有の価値判断が前面に出てきます。例えば，法制度はどうあるべきかとか，裁判のあり方はどうあるべきかとか，あるいは法的な論理自体のどちらを選ぶことが法制度内での良さを示しているのか，

というような価値判断がそれです。逆に，具体的結論に近づけば近づくほど，個別具体的な事案に触発される価値判断が表面に出てくるのではないか。つまり，法的に様々な制約を払った上で，いわば素人の価値判断に似たようなものが出てくるように思われます。

■ 価値判断の合理性の獲得方法

[陶久]　私の議論は，そういう両極を分けた上で，どちらかといいますと二番目に触れた個別的結論の妥当性を巡る価値判断に焦点を合わせています。そうしますと，個別価値判断がどのようにして正しいとされるかについて，基本的には二つの方向があるように思われます。

一つは，一人一人の人間が個別事案に直面したときに，どのように価値判断をし，それを自分自身でどう納得するかというレベルの話です。これは発生の問題であり，また心理的な問題です。従来はこのレベルにあまり光が当てられなかったように思われますので，そういう問題にも視線を向けることが重要なのではないかということを，まずは強調したいと思いました。

とはいえ，個人の価値判断なり納得ということだけで正当化のすべてが終わるのかというと，そうではありません。そうではなくて，ある人が個別具体的な事案に直面して，これが正しいとか正しくないと直感的に感じることに加え，それを言葉へと表現し直して，他者との間での議論へと投げ入れていくという手続もまた必要になります。ですから，一方で発生のレベルで個人の価値判断の領域へと視線をむけてみましょう。他方でしかし，個人の価値判断はもっと他者との間での間主観的な議論の中へと投げ入れられるべく，言語的に表現し直されなければならないのだろう，と思います。

そういう二つのプロセスを通じて，価値判断は，——正しいといえるかどうかわかりませんが——他者との間での一定の合理性を獲得する道が開かれるのではないかと思っています。後でいろいろな疑問は出るだろうと思います。

法科大学院の中で法哲学が，今まで述べてきたことを前提としてどういうことをできるかについて，拙稿ではほんのわずかしか述べてありません。もし時間がありましたら，後で触れたいと思います。つたないまとめですが，さしあたり以上で終わりにしたいと思います。

2　法社会学研究者の立場から

[星野]　続いて，法社会学研究者の立場から六本さんからお願いします。

[六本]　私は，本日のテーマを，「法曹養成における実定法学と基礎法学との協働」というふうに理解いたしまして，法曹養成における基礎法学の役割，法曹養成においては実定法学が中心ですから，それに対して基礎法学がどういう役割を果たすのか，そういう問題として受け取ったわけです。ですから，私の論文では，今のお話の価値判断の性質といったような問題は特に扱わなかったわけです。もちろん，法社会学では，法的決定の性質とかそういう議論はしているのですが，そうしたことがどのように法曹養成に役立つかという問題が一つクッションとして入ると思ったものですから，そのクッションのほうを取り上げて基礎法学の役割，中でも法社会学の役割はどういうものかという問題設定をして書いたつもりです。

■ 大学院中心の法曹養成という制度改革の意味

[六本]　法科大学院の設置はいろいろな意味で大きな改革ですが，その中で法曹養成というものの中心を大学院に置いた。つまり学士課程よりも一つ上の大学院課程に上げたということがありまして，それは非常に大きな意味をもっていると思うのです。と言いますのは，60年代初め以来法学教育の問題がもう何十年にもわたって議論されてきた。そこで，法学教育のあり方の問題も非常に議論されたのですが，結局は制度的な変革は行われずじまいに終わりまして，その過程でも，各大学内ではともかく，一般としてはどちらかといえば，司法試験の問題なんだよ，司法試験の制度をなんとかしなければいけないという形で取り上げられてきて，今回の司法制度改革以前の諸々の小刻みな改革は司法試験制度を中心にしたものになってきた。それに対して，法学教育自身の改革は今度初めてです。それは意図的に避けてきたわけではないと思うのですが，制度的な変革として難しかったのでできなかったことを，思い切って法学教育の問題として改革に踏み切ったというところが一つの意味ではないかと思っているわけです。

　と言いますのは，法曹養成は法科大学院だけで行われるわけではないということがあります。もちろん，法科大学院だけで行われるという制度もあり得るわけですが，研修所教育は別として大学教育に限っても法学部というものが残っておりますので，学部における法学教育と法科大学院における法学教育とを経て法曹が養成されるということが，一つの基本線になっているわけです。もっとも，法科大学院には学士課程で法学教育を受けない人も受け入れ，それから職業人も受け入れることになっておりますので，法科大学院だけで大学の法曹養成教育が完結するという部分もあるのですが，ただし，基本的に大学院に置かれたわけですので，法学以外の科目であっても，ともかく学士課程の専門教育を経たうえで法学をやりなさいというメッセージが

ここにあるわけです。

■ **法科大学院以前の学部における勉強**

[六本] そこで，法曹養成のための大学教育ということを考えますと，仮に法科大学院だけで実務家になるための専門の教育が完結するという面についてみても，いや，その前にそれ以外のことをきっちり勉強してきた人がその対象になるんですよ，そういうメッセージが加えられているわけですね。そういう意味で，あらゆる面からみても法曹養成教育は法科大学院だけでは完結しないものである，そうみなければならないと思うのです。

それを端的に表わしていますのが，司法制度審議会の意見書にあります「幅広い教養と豊かな人間性」というキャッチフレーズだと思います。これを法曹家は身につけなければならないのだけれども，自分で全部賄えといっているわけではなくて，教育制度の中でそれを養うような教育制度にしてほしいということになるわけです。そのように考えますと，法科大学院の授業をどうするかという問題もあります。しかし，それまでの，あるいはそれ以外の大学の教育課程についても問題を提起しているということになります。本当を言いますと，特に外国の制度と比べますと，アメリカ，イギリスはもちろんそうですが，ドイツやフランスなどの大陸法の制度と比べる場合でも，大学に入るまでの高校教育のあり方がかなり大きく響いてきています。ですから本来はそこまでいかなければいけないはずのことなのですが，それはここではできませんので，大学ということに限りますが，そうすると大学では，一方では学士課程での法学教育があり，法学以外の諸科目の教育がある，このようになるわけです。

そのように全体を眺めまして，さて，この意見書が求めている「幅広い教養」というのは，大学教育で何かをするとすれば，それはいわゆるリベラルアーツ教育の理念による教育，あるいは学生の立場からするとその理念による勉学，と理解されるのではないかと書いたわけなのです。

■ **リベラルアーツとは**

[六本] リベラルアーツ，これは皆さん先刻ご承知のとおりなのですが，改めて口であらわしてみますと，経済学であれ政治学であれ社会学であれ歴史であれ，はたまた物理学であれ，そういった科目をそれぞれ一般的教養ですよというのではなくて，それぞれを専門科目としてそれなりの方法や作法に従って虚心に突っ込んで勉強するということではないかと思います。そこが，一般教養という言葉がミスリーディングなところではないかと思います。一般教養という専門科目はありませんで，実際には各専門分野の，歴史なら歴

史の方々がやっているわけですが、その歴史なら歴史の専門科目に虚心に突っ込んだ勉強をするのだ、そういうふうに読み替えるべきだと思っているわけです。その虚心というところが一番大事だと思うのです。

　リベラルアーツのリベラルは、リベレイテッド、すなわち、具体的な、目前の何かの目的に対する手段として学ぶのではなくして、そのもの自体として知的好奇心なりに従って学ぶ。そういうことによって初めてそれが自分の身についた素養になるのだ、そういう考え方ではないかというわけです。直接の実用というのは、自分はこの試験を受けてある地位に就くのだというのがその直接の目的の一つですが、そういう目的を離れてそのものとして虚心に学ぶもの、そうして身についたものを法曹家は隠し味としてもっていてくださいよ。そうでないと、法律というのはありとあらゆる人間の分野に関係しますし、いろいろな人間と接触しなければいけませんし、いろいろな場面で人とのコミュニケーションに従事しなければならないわけですから、そのためのその人の身についたものとしての素養が得られないのではないか、そのように理解したわけです。

　そのことは、「法」という点についても同じだと考えるわけです。つまり、社会の事実をよく知っているということだけなのか。どうもそうではないのではないか。もちろん特定の技術的な分野であっても、コンピュータなどでも医学でも、よく知っていれば、たまたまその関係の事件がくれば役に立つということがあると思いますが、そしてそういう意味で広い知識をもっていることが法曹一般にとって重要だとは思うのですが、重要なのはそういう知識だけではない。むしろ、法について、法がいかなる社会的なダイメンジョンをもっていて、どういう影響を及ぼすのか。自分が、弁護士としてであれ裁判官としてであれ、法律事務をこのように扱うことがいったいどういう社会的な影響を及ぼすのか、といったセンスをもった人を養成したい、そういう意味が込められているのではないか。つまり、社会についての知識に対して、今度は法についての知識、法がいかなる社会的なダイメンジョンをもっているかということについての知識ないし理解力が必要である。

■ 事実認識と規範的な見方との違い

［六本］　三つ目に、ここが実は一番言いたかったところですが、事実を知るということの意味、知というのはどういうことなのかということの知、それが求められているのではないかということです。

　そこで、率然と何か事実、あるいは事実というのはすぐに一義的に決まるようなものだとは、我々は今日ではだれも理解していないのですが、ともすればそのようにとらえがちです。特に若い人、大学に入ってからすぐ実定法

の勉強を初めて，その受験勉強に邁進するという形で勉学を進めてきたような人ですと，社会についての知識が少ないだけでなくて，社会についての知識あるいは，社会的事実と言われているものかどういう構造をもったものなのかということについてもあまり感覚がなくて，出されたものを率然と事実として受け取ってしまうというところができるのではないか。そこで，その事実を認識する見方と，実定法を学ぶときにたたき込まれなければならない規範的なものの見方との違いは，かなり根本的な意味をもっていくのではないか。このように考えているわけです。

　もう一つの点は，教義的なものの見方と事実認識的なものの見方とが根本的に違うというところから，法曹の養成に必要であるところのリベラルアーツ的な教育は，実定法の本格的な勉強が始まる前に相当やっておかないといけない。このことが，先ほど触れました大学院に中心を移したことの一つの意味ではないかということです。これには，実際には私自身の経験なども若干はあるのですが，最初から実定法の勉強を始めるということは，それ以外のリベラルアーツ的な教育に対しても視野を限定してしまう結果，かなりリベラルアーツ的な教育を妨げる要素にさえなるのではないかという見方も入っているわけです。いずれにしても，リベラルアーツ教育というのは実定法教育が本格的に始まるまでに先にやっておいて，そこで素養をつけたうえで法の意味を理解し，自分は法律家になりたいという意思を固める。それが望ましいのではないか。そういう見方なのです。

■「周辺」学問としての基礎法学

[六本]　そこで，基礎法学ですが，これは何がそれに属するかというのはおよそ一致があると思うのですが，法学教育の全体の中でみますと，実定法に対しては周辺学問だと思うのです。周辺というのは，たとえて言えば，富士山を見ますと，上からみると周辺なのですが，横からみると下のほうですね。土台になっている。そういうふうに見られるべき基礎法学ではないかと思うのです。日本で基礎法学ということばがつくられて法学の中で位置づけられるようになった時に，こうした二重の含みが出てきたと思うのです。しかし，実定法の授業が比較的早めに始まる傾向が出てきました。それに対して，基礎法学は一番最後に行うというのが今までの定型でした。ところが，医学部などを見ますとむしろ基礎医学から始まるのが通例だと聞いております。

　実定法学を教えるというのは，これは奇抜な言い方かもしれないのですが，経済学の分野に例えてみると，これは銀行マンとしての仕事の仕方からまず教える，あるいは経営者としてのノウハウを教えるというのに似ているとも言えるわけですね。つまり実務家としてやるツールをまず身につける。大工

さんでいえば，それがどういうふうに役立つかまだ知らないうちに，かんなをとにかく磨く，かんなで木を削る，そのためにかんなを磨く，それをまずやりなさいというのに若干似たところがあるという感じがします。そういう意味で，基礎法学が法学の基礎なのだという扱いが，これまでは日本の法学の中ではあまりなされてきたわけではなかった。

それから，基礎法学自体がいろいろな分野を含んでいるのですが，私が専攻している法社会学の分野も含めてですが，実定法に対してある距離を感じる。それは先ほどの法学における基礎法学の位置づけということと若干関係しているのではないかと思うのですが，そのややしっくりこない関係があるためか，法学教育全体の中で，あるいはこの場合では法曹教育全体の中で基礎法学がどういう役割を果たすべきかということをあまり考えてこなかったのではないか。基礎法学は周辺なので，やりたいことをやっていればいいという雰囲気すら感じられたのですが，そこが問題だったのではないかという気がしているのです。法曹養成教育というのは今回始まったわけではなくて，昔から法学部で教育しているわけですから，法社会学としても，法社会学の講座が始まったとき以来，法曹養成教育には携わっているはずなのですが，そういうタームで我々は考えたことはなかったわけで，初めて今度，基礎法学よ，法曹養成教育にいったい何を寄与できるのですか，と問いかけられる事態になっている，そういう感じをもっているわけです。

■ 法学以外の学問との架け橋の役割

[六本］　もう一つ，隠し味として，リベラルアーツ教育として基礎法学が役割を果たすべきだということを一般論的に申し上げたことに関連してですが，それは，政治学，経済学，はたまた物理学という法学以外の素養も必要ですよ，ということになります。しかし，それと法との架け橋がない。それを基礎法学のいろいろな分野がいずれも架け橋になるのではないかという点があるわけです。基礎法学としてはそういうことを従来あまり考えないできたのではないか。それから，基礎法学同士のあいだでもあまり連携がない。どちらかと言えば，法社会学なら法社会学，それぞれが独自性があるのだということを強調する傾向がむしろありまして，実定法から離れて法社会学独自のものに突っ込んでいく。そうなると，法社会学者のあいだでも，あの人の言っていることはわかりにくいなという，非常に込み入った複雑な理論的な傾向も出てくるという状況なのです。学問ですからそうなるのはあたりまえともいえるのですが，そこが例の丸山先生のタコツボという概念があてはまると思うのです。先はいくら細かくなって独自的になっても，その根ではつながっているというササラ型の構造をもっと持っていかなければいけないの

ではないか。基礎法学同士も，実定法とのあいだにも根を共通にしたうえで独自の貢献をするという考え方が必要なのではないか，という感じがしています。

■ 拘束力ある決定を中心とする法システムとの関連

[六本] 価値判断の問題が先ほど法哲学のほうから出されましたので，そのことにひと言だけ触れさせていただきます。法社会学からこれを見ます場合は，やはり法のシステムというものを見る。その中で，裁判における裁判官の判決あるいは決定というのは，確定すれば動かしようのない拘束力をもつわけです。そのことが大前提だと見るわけです。それをいかに説明したり根拠づけたり ── 私は正当化という言葉を使うのですが ── するかという問題がありますが，どのようにへたに正当化されたとしても拘束力はもってしまうので，そのことがまず大前提ではないかと考えます。それを前提にして法的な思考がどのように行われるかというふうに法社会学では見ますので，法律問題の中には裁判官が法律だけからでは結論を引き出し得ないものがあって，その場合には，価値判断 ── 言葉はいろいろな意味で使われているように思うのですが， ── を交えた結論が出てくる。

これは明らかに認められるわけなのですが，その場合にどのように判断がなされるかということは法社会学にとっても重要な問題ですが，具体的な個別問題に対して法社会学，あるいは基礎法学一般でもいいのですが，裁判官のそういう判断の助けになるようなものを提供するということにつきましては，それがあればもちろん役に立つとは思うのですが，そういうことがあったとしても，基礎法学の役割としてはあまり中心的なものではないと思うのです。もしそれが非常に重要な役割だという立場に立ちますと，今申しましたような最終的に拘束力をもつ判断をする裁判官にとっての価値判断的な法的判断と，基礎法学的な事実認識，法則認識的な研究成果との関係はどうなるのかという問題が出てくると考えております。

3 法史学研究者の立場から

[星野] ありがとうございました。
では続きまして，法史学研究者として石部さんにお願いいたします。
[石部] 石部でございます。私が法史学の代表ということになりましてお話しをさせていただくことになります。法史学には，日本法制史，東洋法制史，西洋法制史，ローマ法，さらに外国法，ドイツ法やフランス法をやっている

者の歴史的研究というように，大変幅広く，かつそれぞれ独得の性格をもっています。私はドイツ法の観点から法の歴史を勉強してきましたので，法史の全体を万遍なく見渡すことは到底できません。むしろ日本法制史の方が代表されるほうがよかったのではないかと思いますが，とりあえず私が，法史学について，私自身の考えを若干お話しさせていただくことにいたします。

■ 法史学の孤立感の由来

[石部] 日本におけるこれまでの法史学のあり方をみると，第二次世界大戦後の法学部の中における法史学は非常に孤立感をもっておりまして，実定法とのつながりをどう考えるのか，ずいぶん悩んでき，あるいは自ら実定法に距離を置こうとしたところがあります。2000年に法制史学会で「法学における歴史的思考の意味」というシンポジウムをやったことがあるのですが，それも法史学の研究者の危機感のあらわれではないかと思っております。戦後間もないころに，世良先生が従来の伝統的法史学に対する痛烈な批判をされまして，その際に，法史学は純粋な歴史学にならなければならないと，かなり挑戦的な言い方をなさいました。これが正確かどうか，私は直接お聞きしたわけではありませんので保証の限りではないのですが，そういうのが伝説化しているごとく，法史学をやっておられる人は一般に実定法学との関係で居心地の悪い感じをもっておられるのだと思うのです。

そこで最初に，なぜ法史学が孤立化して実定法学とのつながりが希薄になったのかということを，かなり詳しく書きました。私の考えからいいますと，法史学というのは，19世紀のドイツ歴史法学が産み落とした子だと思っています。その歴史法学というのは，まさに歴史的方法と哲学的方法をもとにいたしまして私法の規範体系をつくりあげるということを課題にいたしました。そこで，実定法規範の歴史的認識というのが前提になるわけです。この段階では実定法と歴史の非常に幸運な結びつきがあったと思うのですが，それが19世紀後半から破綻してきまして，ドイツでは，そのころ既に法史学というのは歴史学だという認識が出てきておりました。

日本の場合でも，19世紀の後半にドイツの法学が入ってきたものですから，日本の法制史学者のやられたことをふり返ってみますと，そういう歴史的な研究だと思うのです。戦後，『日本の法学』という座談会の中で末弘先生でしたか，法史学はあまり実定法学には役に立っていない。むしろ法源の歴史的研究に専念されているので，というような趣旨のことをおっしゃっておられたと記憶していますが，そういうところは早くからあったわけです。

とりあえず現在までの法史学の孤立感のきたるべきゆえんをまず述べたわけでありますが，最近，ドイツでも日本でも，そのような古い法史学から脱

皮する傾向にあるわけで，どういうことをやっているかということもお話ししないと，協働作業には入れないものですから，ごく簡単に申します。

法史学というのは，法社会学と違いまして，過去の法現象の認識であるということがまず大きな特徴だろうと思うのです。過去といいましても，それは現在とのつながりを完全に断ち切ったわけではなくて，過去と現在を行ったり来たりしながら考察をしているわけですが，その場合にまず第一には，法のテキストですね。テキスト以外の材料を使うこともあると思いますが，当面は制定法，判例，あるいは契約文書などの法のテキストを材料にするわけです。そうしますと，そのテキストの解釈，過去のある時代に用いられたテキストの正しい意味内容を把握するということが，大変重要になろうかと思います。

第二に，過去のある時代の法がその社会の問題をいかに秩序づけていくかという課題に着目して，取り組むことになります。どういう問題を取りあげるか，はそれぞれの研究者の現代の問題関心が反映されることになるでしょう。例えば刑事訴訟では，現在問題になっている裁判員制度に関係の深い陪審や参審の制度を取り上げるのもそうです（1994年法制史学会シンポジウム「司法への民衆参加の歴史——西洋」）。第二次大戦後には封建制というような問題がずいぶん議論されたりいたしました。あるいは近代市民法というようなテーマを取り上げたりするわけであります（1999年法制史学会シンポジウム「近代法の再定位——比較法史学的試み」）。

そういう問題を取り上げる場合に，最近の法史学は単にテキストにあらわれた法的な言明だけではなくて，その前提条件というものを重視するようになってきております。それは，法実証主義的な考え方を克服した法史学の場合はそういうことになるでしょう。ですから，政治権力の動向や状況，経済状態，社会構造，宗教問題，あるいは一般の教育，教養というような，先ほど六本先生がおっしゃいましたような広く社会的な観点から問題に切りこんでいくわけであります。こういうマクロな問題のほかに，さらにもっと法に直接関連するものとして，法曹のあり方，法曹の教育の問題，あるいは法の技術的な構造であるとか，そういうことも研究対象にしているわけです。

第三に，また法をいかに実現していくか，そして社会的に実効的なものにするとすれば，それはどういう形で行われているのかということを議論をしたりするのですが，その場合，社会史の研究領域に相当踏みこんでいくことになるでしょう。

そういう非常に幅広い，膨大な問題を抱えていますので，日本の法制史家の数ではとうていこなしきれないという状態であるといってよいかと思います。

■ 複眼的思考を身につける

[石部] 法史学というのは過去と現在を結ぶ、通時的なものの見方をします。それに対して、比較法は、共時的なものの見方をするということができるかと思います。現行の実定法を時間的に、あるいは空間的に相対化していく。そういう意味で複眼的な考察の仕方をすることが大事ですが、実定法学を学ぶ方々が現在のある特定の国家の制定法あるいは実定法というものにしがみつかないで、もっと自由な、柔軟な発想をしていただきたいと考えているわけです。

特に日本の実定法学、民法学などを考えますと、現在の民法の体系なり法原理なり、法の概念なりがいったいどうして生まれてきたのだろうか、あるいは、現在、それがどういう問題をはらんでいるのだろうかということを考えてみることは大変大事なことではないかと思います。多くの方が述べているように、現在、従来の民法学のあり方が根本的な反省をしなければならない状況に立ち至っているのだとすれば、そのような大転換期に歴史的な考察は不可欠であろうと考えているわけです。

最後に、法科大学院及び法学部において法史学がどこに位置づけられるべきかというと、私は法学部教育においてまずやるべきであるという考え方をしております。ドイツの場合も、法史学というのは大体入門講義なのです。これは19世紀の終わりからそういう位置づけをされるようになりましたが、日本の場合、特に入門としての意義が大きいのではないだろうかと考えております。法科大学院で法史学を含めて基礎法学の研究をしたいという方が出てこられれば、それはそれで大変ありがたい話で、そういう人たちのためにも、もちろん法科大学院の中において授業を受けるという機会があっていいと思うのですが、基本的には学部教育でやるべきだという考え方をしております。

4 実務家出身民法学研究者の立場から

[星野] では、最後になりましたが、伊藤さんから、主としては実務家出身ということが中心になるかと思いますが、お願いします。

[伊藤] 今、星野先生がおっしゃいましたように、私は約40年間、正確には39年間ですが、裁判官をしていました。それもほとんど民事をやっておりました。それと、平成7年に裁判官を退官して、大学の教員になりましてほぼ10年になります。したがって、実務家出身であることは間違いないのですが、現に実務家かどうかはわからなくなって、半分研究者みたいな側面も出てき

ておりまして，自分自身のアイデンティティがよくわかっていないという感じもいたします。

■ 条文で規定されていない事項についての解釈の根拠づけ

[伊藤] きょうの話題との関係でいいますと，実務をやっているときから，あるいは大学の教員になってから，なお強くそういうことを感じたような気もいたしますが，自分が民法なら民法，べつに商法を除くという趣旨ではなくて民事法ということで民法に代表させますと，民法の法解釈の問題になる事件がきたり，あるいは教室で教えるということになった場合，とことん考えていくと，比喩的にいえば条文の外に出てしまうという感じをいつももっておりました。そして，最も典型的には709条，昔でいえば権利，今度の現代語化法によって，「権利又は法律上保護される利益」というふうになりましたが，不法行為の被侵害対象としての権利（法律上保護される利益というのも要件として付加されたとしても），それがなんであるかということについては，全く民法の中には何もないということでございます。

実務家の場合と大学の教員の場合と，若干私が二つの経験をもっているところから申しますと，もちろん実務家の場合に判例に盲従するということではありませんし，私もそういう姿勢でやってきたのでは全くないのですが，しかし今度は逆に，民事の少なくとも取引法の分野において，不法行為等も含めて，財産法といったほうがいいでしょうか，そういう分野において確定した判例に反して裁判官が自分の個人的な信念ということだけで判決をすることはあまり適当ではないと思ったりもしておりまして，そういう意味では実務家の間はとことんこの解釈でいいのだろうかということをもちろん考えたつもりですが，最後は判例があるというところがよりどころでございました。もちろん，判例が安定していなかったり，相反していたり，いろいろなことはありますが，通常の問題の場合はかなり安定した判例がある場合が多いので，多くの場合，そういうことである程度気持ちは落ち着いたということもございました。ただ，何度も申しますように，私は判例に無批判に従っていたということではございませんので，それは念のために付け加えたいと思います。

■ 実務の教育方法と納得

[伊藤] ところが大学の教員になってから，それではなかなか通用しない。特に法律の勉強をあまりしていない学生に対して教えるときに，こういうふうに考えるのだよということをどのように説得的に言うかということを非常に難しく思いました。私は，大東文化大で法学部の教員をしておりました。

大学院もしておりました。そして，法学部の1年生をもち，2年生，3年生をもちということがありましたが，1年生ほどそういうことが難しい。悪くいえば，法律的なものの考え方の鋳型にはまった学生は，何かそれを前提として考える。あるいは通説とか判例とかということでそういうものだというふうに，あまり深く考えないで，徹底した議論を挑んでくることもないのですが，1年生で非常によくできる学生，何をもってできるかというのはまた問題ですが，できる学生は非常に突っ込んできますね。先生，どうしてそうなんですか。そして，判例とか通説はこういうふうになっていると言っても，それでは納得できません。というようなことがありまして，裁判官の場合とはかなり違うのです。学生との，大げさにいえば一種の戦いのようなものを経験するようになりました。

今度，法科大学院にまいりますとそれがまた違った形であらわれてまいりまして，法科大学院の学生はかなり年配でございます。そして，法学既修者，法学未修者，いろいろございますが，それなりに社会的経験ももっている。あるいは法学以外の専門ももっている。そういう学生がいろいろございまして，いわゆる多様化している。そういうことの中で，法学的なものの考え方を，判例とか学説とかいうことだけでいっても，それではなかなか納得しない。では，なぜそうなんですか，なぜそうなんですか，となるわけです。教師として私はいつも，「なぜ」ということを大事に学生に問いかけることで学生にハッパをかけているせいでしょうか，私が言うことについて，なぜそうですか，なぜそうですかということで学生のほうから問い詰めてくることになる。そうすると，民法の実定法の条文がよほどはっきりしている場合はよろしいのですが，どうもそういう場合ばかりでもないので，うまく説明ができなくなってくることになります。

■ 一義的に明確でない幅の存在と価値判断

[伊藤]　709条の条文というのは確かに極めて包括的ですが，それでは，通常の取引法の分野での条文は非常にはっきりしているかというと，必ずしもそうではなくて，条文自体ははっきりしていても，星野先生のいらっしゃる前で民法上の一般的な解釈の態度をいうのは大変おこがましいのでございますが，現実の学説をみているとかなり自由に類推解釈，反対解釈をやっている。それがいいかどうかは別として，それが非常に感じられるところでございます。ですから，例えば二重譲渡という問題について，二重譲渡で悪意者を排除するのか，背信的悪意者を排除するのかということについても，条文に何もそれ自体としては根拠がないようなことで議論がされている。それがいけないというわけではないのですが，そういうことでせざるを得ない状況

にある。私は，裁判官の時代から現在の大学の教員に至る長い経験のなかで，法律解釈というのは非常に幅のあるものである，一義的に決まってこないということについてどうしたらいいかということを非常に悩んでまいりまして，もちろん未だにそのことの解決はついていないわけであります。

　最終的に，どういうところで困るかというと，広い意味での価値判断，価値判断とは何かということはまたございましょうけれども，広い意味での価値判断が入ってくる。社会の実態がどうかということがわからないために非常に悩むということもございます。それでは，社会の実態がわかったら，だからこういうふうになるのか，社会の実態がそうであるにもかかわらずこうなるのかは，そこで規範的判断をせざるを得ないとういうことがあって，基礎法学のいろいろな分野がございますでしょうけれども，歴史も社会学も経済学も，いろいろなものを勉強しなければいけないと思います。最終的にはそこで，そういうことに基づいて，あるいは基づくということ自体が問題なのかもしれませんが，いろいろそういうことに教えを受けながらどのように最終的に判断するかを考えていかなければならないと思っています。

■ 規範的価値判断に社会に関する学問の知恵を借りたい

[伊藤]　最終的には規範的な判断と，こういくわけです。それをどうするかということは，未だによくわからないということで，私が今度書きましたものはそれが中心になったような形になっております。しかしそれは，価値判断だけが大事な問題だと申し上げているのではなくて，価値判断というものは，私なりの感じで申しますと，歴史とか社会の実態とか人の心理とかそういうこととは無関係にポンと出るものではないと思いますので，法の解釈である以上，最終的に法的判断，規範的判断というところになるだけで，すべてが大事であると思っております。

　それで，基礎法学というものが基礎法学自体の非常に重要な使命をもっておられるということは，全くそのとおりよくわかっているのですが，今，大学の教師としてロースクールの教員をやっておりますと，目の前にある問題を学生に対してどう説得性，それも自分だけの主観ではなくて客観性のあるものとして学生に教えていったらいいかというところにいつも悩みがあって，具体的な問題について，基礎法学はいろいろな世界をもっていらっしゃることはわかっているのですが，なんとかそこから教えを受けられないかという，勝手な期待といわれてもしかたがないのですが，そういうところにどうしても自分の考えが向くということでございます。

　現在，私がどういう授業をやっているかということですが，私は今，2年次の前期と後期の授業をもっております。2年次というのは，17年度現在の

時点で申しますといわゆる未修者，1年やって2年に上がってきた人，それから法学既修者の試験を受けてきた人，二つのグループがあるわけでございます。そして進級組とか認定組とか私どもは話しておりますが，その進級組であれ認定組であれ，2年次の学生の授業をもっておりまして，前期で，一見，技術的と思われている要件事実あるいは事実認定の科目をもっております。そして後期で，はたして私が十分教えられているのかどうか全く自信はありませんが，「実定法と基礎法Ⅰ」という科目をやっています。「実定法と基礎法Ⅱ」というのは法哲学の先生がやっておられまして，「実定法と基礎法Ⅰ」が先行しておりまして，それが必修科目になって，それを担当させていただいております。

■ 立証の公平と不可分の要件事実

[伊藤] 両方の科目は，一見，なんの関連性もないようですが，要件事実の議論というのは条文を頼りにすることが非常に難しゅうございまして，最終的には「立証の公平」というところが決め手になる。これは現在，普通の考え方だと思うのですが，「立証の公平」というと，強くいえば正義とかそういうことにつながってまいりますし，社会の実態はどうであるか，それでどうすれば公平になるか，あるは社会がどう移り変わってきたかという歴史の面，そういうことを考えなくては立証の公平というのは考えられない。一方，「実定法と基礎法Ⅰ」では当然そういうことを，正義とか社会の実態とか人の心理とか歴史とかいろいろ考えるということでございますので，私なりにそこはつながっているということでございます。要件事実というのを非常に技術的なものとみる方にはそれはつながらないのだと思いますが，私の場合は，要件事実それ自体が立証の公平ということが基本だと思っておりますので，私の気持ちにおいてはそれはつながっているということであります。

■ 民事法の解釈と価値判断

[伊藤] 「実定法と基礎法Ⅰ」の授業では，大体今度の私の論文に書きましたような順序で，どうして民事法の解釈に価値判断というものが入らざるを得ないのか。一見，価値判断が入っていないようにみえても，それは入っているといわざるを得ないのか。本当の民法の解釈は，方法論としてどのようにすべきかということはとても私の手に負えませんので，そういうことはやっていないのですが，現実に価値判断が入らざるを得ないということは，私の実務家の経験及び短い大学教師の経験からいっても否定しようのないことのように思います。

そうすると，価値判断というものがどれだけの重要性をもっているか，民

法の文理というのをどう考えるかと，いろいろ難しい従来の議論がございますが，とにかく価値判断が入ること自体はどうしても否定できない自分の実感でありまして，少なくとも価値判断の入る部分についてどうそれを説得性のある合理的なものにしていくかということからは逃れられない宿命にあるように思っております。

　価値判断が入らざるを得ないと必ずしも認識していない学生はかなりいます。従来の司法試験の勉強をしてきた人は判例とか学説とかいうことである程度覚えてしまっているところがあります。そこで，まず学生にそこのところについて気づかせることが重要です。そこで，そうしたことについてフリーディスカッション，昨年度の 2 年生は14人（法科大学院発足後第 1 年目の特殊な現象ではありますが），私の勤務する創価大学の法科大学院は，1学年の定員が50人と，私立としては少人数でして，ずうっとディスカッションでやってまいりました。

　そして，そういうことをある程度みんなが納得がいきますと，今度は具体的問題について，そこにどういう問題があるかということをやってまいりました。

　そして，君たちは将来，実務家になるのだけれども，いわゆる法律屋ではなくて，先ほども六本先生のおっしゃいましたような幅の広い視野，豊かな人間性，そういうものを備えた立派な大樹のような法律家になってもらわなければいけないというようなことを申しまして，そういうことを学生諸君と一生懸命やっています。そして，未だに解決がつかなくて，先生方にお教えをいただきたいことが多いということでございます。

　一応これで十分だと思いますので，終わらせていただきます。

5　民法の研究に携ってきた者として

[星野]　伊藤さん，どうもありがとうございました。

　きょうは，先ほども申し上げましたように，私自身も若干関心をもってやってきた領域なものですから，司会をお引き受けしていますが，いわばプレイング・マネジャーであることをお許しいただいて，今までの皆さんのお話との関係で私がこういうことを考えてきたという点をまず申しあげてみたいと思います。これはただこれからの議論の一つの参考になれば，という趣旨です。

■ 法解釈論争との関係で

[星野] 私は方法論的には二つの問題を取り上げてきました。一つは民法の解釈の問題です*。なぜそういうことを考えたかというと，戦後法解釈論争というのがあり，特に来栖先生のはっきりとした問題提起がありました。来栖先生が学会で報告されたときには，一同「しゅん」となったのです。そのときの雰囲気は忘れられないものだったのです。それ以前にも問題は提起されておりまして，特にマルクシズムの傾向の人からの問題提起があったのです。あのころその人たちの中には，解釈論などはつまらないもので，学問としての法律学は法社会学しかないといわんばかりの方もいたのです。そのような背景のもとで，法の解釈には価値判断が入っているということをあれほどはっきりおっしゃった方はないし，しかも，来栖先生はご自分の学問的経験からおっしゃっています。あの時は特に憲法9条という当時大きな問題になっていた条文を例にされましたから，非常に迫力があったのです。あのころは，特に民法学者などみな悩みまして，法律の解釈とはなにか，それはどうあるべきかを考えていました。

そもそもそのころは，あまり解釈論が盛んでなかったのです。いろいろな理由がありますが，簡単に言えば，有力な先生方は，立法に参画したり，あるいはその啓蒙に忙しかったのです。家族法や農地改革とかいろいろなものがありましたから。他方，川島先生，来栖先生，あるいは磯村先生といった，戦争中，地味な研究をされていた方が，重要な問題提起をされていました。しかし，解釈論そのものには未だ入っておられなかった感じです。

しかし，解釈論をそのものとしてやりたい，自分はそれ以外にはできないと思っていた私としては，いったいどうしたらいいかということで非常に悩んで，ぼそぼそ考えていたところを，たまたま法哲学会で法解釈の方法のシンポジウムをするから民法から何か話すように頼まれたので，考えていたことをそのままとめて話し，それを敷衍した一種のメモみたいなものを，「民法解釈論序説」と題して『法哲学年報』誌にのせたのです。ですから，これは全くの序説です。もっとも，本論が出るかどうか，少し怪しくなりました。

■ 民法のアイデンティティ理解と民法典への遡及

[星野] そこで考えたことは，まず民法のアイデンティティを理解することから出発しなくてはいけない。つまり民法典制定時に遡ってその意味を調べなければいけない。民法典に遡るとすれば，さらに旧民法に遡って調べる。

---

* 星野英一『民法論集』（有斐閣）第一巻その他。

法典制定時にどう考えられたかがわからなければどうにもならないだろう，ということが一つの出発点でした。具体的に言うと，まず日本民法典はどこの民法典の影響を受けているかを調べることです。

つまりまず条文の意味を明らかにしないといけない。学生のときに法律を教わっても，「なんと分からないものか」と思ったのです。民法は，我妻先生は非常に教え方が上手だったのですが，やはりわからないのですね。特に，特殊な法律理論の部分になるとわからない。我妻先生の解釈論には，あとから考えますとドイツの法学の影響が意外と大きかったのですね。先生は，『債権の優越的地位』に書かれたことと解釈論を結びつけようとされて，『民法講義』の物権法とか担保物権法などは，はしがきがすばらしく，それらの編の指導理念を挙げて解釈論につなげるところなど，特に担保物権法でみごとに実行していらっしゃるのですが，債権総論とか総則のように比較的抽象理論や抽象概念が多いところは先生はあまりお得意でなく，ドイツ法学に影響を受けた石坂先生とか鳩山先生の理論を引き継がれているのです。私は，素人でも入門者でも，条文を見たら大体こんな意味かなと思うような解釈から出発すべきではないか，それがデモクラシー社会における法律の解釈の出発点だろうと考えました。

文理解釈・論理解釈から出発して，次に立法者または起草者と遡っていく必要があるということです。

■ 立法当時の社会への遡及

[星野]　そうすると，まず立法関係者の1人の恣意で入った規定もあり，ナポレオンが養子制度や離婚制度を彼の考え方に従って入れさせたことはわかっているのですが，しかしその周囲にあるいろいろな社会状況，その歴史とか法学の状況とか，あるいは政治的な情勢が背景にあるわけですから，そこまで調べなくてはいけないことも明らかです。なかなかそこまでやりにくいことも事実で，少なくとも，現在解釈するから現在どうすればいいかを考えなければなりませんが，そこには価値判断が入らざるを得ないと考えられます。

そこで，解釈には価値判断が入るということの意味です。こういう考え方が学者の間でかなり強くなったときに，ある京都にいらした有名な裁判官がお書きになったものがあります。当時は特に末弘先生が盛んに援用されたので，それに対する反論もあったと思いますが。末弘先生はお父さんが裁判官だったのですが，裁判官は事件をみて先に結論が大体出てくる。法律論はそのあとで理窟をつけるということをよくおっしゃったといわれました。価値判断が入るというのはそういうことだと理解されたのかもしれず，そんなこ

とはない，裁判官はもっぱら法律に従って法律から出発してやっているという強い反論を書かれました。

■ 価値判断の客観性と社会的責任

[星野]　それを見て私は，なるほど，確かに価値判断をしているかどうかは内心の問題だから断定できない，しかし，どんな結論も，なんらかの価値判断にくみしている結果になることを理解しなくてはいけない。さらに分析すると，広く考えた意味での種々の利益がそこで対立していて，そのどちらをどのように優先させたことになるかの問題である。

　繰り返しになりますが，法律の解釈に価値判断が入るということの意味は，主観的にそうしているということではなく，解釈の結果は，客観的にはなんらかの利益を優先して別の利益を後退させている，つまりそれは一定の価値判断に奉仕している。これを自覚して，来栖先生のお言葉だったと思いますが，その意味で解釈の結論について社会的な責任をとらなくてはいけない。解釈というのは，決して社会的に無色のもの，中立的なものではなくて，結果として対立する価値の一方にくみしているのだから，そこを自覚しなくてはいけないということ，そうなると，社会の一般の人々の考え方を尊重したいといったのです。

　これに対して，いろいろな反論が今でも続いているわけですが，ここでは議論のいきさつを申しました。

■ 裁判中心の考え方と民法典中心の考え方

[星野]　方法論のもう一つは，民法学とはいったい何をするものかという問題です*。もちろんいろいろな考え方はありますが，つぎのように考えました。

　まず，我妻先生に私法学の方法に関するすばらしい論文があるのですが，「裁判中心の考察方法」とされています。裁判といっても狭い意味の裁判ではなく，「法律によって一定の生活関係が処理せられる。この処理を，その総ての形式において意味している」のですが，これに対して私は，制定法国ではまず条文があって，具体的な法律問題の解決は条文の適用の結果であり，少なくともそのような形をとらざるを得ない。したがってやはり条文とか民法典を中心とする「考察方法」がよくはないか。裁判中心から民法典中心ということを考えました。当り前のようですが，意外と民法学ではその点が弱いと感じていたのです。

　＊　星野英一『民法論集』（有斐閣）第5巻その他。

しかし、民法典中心の考察というと、まず民法典の理解が必要となる。民法の解釈についても同じだということは先に申しました。そうなると、ここから先は我妻先生と共通ですが、民法学自身の中にいろいろなファクターを入れるべきではないかと考えました。法律的技術の追究のほか、科学的な研究と哲学的な研究です。

■ 民法の解釈・適用に必要な科学的研究と哲学的研究

[星野] 科学的研究というのは、民法典の制定にさいし、立法者・起草者はどのような考え方でその条文や制度を作ったか、さらにどんな社会的・政治的背景があったか、学問的な背景はなにか、といった、事実の研究です。我妻先生といくらか違うのは、思想的背景を重視することです。さらに、民法の解釈適用については、その社会的結果を検討すべきことについては、我妻先生が授業で何回もおっしゃったもので、民法のファンクションを考えて解釈するということです。これは、立法するときにまさに中心となる観点です。

これは事実の見通しで一種の社会学というといいすぎでしょうが、社会学的な検討であり、タートザッヒェンフォルシュング（Tatsachenforschung）といわれるものにあたるでしょうか。

次に、その場合にどうすべきかという規範的な問題が出てきます。具体的な場合から抽象的な問題になりますが、価値判断に帰着します。このさい人間の尊厳あたりに遡らざるを得ないでしょう。さらに人間の尊厳は何に基礎づけられるかといった難しい問題になり、哲学の問題になるでしょう。

■ 実定法学に要求される3つの要素

[星野] そういうことで、民法学——私は実定法学と呼んでおりますが、川島先生は実用法学という言葉を使っていらっしゃいます——そこには、条文に論理的操作を加えるというある種の特殊な法律技術的な操作と、社会学的、広い意味で科学的な要素と、哲学的な要素の三つの要素を備えなくてはいけないと考えたのです。こちらの論文はあまり議論の対象になっていませんでしたが、私の指導した助手や院生が非常にいい助手・博士論文を書きましたので、それらを引用しながら私の考え方を敷衍してみたものです。これについても、その後あまり議論されていませんが、この方法を使った論文は各所に見られます。

私はこのように考えているのですが、その辺を議論し始めると、いろいろ難しい問題があると思います。例えば先ほど石部さんのお話に出た法学における歴史的思考の意味ですね。「法制史研究」にのっているあのシンポジウムの中で、木庭顕君が、私が実定法学における法史学の意味を重視したいと

言ったことに対し，いちおうもっともだとしつつ，実際は今はそれができない。また法史学者がやっていないことが多いといっております。

これはそれなりにもっともかもしれません。皆さんがおっしゃったように，基礎法学には歴史学も，社会学も，哲学も，それぞれ独自の問題がある。人文・社会科学は国によってそれぞれ違った問題があります。対象が大きく違うというより，社会の状況に応じて問題意識が違うし，学界の歴史の違いもあります。日本は法典編纂以後100年しかたっていないけれども，それなりの歴史があるのですね。また，基礎法学は，皆さんの言われたように，昔は法学部の中では補充的な学問だったのですね。しかし，今日では，むしろ歴史学なり哲学なり社会学の一部だとされており，そうなると逆に実定法学との関係が難しい問題になるのかもしれません。

その辺はよくわかりませんが，我々としては，皆さんの成果の一部をちょっと取ってきてピースミールなしかたで利用する以上のことはできません。そうすると，木庭君などは，そんなものはローマ法学ではなく，現在のローマ法学はもっと進んでいるというのですが，それならそこをきちんと教えてほしいわけですね。小川浩三君の河上正二『歴史の中の民法』（日本評論社）に対する書評（ジュリスト1218号）によると，河上君の参考にしたオッコー・ベーレンツは少数意見だったようですね，しかし，そういうことは民法学者にはわかりません。民法学者としては，ある程度見当をつけてそこに留学する，ということになります。ですから，基礎法学をやっている方にぜひお願いしたいのは，小川君が言っておられるとおり，日本の実定法学者がよく留学する国の学者の正確な位置づけを教えていただくことです。

プレイイング・マネジャーとしては長くなりましたが，今日の議論に加えさせていただきました。

III　論稿と報告を踏えての意見交換

[星野]　一応皆さんのお話を伺いまして，あとはフリーディスカッションということですが，何かとっかかりのために，お一人ずつに対する質問とか，お話のクラリフィケーションを求めたいことがあったら，どなたからでも発言していただくのはいかがでしょうか。よろしければ，陶久さんに対して何かご質問がありませんか。

[伊藤]　陶久先生の今のお話，それからその基礎になっていらっしゃるご論稿全体を通じて，私の理解が非常に不十分であるためにお教えいただきたい

ということで，批判ということではないのです。

　陶久先生のご説明は，全体として抽象的な価値判断のレベルにしても具体的な価値判断のレベルにしても，陶久先生自身がお書きになっていらっしゃいますように発生次元的説明をしていらっしゃるような気がして，その限りにおいては，私は陶久先生の言っていらっしゃるとおり，ほとんどなんの異論もないのですが，そういう発生次元的な価値判断というのはこういうふうにあるのだ，あるいは個人の何かの価値を根本的に感得するような体験が非常に説得性をもつのだ，その共通しているものに合意形成ができるのだということを発生レベルとしては非常によくわかるのですが，ではどうしてそれが正当だといえるのかというところは，本当に申し訳ないのですがなかなか飲み込めなくて，できれば教えていただきたいということでございます。

■ 価値相対主義，方法二元論との関係で

［陶久］　価値判断の問題は学生時代から悩んできたところです。特に私の学生時代は価値相対主義の考え方が非常に有力であったと思われます。私もその影響を強く受けました。科学的という限定がついている価値相対主義は，価値判断に少なくとも(a)，(b)二つの次元を区別しましょうというところから出発します。

　一つ目(a)は，目の前の具体的なものを見て，それがよいとか悪いとか，非常に単純な形での個別的価値判断から出発したときに，なぜそうなのかという問いに対する答えの次元です。そのときにいつも主張されるのは，個別的主語に対して良いとか悪いとか述語づけられる判断については，もっと上位の包括的価値判断からしか正当化できないのだ，ということです。そういう方法二元論という考え方があったと思います。

　そうしますと，内在的な論理的首尾一貫性が保たれるならば，個別価値判断を正当化する上位の価値判断は，どんどんとその抽象度のレベルが上がっていきます。最終的には，お互い，その優劣を論理的な次元でもあるいは事実のレベルでも論じることができないような究極的価値判断に行き着くだろう，と言われます。これが二つ目(b)の次元です。その究極的価値判断相互の争いは，――非常にオーバーな表現だと感じるのですが――「神々の闘争」なのだ，と言うのです（＝マックス・ウエーバーの表現です）。しかし，そこから下のもう少し個別性・具体性を持った価値判断に関しては，一つは論理的整合性という点で――これは，上の(a)の次元と重なります――，二つは，ある価値判断を取ったときにそれがどういう影響を個人にも社会にも歴史的にも及ぼし得るか，あるいは及ぼしたのか，そういう判断をすることはできるという主張だったと思うのです。今のような理解で述べられる（科学的）

価値相対主義の枠組みを，私も長い間基本的に踏襲してきました。ただ，最近，疑問を感じるようになってきたのです。

一つの疑問は，価値判断と対比して考えられる事実認識の客観性に関わります。価値判断は主観的で，最終的には神々の闘争に行き着くほかない。これに対し，事実認識は間主観的，あるいは何か事実に訴えかけることによって客観性を語ることができる，そういう前提があったと思うのです。このようなシャープな対比でいいのかどうか，疑問に思われてきました。

■ 価値判断を正当化するための考察の方向性について

[陶久]　そこで，私がこのところ考えておりますのは，価値判断の正当化について以上のような理解を変えようということです。つまり，正当性のレベルをより上位の価値判断へ，より上位の前提へと遡っていくというよりは，むしろ一人一人が目の前の具体的事案を見て，何か自分の生活全体を規律していくような，支えとなるような基本的価値と関連づけるという道はないのだろうか，と思案しています。そういうレベルに話を持っていって，そこから出発して，何とか価値の判断というものの説明ができないだろうかということなのです。

伊藤先生は，それだけでは不十分だとおっしゃいますし，多分そうだろうと私も思います。それだけで正当化が尽きるということにはならないとは思うのです。ただ，これは私の個人的体験がずっと尾を引いているところではあるのですが，抽象的レベルで正義の議論をしたり，時折は個別的事例とも重なり合いつつ抽象的議論をしても，なかなか価値相互の優劣を論じるのは難しい。難しいというのは，どこか一人一人の心に響かないところがあるのかもしれない，ということです。むしろ，一人一人の心に響くような，その意味で体験というものに根ざした納得の仕方があるのではないだろうか。そこへ一度話を返してみまして，そもそも私たちはどういう風に価値を自分の身に，「まさにその通り！」と思えるような形で感じとるのだろうかということを考えてみよう，と試みています。

そういう問題の次元は，正当化の次元よりはむしろ発生のレベルへ，あるいは別の言葉で言いますと，言語的表現のレベルよりはもっと身体的な感覚のレベルへと視線を移すことでもあります。そこから出発しまして，——私の想定はまだまだ未熟なのですが——一番基本的なところでは事実も価値も渾然一体となったような実践の世界というものがあるのではないか，と想定しています。それは非常に身体的なレベルで何かを感じとり，——あるいは感じとるということまで行かなくても——現に感じとったことが前提とされたままで実践が為されている，そういういうレベルにまず視点を当ててみま

しょう，ということなのです。

　そこから今度はしかし，では自分が何か感じ取ったと思われるような事柄，価値があると思われることを言語的に表現するレベルがあるだろうと思います。その言語的表現をし，それはまた一つ大きな問題がありますが，自分自身の確信であったものを他者とのあいだでの言語的な交通，討議というものへと投げ入れることを通じて，場合によっては間主観性が得られるかもしれないと思っています。これは非常に楽観的希望です。

　ですから，伊藤先生がおっしゃる価値判断の正当化といわれる際の意味合いの問題になると思いますが，私の目下の考えでは正当化は二つに分けまして，一つは個人の一種の確信，個人的にはこれが正しいと思う，それは信念かもしれません，それが一つ。もう一つは，それを言語的に表現して間主観的に承認された間主観性，そういう二つに分けてみたらどうだろうかと思っています。その両者が行ったり来たりする形でなんとか正当化ということが語れないだろうかと思っているところです。その二つのレベルとは違うところで，時空を超えた何か正当な価値があるかどうかは私にはわかりませんので，今のところはそこは想定しないという話で進んでいます。

　まだまだ練られておりませんし，私の当面の関心は個人の問題へと凝縮されていますから，では法的な役割を担わなくてはいけない人の非常に複雑な事案を前にしたときの価値判断はどうなるかというところまでは，まだ橋渡しができていない状態ではあります。その点は非常に申し訳ないと思っています。

[星野]　根本問題になってきて，いくら議論しても尽きないところです。陶久さんは相当突っ込んだ叙述をしていらっしゃるように思います。間主観性のほうはこれまでもかなりいわれていますが，説得という視点を入れたところが独得でしょうか。これは，私も納得ということをちょっと書いたことがあり，内田貴君などもこれを言っていますが，納得とはなにかということは，オックスフォード運動で有名なイギリスの枢機卿，19世紀のジョン・ヘンリー・ニューマンが納得の論理（Grammer of Assent）という本を書いています。おもしろそうだと思いながら，まだちゃんと読んでおりません。

　陶久さんの書かれた中の最も中心問題を議論しましたから，ここまでとして，次に六本さんに対する質問をお願いします。六本さんは，始めに申した趣旨で法学教育との関連に絞ってくださいましたので，そこに集中した議論ができそうです。

■ 基礎法学の習得は学部の早い段階が望まれる

[陶久]　特に早くから法律学の勉強を始めた学生の中には，社会的事実の構

造について知らない人が多い，そこは法社会学で補っていくべきだというご趣旨だったかと思うのですが，しかし，やはり学問的なレベルだけではなかなか体感できない側面は多いのではないかと思うのです。話が教育の問題へと収斂していくかもしれませんが，早くから法律学の勉強をして法律学の枠組みでものごとを考えていくような学生に対して，法社会学の側面からどのようにアプローチをしてあげると，方向を転換することができるようになるのでしょうか。

[六本]　難しいですね。法律学の枠組みで既に考え始めている学生に対して，ということでしたら，そのときはもう手遅れであるということになるでしょうか。法科大学院のレベルでも，もちろん法社会学あるいはほかの基礎法学の授業は有益だと思うのですが，先ほどからお話がありましたように，基礎法学の実務家養成の役割を主に学士課程レベルでと考えますと，どちらかといえば，従来の慣行に反して法社会学は早めの段階で教えたほうがいいのではないかと思っているのです。

　実際に私も東京大学で法社会学を担当していたとき，なるべく前のほうにおろしてもらうように機会をとらえてやってきたのです。今も，2年目でやっているのではないかと思います。あるいは私の記憶が違うかもしれませんが。そういうわけで，むしろ実定法の本格的教育が始まる前の学生に基礎法学の歴史の面か社会学の面か哲学の面か，そういう面から，法というのは社会の中でどういう位置づけをもっているのかということをしっかりと学んでもらいたい，そういう趣旨なのです。

■ 法社会学の観点——法システムというとらえ方

[六本]　法社会学のことを少し具体的なレベルについて申しますと，今のお二人の先生のやりとりをうかがっていまして，私の感じたのはこういうことなのです。法社会学の観点から眺めますと，お二人の今のご議論は相当に違うようにみえていて，実はよく似ているという感じがしたのです。それは，おそらく法社会学の視点というのは，法システムというものがあって，それを眺めるという立場——内的観点と外的観点との組合わせということを，私の論文の注の(17)，(20)あたりのところでちょっと出しているのですが——法解釈の立場からみないで外から眺める立場ですね。外から眺めるという意味は，必ずしもどうあるべきかという観点を捨てるという意味ではないのですが。そういう観点で見ますと，伊藤先生と陶久先生のご議論のどこが共通だと感じたかと申しますと，納得という点です。というのは，伊藤先生が頼りにしていらっしゃる市民の法意識と通底するところがあると思うのです。つまり，生活人として生きている人が本当に生活の中で思っていること，

これが法的に正しいことの基礎になくてはいけないという考え方。そういうふうに解釈しますと，案外通底したところがあるのではないかとみえたのです。

そのように，法社会学は，どちらかというと法解釈をするときにどうしたら正しい結論が出るかというふうに頭を集中させている人たちを眺める，そうするとどう見えるかということを示す，そうして法律ってそういうものなのか，というように学生にわかってもらえる，そういう役割をもっているのではないかなと思うのです。

■ 変化の中で相対化してとらえようとする

[石部] そういう点でいえば，法史学も同じだろうと思います。ただ，それは過去の時点から始まって現在に至るあいだの変化を問題にするわけです。つまり裁判における価値判断の問題というものでいえば，これは昔からあるわけで，なにも現在，突如として出てきた問題ではないわけです。ただ，そういうものにある特定の状況のもとでどのように客観性のようなものを付与するか，あるいはまた納得のいくような状況をつくり出すかというのは，これはその時代，その時代によっていろいろ違う。このように歴史的に相対化してしまうのが法史学の考え方だろうと思うのです。

例えば納得というようなことでいいますと，例えば説得の論理としてトピックという考え方*が盛んに用いられた時代があるわけです。ところが，17，18世紀になりますと，そういうトピックの考え方がだんだん否定されてくるわけです。それはなぜか。権力機構としての国家がつくり出され，自然法論なるものも，そのような国家の立法権力の正当化をめざすようになります。国家の制定法というものが優位に立つようになり，制定法の ratio legis，すなわち，法律の根拠というものから演繹していかなければならないという考え方に変わってきます。それから，自然法の原理から出発をいたしまして，下位命題を演繹的に展開していく。まさにこれが数学的方法といわれたのですが，それは法の決定の真理性を保証するということであったわけです。

ところが，自然法的な演繹が行われましても，Aという人とBという人が言っていることが違うじゃないか，というようなことになる，そうするとそれを反省して，人間がつくった法としての実定法をよりどころにする，宗教や倫理と一線を画した実定法のシステムをつくろうとする。サヴィニーなど

---

* 古代ギリシアより伝わる説得推論の術。詳しくは，植松秀雄編『埋れていた術・レトリック』（木鐸社，1998年）およびシュレーダー著・石部雅亮訳『トーピク・類推・衡平』（信山社・2000年）を参照されたい。

はそれを学問法という形で展開したわけですが、法学はできる限り法的な客観性というものを保証するにどうしたらいいか、そのためにいろいろ技法を考えたのだと思うのです。だけど、しょせんは人間のやることだから、価値判断というのは免れないだろうと思うのです。

最後のぎりぎりのところをどうするか。例えば現在、起きているようないろいろな問題、生命倫理、あるいは医療倫理などに登場してくるような問題になりますと、これは実定法学の従来の技術ではうまく処理できないのではないか。

これは、今おっしゃったようにできる限り合理的な議論を尽くして、なんとか合意をつくり出していく。しかし、そのあるルールをつくったとしても、それは所詮暫定的なものであって、将来それが否定されるかもしれない、そういうある種の歴史の審判を待つよりしょうがないわけですが、とにかくいまここで決めざるを得ないのではないかという感じをもっているのですが、いかがでしょう。

■ 論理的・整合的体系にもとづいて判断することが困難な時代

[星野] 価値判断の問題は本当に難しいですね。ただ、一ついえることは、このごろ、実定法学者でも、例えば生命倫理などという問題がありますから立法論をせざるを得ないのです。場合によっては解釈問題も生じます。これらの場合に価値判断を避けて通れないのですね。実定法学の領域自身が広がっているという面もありますが、価値判断の問題は本来避けられないものです。価値判断の問題は今おっしゃったように、「自然法」なり学説なり、ある根本命題から演繹して論理的に整合的な体系をつくることをやるのがいいという時代ではないと思うのですが、むしろこのごろの民法学がそういう傾向にある感がします。

私どもは利益衡量とか価値判断といいながらまだはっきりとした形で価値のヒエラルヒアを示してはいませんし——もちろん、「自由、平等、博愛と連帯」といったことはくりかえし主張していますが——、また、細かい部分の利益衡量の結果から帰納してきちんとした命題にまとめることも不十分です——局部的にはかなりやっているつもりですが——。また、利益衡量をすることは、そんなに簡単なものでなく、とても難しいのです。細かい利益の分析はしんどいことです。そこで、そんなことをやってもしょうがないということになったように思われます。その結果逆に何か命題を出して演繹的にまとめてみたり、法律概念を、背後にあるその前提とした理念や社会の実体から切りはなして、その論理的な構造や整合性だけをより重視する傾向、検討する傾向が強くなっていることを心配しています。

■ 具体的事実を知った上での法的思考の訓練

[星野] 先の議論にちょっとコメントをさせていただきますと，かつての法学部では，ある程度やむを得なかったように思います。かつては実定法も，それほど法律的な思考を十分に教えていなかったように感じています。こちらは教えたつもりでいても，学生が十分体得できたかは若干疑問です。他方，基礎法学は相当独立した学問だったので，学問の先端が講義されていたと思います。

そこで，法律的知識がある程度できたところで基礎法学を教わったほうがいいという考え方になったと理解しています。これはそれなりの教育的な配慮だったのですが，現在の状況ではそれでよいかが問題になるでしょう。

六本さんのおっしゃることは私も非常にもっともだと思うので，法学部をどうするかが実は一番大きい問題です。法学部をやめたほうがよいという考えもあるほどです。ただ，私が心配しますのは，他学部卒業の学生のことです。文学部，経済学部はまだいいのかもしれませんが，理学部，工学部になりますと，学部段階でかなり技術的で，専門化された教育を受けています。そういうところで学んだ人がロースクールの前段階としてのリベラルアーツをちゃんと学んできているか，テクニシャンになってしまったものがまた別のテクニックを学ぶだけのことになりはしないか，若干心配があるのです。もちろん，法学未修コース１年次をきちんとすればよいともいえますが，その年次の教育に過度の負担がかかる危険もあります。基礎法学にとっても，法学未修コースの第１年次が大きな問題ではないでしょうか。

私も六本さんと同じく，日本の技術系学部の教育，むしろ高等学校の教育がただの技術屋をつくるようなものになっていることに根本問題があると考えています。

■ 学部教育における基礎法学の位置づけ

[六本] 確かに法社会学そのものが非常に先鋭的に専門化している傾向が少なくとも一部にありまして，それをそのまま学部教育であれ何であれ法社会学として講義するということが続いていくと，先ほど私が申したような効果は得られないことになります。そこで，法学教育の内容で法社会学がほかの基礎法学分野との相対関係においてどのような役割を果たすべきかということを考え，法に対する理解を深めるためにどういう講義をしたらいいかということを考えた上でしないといけないと思います。法学部の中で法社会学の存在意義を主張して，この講座はつぶしてはいけないといったことを頭の後ろに置きながら講義をする人が増えてくると，どうしても専門的になって，ほかの人が分らないようなことを言っていれば安心だ，壁を建てておけば安

全だという傾向が出てくることはあり得ると思うのです。

　次に，今星野先生が提起された問題で，学部としての法学部がだんだんなくなっていく方向を考えるとした場合，それでもなお法科大学院に行くべき人に法への入門の教育はどこかでしなければいけないと思うのです。何学部であれ。それが必要であるというのは，ほかの国の法曹養成制度の現在までの発展をみてくると，やはりそうなっているのではないかと私自身は感じているのです。イギリスにしてもアメリカにしても。ドイツについては詳しいことは存じませんが，ドイツは学部教育で法学をやっていますが，でもそのうえに研修が2年あって，そこに期待していますから，学部のほうは，ギムナジウムで学ぶことは別としても，かなり広いことを教える。

　アメリカの場合で特に注目すべきなのは，学士課程では法学教育はしていないで，ロースクールに行って初めてというのが今までの基本線なのですが，にもかかわらず学士課程で既に法学の教育をしようではないかという動きが出てきているのです。バークレーの私の知っている例が一番典型的なのですが，リーガルスタディズというアンダーグラデュエイトのメージャーが導入されています。そのプログラムをみますと，10科目とか15科目とか提供しているのですが，大体は基礎法学系なのです。法の歴史，ローマ法だの比較法，それから法社会学，法哲学，そういう分野の人たちがやっているので，もちろん高度なものをやるのではなくて，リーガルスタディズということで学部のメージャーとしての授業だよという構成をしているのです。そういうことが必要だと感じられていて，それが他の大学にも広がっていると聞いています。

　ですから，日本でもおそらくそういうのは必要で，そうなると基礎法学の分野が教育のことを考えたうえでそれを担当する気構えをもっていないといけないのではないかという感じがします。星野先生の最初におっしゃった内容は，実をいうと民法といっても基礎法のことをやってこられたという面がかなり大きいのではないかと思うのですね。

　[星野]　そうかもしれません。

■ 実定法における権限と正当化の問題

　[六本]　それを学生が民法の講義として聞く場合とそれ以前の講義として聞く場合では，かなり効果が違うのではないかという気もするわけです。

　それに関連しているのですが，陶久先生が正当化という概念を媒介にして事実認識と当為認識を，ある意味では一つの次元に乗せてみたいとおっしゃったと思うのです。つまり，事実認識も結局は正当化の問題で，両者を基本的に同じ線の上で考えておられるなという感じがするのです。つまり，

事実認識といえども一定の枠組みがあって，そして実証したといっても，一定の枠組みの中ではたして実証されているかどうかという議論をオープンにしていこう，そういう仕組みだと思うのです。

　ただし違うのは，事実認識の場合には非常に開かれた仕組みなので，そのオープンな議論の前提自体をだれかが立法するわけではなくて，学者のコミュニティの中でパラダイムと言いますかそれをつくりあげていくというものですね。法のシステムの場合には，事実を明らかにして，それに法を適用して結論を出す。それをなるべくオープンな議論にさらす。すでにさらされているものを足掛かりとして理由づけと言われる正当化，根拠づけをしなければいけないわけで，それをまたオープンな議論にさらす。ですから一回限り，その場で当事者とかにさらすかどうかということではなくて，時間的に長い目で見てどういうふうに発展するかということを念頭においた上での正当化だと私は見ているのです。

　そのように正当化という概念でつなげて位置づけるというのは，私の考え方とも合っていると思うのですが，ただ実定法の場合には，なんといっても立法という，それから判決という，これは動かしがたい決定権限がありますね。そこが違う。決定の権限があって，手続とか法律とかそういう動かしがたいものがある。それに関連づけて正当化していかなければならないというところが違うのではないかと。その辺をどのようにそれを位置づけたらよいのかと私としては思うのです。

　つまり，仮に事実認識の面での正当化に最後的には依拠するにしても，法的な決定は，政治的なシステムの中でいわば有権的にと言いますか決まってしまうものなので，そのことをどのようにしたらよいのかということになると思うのです。これは，結局，法哲学の分野で議論されているあらゆる法解釈問題に正解はあるかないかの問題にも帰着するようなところがあるのではないかと思うのですが。

[星野]　この問題も，それだけやっていても尽きないところがあります。今，学部の問題が出てきました。私自身は法学部があったほうがいいと思っていますが，法律家の中にはやめてしまったほうがいいという人も結構いますね。これは事実として心得ている必要があります。

　では次に，石部さんに対するご質問が何かあったらどうぞ。

■ 法史学の相対化する見方と実定法上の問題のとらえ方の関わり

[伊藤]　私の関心からいうと，大変勝手な関心なのですが，実定法の具体的問題との接点ということをいつも考えています。ですから，法制史はそういうことをやるべきだということをいっているのでは全然ないのですが，お聞

きする立場としてはそういうことにどうしてもなってしまいます。石部先生が，現代の法を相対化する。そして，行ったり来たりしていろいろな意味でそれを現行法の解釈というのか理解ということでしょうか，解釈では狭すぎるので理解に資するとおっしゃったと思うのですが，それは石部先生自身がご論稿の中で，有責配偶者の離婚請求という具体的問題についてかなり詳しくお述べになっていらっしゃるように思うのです。

石部先生は，有責配偶者の離婚請求を大変詳しくお述べになっていますが，それをやや一般化していうと，法制史の見方というものと実定法の具体的な問題の解決といいますか，そういうものとはどういうふうに，相対化という非常に包括的にではわかるのですが，どのように結びついていると理解したらよろしいのでしょうか。

■ **有責配偶者の離婚請求を手がかりとして**

[石部] 有責配偶者の離婚請求というのは，770条の条文の文理解釈からは出てこないわけですね。素直に読みますと，どうしてそのような離婚請求は認めないという結論になるのかという疑問は当然出てくるだろうと思うのです。そうすると，これは一つには基本的には婚姻観，離婚観とかそういう問題になってくるだろうと思うのです。法史や比較法の立場からは，日本ではどうか，あるいは諸外国，特にドイツとかフランスではどうかということに考えがいくのは当然ではないだろうかと思います。私は，それではドイツはどうかということで，ここにはちょっと詳しく書かせてもらったわけです。

そこで，この問題を考えるだけでもずいぶん考慮すべきファクターがたくさんあるのではないかということをまず挙げたわけです。第1は，婚姻，性と生殖の問題をだれがコントロールする権限をもつのか。日本では意識されない問題ですが，ヨーロッパの場合はそれが非常に対立的に出るもので，教会であるか国家であるか，と。少なくともキリスト教会が地歩を固めてから婚姻の問題の管轄は教会か世俗の国家かということで争われてきたわけです。それの問題が一つあるだろうと思うのです。

離婚を最初に認めたのはマルチン・ルターの宗教改革のときですが，姦通と悪意の遺棄というのを聖書から引き出すわけです。これはプロテスタントの神学的な理論を使うわけです。カトリックの場合は，サクラメントの理論から出発いたしまして婚姻非解消の原則に立ちながら，婚姻無効・取消という形式で実質的に解消を認める，非常に精密な理論があるわけです。そういうことがまず一つある。

それから，例えば，次に書いておりますのが絶対主義国家。君主は，世俗の立場からそういう教会の婚姻規制をどんどん打ち破ってきている。ですか

Ⅲ　論稿と報告を踏えての意見交換

ら，例えば性的な不能であるとか嫌悪すべき伝染病であるとか，こういうものまで広げていくわけです。そしてプロイセン一般ラント法の場合などを例には引きましたが，ここではもう克服しがたい嫌悪とか，あるいは合意離婚まで認めるとなっているということなのです。

　例えば，キリスト教の考え方では，婚姻はみずからの手で婚姻の絆を断ち切ることはできないのです。ルターの場合でも，基本的にはそういうところがあるわけです。ところが，世俗の国家ですと，世俗の国家権力が婚姻の絆を裁判官の手によって断ち切るという考え方なのですね。また，現在でも，日本のような協議離婚を認めている国はヨーロッパにはありません。合意離婚を認めるようになりましてもやはり裁判離婚であります。だから，ドイツ民法典（1896年）の婚姻・離婚法はプロテスタントの系統を主にしたキリスト教の婚姻・離婚法を世俗化させ，あのような形で定着させたのだと思います。婚姻の締結の仕方をみても，当事者の合意を身分官吏が立会って仲介するやり方になっています。要するに，国家の婚姻法も，教会の思想を受けついで，私人の生活を倫理的・法的に規制しようとする面がうかがわれるのです。

　そのほか，例えば，20世紀への転換期における19世紀の終わりから20世紀にかけての一般の人の性意識の問題，これは最近，だんだんと紹介されるようになってきたと思うのですが，ウェーバーなどのプライベートな事件の背景などをみますと，その当時の性意識の変化はかなり大きいところがあるのではないかと思いますし，また，女性運動などの問題があります。非常に厳格なそういう婚姻法をもっておりながら，実際にはそうではないのですね。制定法の規定をくぐるように，いわゆる協議離婚をみなやっているわけです。有責配偶者の離婚請求の問題も考えてみますと，やはりドイツのナチスの時代，それから第二次世界大戦後のそれに対する反動の時代の対比が興味深い。重要なのは，1938年婚姻法55条と46年婚姻法48条では，条文の文言は変わっていないにもかかわらず，そこから導かれる結論がちがっている点です。婚姻・離婚観の変化，国家の法政策の変化が，その要因であるのはいうまでもないのですが，立法によって最終決定が裁判官にゆだねられた結果，そのときどきの状況や裁判官の価値判断や態度によって，それが異なってくるということにも注意しなければなりません。これが日本の裁判における有責配偶者の離婚請求というものは，戦後のドイツの判例と昭和27年2月19日判決（最高裁判所民事判例集6巻2号110頁）とは時期的に符合するわけです。そして，1976年の改正による離婚緩和の方向は昭和62年9月2日の判決（同判例集41巻6号1423頁）がまた対応するわけですが，おそらく裁判所はその辺のところを頭に入れていたのではなかろうかと私は想像するのです。

基礎法学の立場からすれば,有責配偶者の離婚請求を考えるさい,その歴史をたどり,実定法の背景を知ると,もっと実定法の理解も深まるのではなかろうかという趣旨なのです。

[星野] 石部さんは実定法から出発して法史学に進まれた方で,私にとっては大変わかりやすく,ここに書いておられることはもっともだと思うことが多いのです。

そのくらいにして,では伊藤さんに対する質問を皆さんからどうぞ。

■ 裁判官の制度観の変化と思潮の変化

[六本] 今,離婚判決の話が出ましたので,それと関連して発言してよろしいでしょうか。

私の視点は法解釈学的な観点ではなく法社会学的な観点ですが,裁判官がなさっている判決を一種の法決定行動とみて,それをどう理解するかという観点から申し上げるのですが,伊藤先生はご論文で,27年判決と62年判決とは,条文は同じであるにもかかわらず結論が正反対で,なぜ正反対になったということの決定的な理由は裁判官の婚姻観にあると断定しておられますね。それを基礎法学的に理解すればというご趣旨かと思うのですが,それは結局,市民の法意識による,そのように説明すればいいのではないかとおっしゃっているかと思うのですが。

[伊藤] 基本的にはそうです。

[六本] 基礎法学の果たすべき役割ということが私の頭にありまして,これを一つの例として基礎法学がどういう協力をなし得るかという論点にかかわる点を述べたいと思うのですが,その前に,裁判官の婚姻観が決定的要因だという点は,法社会学的にみますと根拠があまり明らかでなくて,婚姻観が決め手になって決まってきたのではないのではないかという感じがするのです。むしろ,両ケースの事実関係をずっと眺めていきますと,先生がおっしゃいますように,別居期間が2年と35年ではずいぶん違うのだというのも一つのファクターですが,むしろ事案の全体が非常に違うのですね。あとのほうの判決の場合には上告趣意書はわりとはっきり書いていると思うのですが,27年判決は前提になる,これは否定しない,ただ,かくかくしかじかで事案が違う,だから27年判決を前提としながらもう少し細かく条件をつけていくと,本ケースでは結論が違ってくるはずだという主張をしていると思うのです。

裁判所はそういうふうには理由づけないで,あたかも条文の解釈として――文理解釈も結構入っていると思いますが――婚姻観がこうだからとはもちろんいっていません。しかし,その違いの原因は事案が違うことにあるの

ではないか。それから，その背後の思潮が違ってきている。

　次に，それを法意識の違いと言えるかどうかという点です。法意識の違いと言うのと，思潮が違っているからというのでは，私としては違うのです。つまり一人ひとりの市民のランダムサンプルをとって，圧倒的多数の人が，この場合は離婚を認めるべきだと考える，そういう法意識の状態になっていたから，裁判官の婚姻観の中にそれが反映されてこういう判決になったのだという発生的な説明が，はたしてできるのだろうか。むしろ，世の中の思潮というものが違ってきたのではないか。

　個人の人たちは，世論調査をすれば，おそらく思潮におくれている人が多いと思うのです。30％近くしか賛成ではない。しかし，裁判官がその思潮をとりあげる。だれかオピニオンリーダーがいると思うのですが，あるいはほかの代表的な例があるということで思潮がつくりあげられていって，それに裁判官は反応している。それが正義だと考えているかもしれない。27年から62年にかけて，裁判官の婚姻観がそう変わったわけではなくて，思潮が変わった。それに裁判所が反応した。そこで，裁判所の判断としては，基本原理は27年から変わらないけれども，事案が違うからケースが違う。だから結論が違うのだよ，という形で結論を出したのではないか。ただし，判決理由の書き方は大陸法的な演繹論法で書いているのではないかなと私は見るのです。

　ですから，ケースメソッド的な教育をすると，この判決例は非常におもしろいと思うのです。学生にケースをまずみて，それから法理を考えろというふうにやれば，62年判決の書いた判決文とは違った判決案がいろいろ出てきておもしろいのではないかと思うくらいなのです。

■「市民の法意識」というものの内容

[六本]　ちょっとがぼやけてしまったかもしれませんが，申したかったポイントは，市民の法意識と先生は基礎法学的には説明しておられるのですが，「市民の法意識」というのの内容が，私の申し上げている「思潮」というのと同じなのか，それとももうちょっと実証的なものとして，実証される市民の法意識が正しい，つまり水掛け論にならない判決の根拠になるのだとおっしゃっているのでしょうか，という質問になると思うのですが。

[星野]　思潮ということばの意味ですが，思潮というのは，広くものを書いたり言ったりしている人，今はテレビもありますが，インテリとかマスコミを含めた言論界の多数という意味ですか。

[六本]　おそらくメディアも含めてだと思います。つまり，一般の人びとの生活意識は常におくれていまして，ですからある判決が出ればそこではじめ

て変わっていくというような，むしろ逆の因果関係もあると思うのです。ではどこからくるかというと，もう少し中間的なものがありまして，それを思潮と仮に言ったのですが，世論といってもいいと思うのですが，学説も入ると思います。

[石部] 例えばおっしゃるようにこの時点で法意識調査をやれば，どう結論が出るかわかりませんよね。

[六本] 聞かれていることがわからない人も多いと思いますので。

[石部] そうですね。問題は，メディアも含めてどういうところを思潮としてとらえるかという，例えばヨーロッパでいうと，おそらく教会に聞くでしょうし，そのほか，大学の専門家や婦人団体の意見も参考にするでしょう。そういういろいろ意見収集をやるのではないかと思うのですね。そのうえで，これは最終的には裁判官の判断になるわけでしょうが，ある反応をするだろうと思うのですが，日本の場合はその辺が，実際に裁判をされる場合にどうなのでしょう。

[星野] ここでもう一つの点を挙げるならば，学説の多くは新しい判決のほうの考え方を主張していたわけですね。ですから27年判決はよくないといっていた。学説の影響力が比較的あるようなところもあります。日本の場合はよくわからないのですが，学説も含めて思潮と呼ぶならば，六本さんが言われた点はどうなのでしょうか。

[伊藤] 六本先生のご指摘は，最初の法社会学的な根拠が薄いというのは，率直に認めざるを得ないのですね。有責配偶者の離婚請求の問題について，私が何か確実な実証的資料に基づいて市民の法意識というものを判断したわけではありませんので，その点はちょっと開き直るような言い方をすれば，そういう点の法社会学的な資料がもっとほしいということになります。

[六本] 薄いと申し上げましたのは，裁判官の婚姻観の違いが決定的理由だという，その命題なのです。それは結局，市民の法意識の……。

■ 市民の法意識と裁判官の法意識の連動・フィードバック

[伊藤] 私の考えていた裁判官の婚姻観は，市民の法意識と完璧に独立してあるわけではなくて，市民の法意識と相当程度連動している。それが，まことにつたない論文ですが，嫌煙権について私が司法研修所論集に書きました論文をみると，あのときに非常によく調べたものでわかるのです。行政庁の通達とか世論調査とか，あるいは学説といえるかどうかわかりませんが，随筆的なものからすべてが少しずつ少しずつお互いに反応しながら変わっている。ですから，有責配偶者の問題に戻りますが，ある意味で非常に似たような問題だと思います。たばこの場合は非常にそれが，私は多少の調査をした

ということもあるでしょうけれど，明確に出てまいりまして，そして相互作用，市民の法意識が一方的に決めるのではなくて，先生もちょっとご指摘があったように，判決があったり行政庁の取り扱いがあったりすると，あ，そうかなとか，あるいは WHO の発表があると，そうかなと，また動いたり，そういうフィードバックの関係の中で動いていくのだろうと思うのです。

　今，有責配偶者の離婚請求の問題に裁判官の婚姻観というものも，裁判官の婚姻観が真空の中にあるのではなくて，裁判官の婚姻観による判決が市民に影響したり，逆に市民の法意識や識者の考え方などが裁判官に影響したりということがあったのではないか。そして，多少，その例としては，ここでは詳しく書いておりませんが，調停などでは，判決より前にそういう有責配偶者の離婚請求を実際に認めてきたということがあるのですね。ですから，あの判決は，突如出てきたのではなくて，下級裁判所ないしはそういう調停，家庭裁判所の実務例が，いろいろ動いてきている中で出てきたわけなのです*。

　両判決の事案は，その違いをどうしてみんな普通の判例評釈であまりいわないのかなと思うぐらい違いますね。別居期間が，62年判決の事案では36年で，27年判決の事案では2年ぐらいしかない。だから，そういうところにも本当は着目しなければいけないけれども，あまりにもあの27年の判決の踏んだり，あれは「蹴ったり」ではなくて「蹴たり」と書いてあるのですが，蹴たり判決の論調のすさまじいこと，敢然として正義は貫かれるべきだというゆるぎない自信をもっている。あの婚姻観と62年の判決の婚姻観は基本的には違うのではないかと思います。それから，市民の法意識がそのまま反映したというふうには私は必ずしも考えていないのですが，両方が連動関係になるということもいえるのではないか。

　そういう中で，おっしゃるように文理解釈もあるのですが，この62年判決の最初にいっている文理解釈は，27年判決の裁判官ができないはずはないのですね。そんなに難しい議論ではないし。

■ 文理解釈によるものか思潮の変化か

[伊藤]　それは星野先生がどういうコメントをされるかわかりませんが，特別に複雑な条文ではないわけで，できると思うのです。私自身は，62年判決の前の方に書いてある文理解釈というのはお飾りであって，「思うに」以下の裁判官の本質的な考え方が原動力となっている。それは，そのときの市民

---

　*　浦本寛雄「有責配偶者からの離婚請求──判例の変遷とその背景」判タ1100号23頁以下（2002年）など。

の圧倒的法意識であったかどうかはわかりませんが，下級審の中でのいろいろな実務例などが微妙に動いてきて，市民の法意識の中にもそれがあらわれてくるのもあって主張にも出て，そういういろいろなファクターの中でああいう判決が出たのではないか。ただ，法意識が基本で婚姻観が変化しているとしているのも，確かに私は法社会学的な検討をしたわけではないので，それは専門家からごらんになって，これは不十分だとおっしゃられれば，それはそのとおりといわざるを得ないかもしれませんが，私にはそのように思えるのです。

[星野] 非常に素直に文理解釈すれば，27年判決は条文に限定を加えているわけですから，文理解釈上はむしろおかしいのですね*。だから，裁判官は文理をはずれた解釈をする十分な理由があったと思ったわけでしょうね。こう考えていくと，大事な判決というのは，案外文理に即していないものがスラッと最初に出てきてしまうものだから〔後記：差押と相殺に関する後に変更された最判昭和39年12月23日民集18巻10号1217頁も，民法511条の文理解釈ではありません。〕，文理に戻そうとすると，そちらのほうに挙証責任があるような形で，この辺も法律論というのは厄介なところがありますね。

[六本] その辺は，私は27年はむしろ法律家的だという気がするのですが，いかがでしょうか。つまり，この法文の理屈からいって有責者からの請求を許すべきではないというのがこの法律の趣旨なのだという解釈だったと思うのです。つまり，法律家がぎりぎり判断しろといわれればこうならざるを得ない，そういう面ですね。ですから，正義に反するというのが決め手だったというのは，非常に難しいような気がするのです。

[星野] 難しいところですね。法律家は，結局は価値判断から結論を出しているとしても，判決その他外に出すものにおいては，論法を使い分けるのですね。文理解釈が結論として適当だと判断するときは，知らん顔して「第○条により」とやり，文理解釈では適当な結論が出ないときには，文理については黙っていて，いろいろ実質的な説明をするのですが，これをその条文の「解釈」として示すのです。27年判決は解釈をしますが，すなおな文理解釈ではなく，実質的な価値判断に立った解釈をしているわけです。

[六本] このケースについての実質非合理的なと言いますか，カーディ裁判的な判断［そのケース限りの妥当な判断］があったればこそこの文理解釈が出てきたのだという感じがします。ですが，判決理由を読んでいきますと，この条文を素直に読めば，自分から悪いことをつくっておいてそれを理由に離

---

* 門口正人調査官の解説も同様の説明をしている（最高裁判所判例解説民事編昭和62年度29事件）。

婚できるなら，そもそも条文の意味はなくなるではないかという論理なのですね。ですから，法律解釈として正当化できるからこそこの判決を最高裁が採用したのだ，という印象もぬぐえないと思うのです。

　それに付け加えられているのが，刑事裁判でも出てきたようなこの時代の判決に特有の道徳の強調——「道徳を守り不徳義を許さないことが法の最重要な職分である」とありますね。こういう論法——これは一種の法理論ですね——で説得しようとしていますが，でも，一応通常人にも分る解釈をしているのではないかなというのが，これは素人の感じなのですけど。

[星野]　条文の素直な解釈とは何かとか，何を法解釈とか法理論というかという大問題になりましたので，この辺にしておきましょうか。

■ 婚姻観についての社会的な相違

[石部]　あれは不徳義勝手を許すものではないという，もっと広い法的，倫理的な反応なのですね。婚姻観というところまでいくのかどうか。日本の場合に，ヨーロッパでいわれるほど婚姻観というのはあまり鮮明ではないのではないかという感じがしてならないのです。最初に申しましたように，ヨーロッパの場合も，教会や国家また市民の立場から，だから「婚姻とはなんだ」ということが大変問題で，制度であるかとか契約であるとかいろいろな議論があるわけですが，日本ではその辺のところはあまり議論がないように思いますね。

[星野]　日本の場合には，むしろ最近，日本においては婚姻は私事，プライベートマターであり，江戸時代からずっとそうだった——武士の場合はちょっとわかりませんが，——という人が多いのですね。ところが，ヨーロッパは石部さんがさっき言われたように，婚姻は明らかにプライベートマターではなくて，まさに公の，パブリックの問題なのですね。その点が基本的に違うといえそうです。しかし日本の婚姻観がどういうものかは本当はわからないという気がします。少なくとも，かつては離婚はかなり自由だったので，明治の民法で初めて協議離婚を認めたのです。江戸時代には夫からの一方的な離婚が認められていました——もっとも，実際は夫婦または双方の親族の話合いが行われていたとされますが——。それが否定されて，夫婦の協議が必要になったわけです。そういうことで，日本では婚姻がパブリックなものだという意識はあまりなかったようです。今でもそうなのではないでしょうか。

　先ほど来の問題はすべてその根本問題に関連するのですね。

[伊藤]　ひと言だけ，石部先生のおっしゃることについてですが，私も婚姻観という言葉を使ったのはあるいは厳密には適切でなかったかもしれません。

しかし，婚姻というところに関係した生活，それについての正義観，そういうものが明らかに27年判決と62年判決とは違うのではないかと思います。それを，ヨーロッパと同じように婚姻観といっていいかどうかわかりませんが，両判決の間では，婚姻生活に関連した信義則的正義観というものが基本的に違うのではないかと思います。

[石部] 私がいいましたのは，ヨーロッパ的な非常に輪郭の鮮明な婚姻観と対比すると，日本で婚姻観というのはいったいどういうものなのだろうかということです。これは法史家の領域になるのかもしれませんが，江戸時代辺りからの固有の婚姻観を明らかにしていくことが大事でしょう。

IV　おわりに

■ 基礎法学が養成する相対的視点の大切さ

[星野] それぞれの方への質問という形でしたが，共通の問題についてご議論いただきました。時間の関係でこのへんで終わらせざるをえませんが，最後にまとめを兼ねて一言いたします。順序は整理不足ですが，いくつかの点が挙げられます。

皆さんのおっしゃったことを私なりにやや大ざっぱにまとめると，第一の最も重要な点で意見の一致したのは一つのものごとを一面からだけみないで，多面的というか複眼的というか，あるいは相対的にみるという視点が法学において大事だが，基礎法学がそういう視点を与えるということでしょうか。逆のほうからいうと，実定法学，これは私のいう「実定法学」ではなく，従来の解釈法学，ドグマーティクと呼ばれているものは，ある理論的な前提から出発して演繹的に議論を進めますが，その前提自体を歴史的・社会的・比較法的な見地から検討することが十分になされていないから，その相対性を指摘するのが基礎法学だ，ということでしょう。私も，そのようなことを考えており，それが私の「実定法学」ですので，全くそのとおりだと思います。この点は皆さんご異論がないところのように思われます。

私は，一般的に今の学生が，法律技術的なものにしか興味を示さないことはとても怖いという感じを持っています。

第二に，法の解釈適用には価値判断が伴うという点も，事実としてほぼ意見の一致があったところです。ただ，その意味について，ニュアンスの違いがありましたが。

第三に，価値判断の客観性とか，正当化といった点が，お二人を中心に論

じられました。これは，とりわけ，戦後の「法解釈論争」以来議論されている点ですが，陶久さんの「納得」という見地からの基礎づけは新鮮でした。

　第四に，お二人ぐらいが基礎法学は法学部の段階でやったほうがいいのではないかといわれました。理由は違うかもしれませんが，事前に基礎法学の視点を与えるのがいいということかと思います。特に現在の高校教育には法学教育の教養課程としては絶望的なところがあるという見方も何人かの方から示されました。先ほどからお話のありましたドイツのギムナジウムとかフランスのリセは，日本のかつての教養課程よりもレベルの高いことをやっています。そしてフランスでは，法学部卒業後に司法研修や行政研修がありますが，法学部の後半でかなり専門的に分かれた教育をすることになっていますから，初めの2年が基礎的・共通的な教育の時期ということになっています。

　第五に，事実認定に関して，たまたま違った立場から出発したのですが，意見が一致したように見えます。事実認定，広く，事実の認識も決して一義的なものではないということです。事実の認識というと，客観的なものがあってそれを客観的にとらえることだと思われているけれども，少なくとも法律的な見方というか，法律論をする場合の事実の認識，裁判の場合の事実認定というものは，ある一つの目的のためになされているものであって，客観的に決まったものではないという点についても，お二人がはっきりとおっしゃっいました。この点についても，皆さんの意見が一致したという感じがいたします。

　ただ，六本さんは，事実認定も法律判断も，国家によってなされた，ある意味で拘束力のあるもので，法律とか判例といった決まった形式・手続によってなされますから，そこにそれ以外の場合との違いがあるといわれたと思います。

　この点についてちょっとコメントすると，私は，法律そのものが既にフラジャイル（不安定）なところがあると考えています。つまり，解釈を必要とするものだからです。ということは規範内容が条文つまりテキストからは一義的に明確ではないからです。まして，判例の意味・位置づけは，学者・実務家の大議論の対象になります。したがって，国家による拘束がある事項だという点は重要なポイントですが，強い拘束力があるのはどの点かということが大問題になります。

■ 特殊な思考法としての法律論

[星野]　第六に，これも皆さんがほぼ一致していましたが，法律論というのは特殊な思考法で，ある種の技術なので，それの枠に無反省にはまってしまうと困るという点です。確かに私も昔教えていたころ，そういう学生がいた

ような気がします。早くから法律論をふり回していて，何か特殊なにおいがある。

そのような傾向は，私もあまり好きではないのですが，ある程度やむをえないところであることも，はっきりさせておいてよいでしょう。もっとも，「法律的思考」とはなにかがまた大問題で，率直に申して私には未だにわからないところがあります。

私なりに言いますと，その特色の一つは規範的な思考ということだと思います。それは，既存の一般的な規範命題を前提として，その事実への適用，つまりその事実がその規範にあたるかどうかの判断 —— これを規範への「包摂」といいます —— という形をとることです。特に法律の場合には，明文があることが多い。制定法国の場合には，少なくとも法律という規範文章がありますから，それにリファーする，つまりそこから出発し，その適用という形をとらなくてはいけない。ところが，リファーすべき規範文章の意味は必ずしもそう明快ではないわけです。

法律の適用は三段論法の形をとることはいうまでもありませんが，その論法自体は特殊なものではありません。私は法律的思考の特殊性をあまり強調したくないのですが，法律的思考といわれるものがなにか，本当に法律にとって不可欠・不可避の部分なのだろうかという疑問を持ち続けております。

■ 学問的知識の体系性と歴史性

[星野] この見地から見ますと，最近，裁判，といっても我妻先生の言われる広い意味で，ADR も含めたものから出発することが多く，民法典の条文から出発するやり方が —— コメンタールはもちろん別として —— 減っていることに問題を感じます。これは，教科書が教育のためということをはっきりさせて，特に法学部の学生に対しては，民法のある種の体系的な知識を与えることが必要だとして，学生にわかりやすい形で体系化したものを与えることを意識して書かれていることにつながります。この点はたいへん結構なことです。具体的には大村君の教科書のはしがきに書いてありますが，内田君の教科書から始まっているとされます。ただ，それらの教科書で気になるのは，判例を出発点として引用するのは結構ですが，学説の引用が少ないことです。最近，一切注のない教科書さえあります。つまり，学説の歴史的相対性の指摘がないというか，その歴史的発展の説明があまりないことです。

同じ傾向として，このごろ，「法学セミナー」誌が張り切って学生向きのよい企画をしていますが，そこにも最近は全然注がないのですね。私どもも，「法学教室」で同じ趣旨の企画をしたときに注なしでしたので，大きなことはいえないのですが，私どもの場合は今までの学者があまり言っていないこ

とを扱っていますから，注のつけようもないものが多かったことも事実です。「条文からスタート」とか，「条文にない民法の原則」とか，法律概念の説明などで，今までの教科書にはあまり書かれていないようなテーマを選んでいますから。しかし最近は，学者が苦労して研究し書いていることを，現在の学説でこうなっている程度の説明をして，続いて自分の考えを交えて，「こうですよ」と書き放しています。なぜそのように考えられてきたかをあまり書かないで，ただ一つの結論とその根拠だけを書くという傾向が，最近ますます増えているのですね。助手・院生にもそういう傾向があります。

学説や判例の歴史をきちんとフォローして，かつフォローすることを教えなくてはいけない。

どこに問題があるかというと，条文を出発点として——あるいはある種の理論，北川氏のいう「学説継受」によって生れた理論でもよいとしても——，判例・学説が苦労して少しずつ歩んで現在に至ったところをある程度きちんと教えないと，現在の判例・学説の理解さえ十分にはできません。そもそも，「温故知新」という心がけを忘れるのは非常に危険だと思います。

最後に，最高裁の「有責配偶者の離婚請求」判決が具体例として挙げられましたが，この点は，判決を読む視点の違いがかなりはっきりしたようです。ただ，民法学者の判例研究とは一味違った議論がなされて，興味がありました。なにぶん，昭和62年判決の調査官の解説は50ページもあるのですから。

さて，これからは少し自由に，これをぜひ話しておきたいと思われる点を補足していただきたいと思います。

■ 法意識と個の責任感，法的論理の組み立て方

[陶久] 先ほど，有責配偶者からの離婚請求でずいぶん盛り上がりましたので，私もひと言だけ。

授業で何度か私はこの判決例を取り上げたことがあります。ただ，関心は若干違うのかもしれません。私個人の関心も大いに含まれています。先ほどお話ししたのとあわせて言いますと，私は二つの側面からみたいと思ったのです。

一つは，先ほど来話題になりました法意識のレベルで，調査によって明らかになるのとは別の側面に着目してみたいのです。つまり，一人一人の人間が，それぞれの価値感得体験を基にして相手に対してどういう責任を感じるのだろうか，夫婦相互の関係を何に基づいてどのように作り上げていくのだろうか，といったところに焦点を合わせるところから，夫婦間の責任とか義務とか，あるいは権利とかを引き出すことができないだろうか，ということです。

もう一つは，結論を理由づけるときに，どのようなルールの形に表現するかという問題です。話題になっている事案について，細かな事情を列挙した上で，あなたはどう思いますかとアンケートで質問する，としてみます。そのとき，離婚期間が非常に長くて未成熟の子どももいないというような状況ならば，離婚を認めてもいいのではないかという答えが大多数の人から返ってくるだろう，と私は推測しています。ただ，その答えを理由づけるルールを示さなければならないときに，ことばとしてどう表現するかについて，少なくとも二つの可能性がありうると思うのです。すなわち一つは，原則は有責配偶者でも離婚ができないわけではない，——でしたでしょうか——判決はそう持って回った言い方になっていたかと思いますが，そちらを原則にして，ただし例外として，離婚を認めると社会的に見て正義に反するような結果がもたらされるときには離婚を認めない，と表現する方法があります。あるいはそうではなくて，二つ目として，原則として有責配偶者からの離婚はだめだ，ただし個別事例でかくかくしかじかのような事情がある場合にはかまわない，といった表現方法があり得ます。

ですから私の二番目の関心としては，結論は同じでもどういう風に論理を組み立てて表現すればいいのだろうかという問題があります。それは，道徳的議論でも同じです。法的理屈を組み立てていくときでも，いくつかの可能性があるときにどういう可能性があるのか，そしてそのうち裁判所はなぜこの表現を選んだのかを検討する課題があるのではないか，と思います。

■ 要件事実論的なとらえ方
[伊藤] 星野先生があの判決のあった直後に，『法学教室』(1988年1月号，特に8頁，9頁，16頁)で触れておられることにも関係しますが，何を請求原因として何を抗弁としているかという問題があります。請求原因を変えないでやる場合と，請求原因を全く変えてしまって特段の理由はこうだということでやるのとではやはり考えが違いまして，今，陶久先生のおっしゃったのはまさに要件事実論の問題で，何を原則とし何を例外とするかということが問題となります。62年判決というのは，有責配偶者の離婚請求は認める。認められないわけではない。ただし，こういう場合はだめだよという形で抗弁みたいなものをいくつか挙げている。未成熟子のところは，請求原因なのか抗弁なのかちょっと問題があると思いますね。未成熟子のないというのが請求原因なのか，未成熟子のあるというのが抗弁なのか，そこがちょっとあいまいですが，いわゆる苛酷条項自体は間違いなく抗弁として挙げているのですね。

それは，陶久先生が要件事実論ではおっしゃいませんでしたが，判決の動

いていくときというのはそういうところからずっと変わっていくわけです。例えば嫌煙権の問題でいえば、最初、嫌煙権が認められるためには請求原因が非常に多いわけです。これもある、これもある、これもある、これもある、これもあるといわないと嫌煙権は認められない。権利形成が進んでくるとその請求原因がだんだん減りまして、ただし、こういう例外の場合はだめなのだ。それが極端になっていくと、例外を認めないというところまでいく。そういう要件事実論的には権利の生成の過程において請求原因が多いのがだんだん減り、それが抗弁に回り、特段の事情が立証できないとだめだということになり、かつ、最終的にはそういうことになるかどうかは別として、一般的な形の抗弁もなくなった形で、権利が確定するという過程が考えられます。

　そういう考え方を私は嫌煙権の自分の小さな論文で書いておりますが、有責配偶者の問題に限らず裁判ではよくあることですが、何を原則とするか。原則自体を変えるのか、原則は変えないで、事案の違いから入る。しかし、あるところまでいくとそれはガラッと原則が変わっていくところまで変化していく。そういうこともよくみられます。

[陶久]　どうして原則を変えたのかというのは、伊藤先生のお考えでは……。

[伊藤]　有責配偶者の離婚請求の問題も、「婚姻観」という言葉は若干適切でなかったかもしれませんが、「婚姻というものについてのいろいろな人びとの考え方」という程度にすると、それが基本的には変わってきたから、先ほどのように判決が変わってきたのだと思います。先ほどの議論を繰り返しませんが、陶久先生のおっしゃったことでいうと、何を原則とするか、何を例外とするかは、裁判では非常に重要なことです。例外のほうにもっていくということはそれは立証しなければいけないということですから。そして、先ほどの62年判決は27年判決と原則を有責主義から破綻主義に変えたところが非常に重要なのです。事案の違いということで結論の妥当性を重視するだけなら原則を変える必要はないわけです。

■「覆水盆に返えらず」という言い方で納得する日本

[星野]　今の点、何かまだおっしゃりたい方があったらどうぞ……。この問題は、判例の背景にある思想から理解するとなるとなかなか難しいですね。しかしそういうことをやるのが、ロースクールの教育にはまさに必要かもしれません。それも解釈論ですが、いろいろなバックグラウンドを考えながら検討することは基礎法学に大いに関係があることが示されたと思います。

　あの27年判決を東大の判例研究会で検討した記憶があります。そのとき、学者はみな、裁判所はよくないといったのです。踏んだり蹴ったりという表現は品がないこともありますが、「覆水盆に返らず」ということわざが日本

にありますね。そのときには，多くの人がそう言って，それでなるほどという感じでした。日本人が婚姻をどう考えているかという問題につながっているのではないかと思われます。

[石部]　先ほどの合意調達のことでいえば，一種のレトーリック，トーピクの考え方ですね。覆水盆に返らずという言葉が出れば，それでみんな納得をしてしまう。それとか，合わせものは離れものとか……。

[星野]　それも出てきましたね。

[石部]　そういう言い方を日本ではするわけですが。

[星野]　そうです。

[六本]　確かに，夫さえ改めて戻ってくればちゃんと婚姻は成り立つのだ，ということを言っていますが，それはどうも信じがたいな，という気はしますけどね。

■ 現在の法システムにふさわしい法曹教育の重要性と基礎法学

[六本]　私は，基礎法学の法曹養成における役割という点から考えて，特に今の裁判の判決構造に焦点を合わせて考えますと，裁判の制度は，裁判官は良心に従い，独立してその職権を行使するという規範があるわけですが，その際，憲法と法律にのみ拘束される。これがなんといっても基礎ですよね。そうしますと，それ以外に何かよるべきものがあるという考え方は非常にとりにくいわけです。そうすると，良心に従って独立に職権を行使する裁判官自身をどのように教育するのかということが，非常に大事になってくるわけですね。

もちろん，裁判官のパーソナリティだけではなくて，裁判官の職場環境と言いますか地位と言いますか，そういうものも含めて法社会学的な要素が重要になってくるのですが，教育はそこまでは及びませんから，教育の問題としては，裁判官のものの考え方，視野の広さ，そういったものに基礎法学が及ぼす影響，これが大事だという感じがするのです。

例えば，今の27年判決で出てくる「道徳を守り不徳義を許さないことが法の最重要な職分である」というのは，一種の法理論をやっているわけです。法とは何かという論をやっているわけで，はたしてこういう道徳を守るのが最重要な法の職分であるということは，今の時代に大学で教わるだろうか。そういうことを考えますと，裁判官になる人が基礎法学的な素養をきちっと身につけていることが大事だなという感じがするのです。

同時に，裁判官だけではなくて弁護士が重要な構成要素ですから，弁護士についても今の法システムにふさわしい人が育ってもらいたいという点にも関心をそそがなくてはいけないわけで，この判決を見ましても，62年の判決

IV　おわりに

文には上告理由があがっていますし，補足意見も参考になると思うのですが，上告理由をみると，どちらかというと英米法的な法思考で言っていると思うのです。27年の判決はそれとして尊重すべきである。しかし，本件ではかくかく違う。事案が非常に違うということをその代理人は考えたと思うのです。なんといっても，これは，一度地裁で確定判決が出ているケースですし，この事件の歴史は見れば見るほど大変なのです。訴訟に行っているわ，調停に行っているわ，調停でだめで訴訟にきた。単に36年と長いというだけではなく，事件全体をみて大変です。

そして，この上告理由を書いた弁護士の方は，確かに先例は拘束力がないとはいえ，尊重されるのだ。だからこれをもとにして，そこから何かそれを区別するような論理はないかということでこの趣意書を書き上げたのではないかと推測するのです。そういう弁護士の方の能力は，法は徳義云々といった法観ではないと思うのです。法というのは，解釈をとおして全体の正義を達成するべきものであって，そのための論理が必要なのだということが基本的になければいけない。そういう広い，社会との関連で法を見る見方をもった弁護士を育てることが，基礎法学には一つの役割を担い得る部分ではないかと思うのです。

709条の例もちょっと挙がっていますが，私が思い浮かべましたのは，個人の事件も大事ですが，大きな事件ですね。たとえば水俣病事件。あれは新潟水俣病が最初に訴訟になったのですが，その訴訟を提起した弁護士の方は単独弁護士なのです。その方の書いた回顧録のような本*を見ますと，あの当時，66年か67年ごろは，これは不法行為ではない。世の中に役立っている商品を売り出している立派な企業からたまたま水に何か流れ出たとしても，それは不法行為ではない。基本は適法行為で，たまたま気の毒だから見舞金を出すのだ，そういう理論が通っていた。これを不法行為としてあえて自分は出した。それにはそれなりに学者の文献もあったことはあったようですが。さらに，あれは当事者が多いですから，慰謝料も一律に請求するということを自分は考え出した，とおっしゃっていました。

そういう弁護士は，自分のたまたま接したケースを見て，それに圧倒されてしまうのですね。法律家として何とかしなければならない。そのために法の理屈が必要なので，法理を立てようと考えたと思うのです。そういう弁護士を育てることも法曹養成課程では重視しなければいけないので，最初から実定法だ，709条はこれこれこれが要件と効果，というように考えてきた人

---

* 坂東克彦『新潟水俣病の三十年——ある弁護士の回想』NHK出版，2000年，34頁以下参照。

だけではだめなのではないかなという感じがするのです。社会全体の，産業とは何か，環境の価値というのもその頃から初めて認識されてきたのですが，経済的な豊かさ，成長とはいったいどういう意味をもつのかということを心のどこかで感じているような人でないとだめだったのではないかという感じがするものですから。

[星野] そのとおりだと思います。私ども実定法を教えているものも，授業の中に今言われたことを入れる考えは，昔から非常に強かったのです。

しかし，基礎法学ということになると，どの学問もきちんとやっていません。というより，やる余裕がないので，その成果をつまみ食いをさせていただいているわけですから，つまみ食いではいけないといわれるとちょっと困ってしまうのです。まして，先ほどの話のように，つまみ食いされるだけのものはないと開き直られてしまうとどうにもなりません。さしあたり，各領域における現在の通説，あるいは最高峰の説らしいものをとらせていただくということです。ただ，通説や最先端の説がなにかを知るのが難しい。なお，法の相対性とか，あるいは社会の現実から法律を考えることは，末弘先生以来，民法学者は大体そういう姿勢であったと思いますが，十分にはそれが受け継がれてきたといえるかは問題であると感じています。

■ 実定法教育のなかにも基礎法的な要素を

[伊藤] それに関連して簡単に。早い時代から基礎法を教えるというのは全く賛成で，それに反対という趣旨では全然ないのですが，不法行為を教えるときに，今，六本先生のおっしゃったような観点を抜きにしては教えられないといえば教えられないのです。権利とは何か，と抽象的にいってもしょうがないわけで，この権利侵害，あるいは保護さるべき利益を侵害したということで損害賠償請求を認めるためには，それはそうしたら社会全体にどういう影響があるかとか，そういうことをいわないで権利の文理解釈だけで，そんなことは結論が出せるわけがないものですから，早い時代から基礎法学の素養をつけるというのは大賛成なのですが，実定法学の中でもそれをやらなければいけない。不十分かもしれませんが。そして，ときどき出す有責配偶者の問題もそうですし，二重譲渡の問題もそうです。不法行為になると特にそうだという気がいたします。

ただ，私などの場合は基礎法の能力がないために非常に不十分にしかできないのですが，実定法の教育というのはそれと別だということでは必ずしもないのではないでしょうか。

[六本] 私もそうだと思うのですが，どの法でもそうだと思うのですが，たとえば，内田貴さんの民法の教科書は4冊ですよね。それでもその中で，今

の709条に関しては何ページかというと大変な圧縮度ですね。この判例についても触れているのですが，10行ぐらいに要約されてしまっているものですから，あれをいくらやってもインパクトは少ないと思うのです。

[伊藤]　でも，教え方の基本をどこに置くかというのがあると思うのですよ。

[六本]　現実を見ると，試験がありますよね。ですから，実定法をポンとやるとどうしても試験に出るものに集中して，これが原因，これが結果，という形の学習になりがちですね。

[伊藤]　早期にやるのに反対しているわけではないのですが，実定法自身も教え方を工夫して，なぜということを中心にして教えないといけないのかなと思うのです。

■ 実定法教育の難しさ——スキルとアート

[星野]　私もそう考えています。しかし実際のところ，実定法を教えるのは本当に難しいと思いますね。一方である意味でテクニカルなこと，つまり法律技術は教えなければならない。それだけでも容易とはいえない。うっかりすると我々自身も，逆必ずも真ならず，という原則に反する議論をしてしまうことがあります。それだけでも大変ですが，それは三段論法等の理論の積み重ねで，ある意味ではやさしいともいえます。制度や概念の歴史的背景や社会的機能をも考慮した授業をある程度加えることをやってきたつもりですが，時間の関係もあってとても大変です。

[石部]　ちょっと離れるかもしれませんが，このごろ，よくスキルということをいうのですね。法学はスキルだ。特にロースクールではそういうのを訓練しなければならない，とか。しかし私の語感では，スキルというと無機質の，なにかメカニックな感じがするのです。それが正しいかどうかはわからないのですが，むしろアートといったほうがいいのではないか。ドイツ語でいうとクンスト，先ほどいわれた技芸ということになる，私はそう訳しているのですが，イデーというのがあって，事実，素材を練り上げて一つの形にするという彫刻の例，そういう性質のものではないだろうかと考えて，クンスト，あるいはアートといったほうがいいんじゃありませんか，というようなことを最近あるところでいったことがあるのです。

　ロースクールでも，スキル，そのような技術だけ身につければいいのだということにはならないはずです。問題は，正義なら正義という理念のもとにどういう形にしていくのかという，その辺が大事ではなかろうかと思うわけです。

[伊藤]　要件事実論などは最も技術的と思われているのでしょうけれども，そうではないと思っています。石部先生，一回は私の授業をみてくださいま

したけれども，なぜそうかということをいつも疑問にやっておりましてね。それで，数多くのケースをこなすことはできないのですが，やはりそれは必要なことなのですね。そういう意味では単なるスキルではない。

[石部]　技術という場合に，何かあるものがあって，それを応用する，適用していく，目的・効果とそれを達成する手段との関係でそれでよいかを問いつめるということになるのですが，基礎法はそうではなくて，前提となっているあるものを絶えず，それはなぜか，なぜか，という問いを発していく。

[伊藤]　要件事実論は，技術といえば技術ですが，技術を理解しておのずから記憶に残るというので，技術を覚えるのではない。六本先生は私の授業の実態を知っておられるので，あまり大きなことはいえないのですが。

[六本]　アートということは，結局はマインドだと思うのです。リーガルマインドということに結局は行き着くと思うのです。それを考えますと，教育の方法としてはケースメソッドをもう少し教育の中に織り込んでいく。ですから，学部で法学教育をするときにケースメソッドをということも考えていいのではないかという感じがするのです。実際にまず事案を読ませて，そして自由に討論させるということでもいいと思うのですが，ケースメソッドの教育方法というのは大事ではないかと思います。つまり大陸法的な法思考とコモンローの法思考というのは確かに原理としては違うのですが，実態はかなり融合してきているようですし。

[石部]　同じだと思いますよ。私はよくこのごろ，サヴィニーの言葉を引用するのですが，『現代ローマ法体系』の第1巻のながい序文に，理論家も具体的な事件というものに触れるならば，そこから非常に強い刺激を受けるだろう，といっています。そして「完璧な理論家とは，すべての法的交渉につき，すみずみまで完全な直観をはたらかせることによって，自分の理論に生命を与える人のことであろう。その場合，その人の念頭にはきっと実生活のすべての関係が，倫理的，宗教的なものも，政治的なものも，国民経済的なものもありありと浮んでいるであろう」と述べています。そんなことはなかなか難しいとは思うのですが，心がけとしてはそれは非常に大事なことなのではないかと思うのです。

　今，大陸との比較でおっしゃいましたが，結局，私は両方共通するところがあると思うのです。ドイツの実定法学，サヴィニー以来つくりあげてきたものは，19世紀初めの時点の法政策的な選択がありまして，学問でもって一つの法規範体系をつくることを課題としたのですが，決して法の適用の部分を無視したわけではない。どちらかというと重点は前者にあったわけですが，しかし，クンストということは絶えず念頭においているわけで，そして，個別的な事件，あるいは個別的な規定と，それから全体の体系，あるいは法原

理というものは絶えず解釈学的循環というのですか，そういうのをやっている，そういうお手本にしているのがサヴィニーの場合，ローマの法律家なのですね。

　ドイツ法学の体系的概念的思考は，かつてコモンロー系の法学にずいぶん影響を与えた。いまは実際的応用的思考という点で逆の影響が出てきているといえるでしょう。

■ ま と め

[星野]　法学教育との関係では改めて，ご意見の大体の一致を確認できたようですので，この辺で終りにしましょう。

　今日の検討をもう一度まとめるとすれば，私も皆さんと同意見です。先ほどから現在危険な状況があることが述べられました。私もこれについて申しましたが，そもそもロースクールができてきた時に，話を聞きますと，今の政治家，官僚あたりに，法律というのは手段にすぎず，政策が先にある。だから法学部は法律という手段を使うテクニック――先ほどのスキルですね――さえ身につければいい，という考え方が強かったということでした。これに対する反論がなかなか難しかったということでした。今，私どもの意見がほぼ一致しておりますから，これを強く打ち出す必要があるのではないかと思います。

　他方，悪い見方かもしれませんが，ロースクールができるというので，基礎法学の方が法学部における立場を守ろうとして，今度はロースクール的なものにすり寄るような感じを受けたことがあるのです。正面から基礎法学の教育が法学教育のある部分をになうのが法学教育のあるべき姿だというべきで，実定法学者もまたそれをいわなければならないと思います。

　サビニーについては，石部さんのおっしゃったように，昔は概念法学といわれていましたが，最近そうではない面が強調されておりますね。それはよくわかるのですが，かつてイエーリングに批判されたといわれる点はどうなのでしょうか。

　これに関連して私は，日本の民法学はどの国のどの法学に影響されたものか，日本の民法学の体系や議論の進め方の特殊性はどこにあるかを探ってみたいと考えています。今までのやり方を無意識に踏襲するのでなく，その限界性をはっきりさせる必要があり，教科書を書くのでもこの点を意識すべきだと考えています。そのためにも基礎法学は大切です。

　先ほども触れました大村君の教科書の序文は非常におもしろいものです。先程一言しましたが，少し詳しく言いますと，彼は，教科書には，教育的な配慮が必要であり，その観点を徹底したのは内田君のものである，それ以来，

教科書の書き方が変わってきたといっています。それ以前のものとして，鈴木禄弥さん，北川善太郎さんと私のものが，短い教科書だが各自のそれぞれの視点をはっきりさせたものとして挙げています。しかし，現在では教科書は学生を相手にするもので，しかも学生の種類によって学んでほしいもの，教えるべきものが異なる，法学部の学生には基礎的な知識を体系的に与えるべきだ，としています。今後は，実定法の教科書の書き方の変化についても，注意しているべきでしょう。

　今日の結論を考えに入れて，基礎法学から実定法学に対してきちんといっていただくことの重要性が示されています。これは，石井紫郎教授が先のシンポジウムで言っておられるとおりです。また別の面からは，伊藤さんのような実務家経験の豊かで教育・研究にたずさわっている方々にそれを言っていただくことも大切だと思います。実定法学者も，それを受けて，もう一度考えるべきでしょう。

　きょうは非常にいいところで盛り上がった感じがあります。どうもありがとうございました。

V　座談会を終えて

星野英一：民　法

　伊藤滋夫さんから本書の企画を聞いた時は，その趣旨にまったく賛成であり，即座に可能な限りでの協力をお約束した。かねてから私は「実定法学と基礎法学の協力」について考えていた。まず法哲学との関係について，「法学教室」誌79号（1987）の田中成明さんと私との対話に始まり，80号から101号にわたって連載された「現代法の根本問題——法哲学と実定法学の対話」に続く，上の二人に井上達夫，樋口陽一さんを加えた102号（1989）の座談会に至る企画を同氏と協力して実現したのが，その第一着である。連載は，その後『法哲学と実定法学の対話』（有斐閣，1989）として一本にまとめられている。残念ながら，他の基礎法学との対話シリーズを実行することはできなかったので，私にとって今回の企画は，まことに嬉しいことであった。特に，ロー・スクールが発足し，その優れた面が強調されるとともに，その孕む危険，つまり法律技術屋にすぎない者だけを作るのではないかという点

についても危惧されている現在，このような試みは大きな意義があると考えられるからである。

　基礎法学（たまたま比較法学が外れたのは，偶然の事情による）の研究者に論稿をお願いし，編集者で実務家出身の民法学者伊藤さんの論稿を加えて本書ができることになったが，せっかくの機会だから，執筆者に私を加えて座談会を持とうということになり，司会をお引き受けした。

　さて，執筆者諸子の原稿を拝見して，少し困ったことになったと思った。諸論文は実に力のこもった傑作だが，ねらいにかなりの相違があるように見られたからである。嚙み合った座談会を持つにはどうすればよいかをあれこれ考えたが，次のように進めることとした。別巻とはいえ『法曹養成実務入門講座』の一部を構成するものだから，「法曹養成」との関係に絞ることである。ただ，座談会では，各論文への導入として，まずそれらの簡単な要約を入れることとし，その関係もあって，私の考え方も話すことが勧められた。つまり，プレイイング・マネジャーとなることである。

　私自身はプレイイング・マネジャーとしては喋りすぎと反省しているが，幸い皆さんが先の趣旨を十分に理解してくださり，最初の危惧は杞憂であって，よく嚙み合った意見交換ができたと感じている。

　この座談会を終わって気のついたのは，実定法学者である伊藤さんも私も，実定法学にとってまた法学教育にとっての基礎法学の重要性を強く認めている点で共通しているが，実定法学者の中には違った意見もかなりありそうなので，それらの学者を加えるのがよかったのではないか，ということである。しかしこれは，この時点では多きを望むものであろう。むしろ，本企画（さらに『法哲学と実定法学の対話』を含め）を転機として，今後このような試みがさらに進められてゆくことを希望すべきであろう。つまり，本企画が実定法学界にも基礎法学界にも，議論の端緒を提供しうることを期待している。

　本書をひもとかれる読者，特にロー・スクールの学生諸子には，座談会の至る所で説かれているような基礎法学の重要性を認識し，時間が十分でないことはよく分かるが，時には関係の著書・論文に触れてその考え方を少しでも会得してほしい。さらに，そもそも実定法の理解や解釈に際しても，基礎法学の研究の成果を学ぶことが必要であり，現に優れた論稿や，判決においてさえそのようになっていることを理解してほしい。座談会の中で私自身の経験に基づいて何回も述べているように，諸子の学んでいる講義も教科書も，広くは社会・経済・思想を背景としつつ一定の独立性を保って発展してきた法学の歴史の産物であることを忘れないでほしい。

陶久利彦：法哲学

■ 補足と追加

　一部繰り返しになることをいとわず，いくつか補足および追加をしておきたい。

　（イ）　一つは，依然として価値判断の正当化を巡る問題である。拙稿や座談会で述べたように，私はこの問題を取り扱うに当たってまずは，発生次元と正当化次元とを区別することから出発している。しかし，論述が進むにつれて両者が区別できないような価値感得体験の場へと重点が移動している。それは出発点からの乖離であり，本来異なった二つの次元を混同している，と非難されるかもしれない。これに対しては，両者の区別はそれが論理を明晰化する限りで有効であるが，極限にまで押し進められるならば，両者が一体化しているような局面に立ち帰らざるをえないのではないか，と答えたい。正当化の定義も基準も歴史的産物である。論理的に整合的であることがいかに普遍的に見えようとも，それでもそのような正当化には特定の歴史的背景がある。科学観や学問観あるいは宗教観はその代表である。そのようにして，目下のところ大きな説得力があるとされている論理的正当化を相対化し，価値感得体験という発生次元へと視線を移し変えてみようというのが，私の提案である。

　（ロ）　加えて，一個人の体験だけに止まるのではなく，それをできる限り明晰で他者にも理解できるような言葉へと変換する作業が追加されるべきである。拙稿で示唆したのは，討議の必要性である。実際，体験の言語化は，同時に他者との間での討議へと発展する可能性を秘めている。言語化は常にそれを用いて伝達される他者を前提するからである。

　（ハ）　ただ，そのときに討議のあり方がこれまで論じられてきたような，いわば民事訴訟に類似するような場面設定でいいのかどうかは一考を要する。ここで詳論する用意はないが，簡単な二つの図式のみを指摘し，それを対比してみよう。一つは，比喩的に言って正面から向かい合いあるいは円陣を組んで平等な構成員が一定の手続的ルールを遵守しながら価値判断の説得力について論じあうようなモデルである。このモデルが，討議の唯一のモデルである必然性はない。むしろ，あるいはもう一つ別のモデルとして，皆が一方向を向き合いながら，相互に補完しあいつつ共通の真理を発見するような討議を考えることもできるのではないか，と思う。拙稿の最後に触れた，「カード利用」を授業に用いるということで私が意図していたのは，そのよ

うな討議のあり方である。だが，ここでこれ以上詳細に論じることはできない。曖昧ではあるが，一定の方向設定を示唆するにとどめる。

（ニ）　同じく，体験から言語表現への橋渡しに関しては他者との討議以外に，拙稿でも座談会でも触れることができなかった事柄がある。二つだけ指摘する。一つは，体験から言語表現への道筋を論理的に明晰にする作業である。例えば，法概念の性質を決定したり，法的三段論法を基本に据えて演繹や帰納そして仮説推論等，論理展開の役割を検討することは，それに当たる。二つは，言語表現そのものの可能性に着目することである。とりわけ，レトリックの問題がここで浮上するだろう。

（ホ）　法科大学院での法哲学教育のあり方についても，触れておくべきだろう。実践的な課題を担うような授業を運営していくためには，拙稿で扱ったような価値感得体験もまだかなり抽象的である。その主張が果たしてどの程度説得力をもつかは，具体的問題との関連で検証されるべきである。その意味で，拙稿は本来目指すべき地点には到達していない。実践の問題から切り離された抽象論との非難を甘受せざるを得ないところもある。ただ，そのような抽象論は法哲学の不可避的性質であってみれば，問題は具体的問題処理との関連性をおぼろげながらでも何とかつけるという程度で満足しなければならないのかもしれない。

■ 学生諸君へ

伝えたいことはたくさんあるが，3点にとどめる。

（イ）　実定法学の細かな解釈論を我がものとするには，長い時間と忍耐と労力を必要とする。しかし，その森の中で迷いそうになったときには，森全体を少し離れた地点から眺めてみるのがよい。そうすると，森を構成する木々や土が更に遠くへと大きな根を張り，広がっていることに気づくだろう。視線をもっと彼方に向けるならば，森からは川が生まれ，川は肥沃な土をもたらし，大海へと連なっていく様子が目に映る。そのようなつながりを考慮しないと，実は森全体を把握することもできないのである。

（ロ）　法律学は人間行為に関わる。人間理解には，哲学が大きな視点を提供してくれるはずである。参考文献として，基本的なもののみを掲げる。

（科学的）価値相対主義については，依然として，碧海純一『新版 法哲学概論（全訂第2版補正）』2000年，弘文堂がすっきりとまとめている。加藤新平『法哲学概論』1978年，有斐閣は，価値相対主義克服の一つの試みである。今日の法哲学全般について概観するには，田中成明『現代法理論』1984年，有斐閣が有益である。これに対し，長尾龍一『法哲学批判』1999年，信山社は，今日隆盛を誇っている正義論に対して別の視座を開いてくれるだろう。

なお，思想史について学ぶことも法の理解を一層深める。西洋法思想史に関しては，三島淑臣『法思想史［新版］』1993年，青林書院が最も信頼できる。

　（ハ）　法科大学院での主要な勉強は，法律学の理論を学ぶことと併せて判例を研究することだろう。判例を読むに当たっては，どうか最初から最後まで読むように努めてほしい。そうすることによって，法的論理の仕組みを一層深く理解できると同時に，裁判に関わった当事者の背景的生活や心理状況などが浮き彫りにされるだろう。あるいは，浮き彫りになるまで判決文を読み込むべきである。これまた大切な人間理解だと思う。

六本佳平：法社会学

■「論理解釈」または「体系的解釈」

　197頁以下の部分で「文理解釈」という用語が討論にやや混乱を生んだように思われる。このことばを持ち出したのは私であるので，若干釈明を加えさせていただくことにする。

　このことばは，どちらかと言えば字義どおりに解釈するという意味で使われているようであるので，私の発言の趣旨からすれば，むしろ「論理解釈」ないし「体系的解釈」と言うべきであったかと思われる（田中成明『法理学講義』有斐閣，1994年，311頁参照）。

　この点について，法律解釈については素人であるが――あるいはそれだけに――私の発言の背後にあった判決の読み方について補足させていただくと，次のようになる。すなわち，27年判決は，夫さえ妻の元に戻ってくれば「何時でも夫婦関係は円満に継続しうべき筈である」から本件は婚姻を「継続しがたい」重大な事由には当らないと解釈し，この解釈を「法はかくの如き不徳義勝手気儘を許すものではない」として――一審・二審と同様に――信義誠実の法原則によって正当化している。これは，770条1項5号および2項の字義に反して有責配偶者を離婚請求権から除外している点で，確かに「文理解釈」には当らないかもしれない。ただ，「継続しがたい」ということばの字義をつきつめて解釈しようとしていると考えていたので，「文理」解釈と言ったわけである。62年判決では，この先例を，5号による請求を常に許容すれば「自らその原因を作出した者がそれを自己に有利に利用すること」をも認めることになるので，同意離婚の基調の上に強制離婚の要件を特定している裁判離婚制度自体を「否定するような結果をも招来しかねない」と述べて再説明ないし正当化しており，その上で，当該ケースをやはり信義則に照らして判断している。この説明では，27年判決が法文の内的・体系的論理

に従ったものであることがより明確に打ち出されているように思われる。

そういった意味で、「文理解釈」よりも「論理解釈」と言うべきであったかと思っている次第である。いずれにしても、この発言の文脈は、27年判決と62年判決との結論の違いは担当裁判官の婚姻観によるという立言をめぐる討論にあり、それに対して法文の内在的意味の探求や社会の思潮といった、それ以外の要素を持ち出しているわけである。

石部雅亮：法史学

■ 外国語のテキストを深く掘り下げ、理解する能力

法科大学院の教育において、国際的素養とか、リベラルな教養の重要性が強調されているけれども、実際にはやはりその多くが司法試験に向けて照準をあわせたものになっているのではないかと推測される。発足したばかりであるにせよ、法科大学院にはたして教養教育の充実を期待することができるかどうか、懸念されるところである。本来ならば、法学部の教育において、その堅固な基礎が準備されるべきであろう。しかし、学部教育においても、その点が十分であるとはいえないように見受けられる。外国語ひとつ例にとっても、実用本位の語学教育の重視――そのこと自体は旧来の教育の欠点を補うものとして否定しえない――、第二外国語の時間の削減などで、テキストの解釈や理解が弱くなりつつあるのではないか、と思われる。一般に外国語のテキストを深く掘り下げて、正しく理解する能力を培うことは、依然として大学教育の基本的な課題であるといってよい。

座談会の席で述べたが、法制史や外国法・比較法という教科では、外国語の習得が必須である。

私が学んだ京都大学では、履修科目の自由選択制がとられていたが、そのなかでも外書購読だけは例外で、一科目2単位の、6単位が必修であった。ホールヅワースの英法史やエールリッヒの法社会学の若干の章を読む機会をもって、解釈学の講義よりも、その講読を通じて法学学習の興味をかきたてられたように思える。大学院のころには、10名ばかりの西洋法制史、ローマ法、外国法・比較法あるいは民法を専攻する若い研究者からなる『市民法大全　ディゲスタ』の翻訳をする会に、私も参加した。翻訳に当たっては、どちらかというと現代のローマ法学の立場にたつテキストの批判的研究というよりも、ローマの法律家の簡勁な文章による事実の記述とそれに対する意見をどのように理解するか、に重点がおかれていた。活発な議論のなかで、その事実と論理を把握するために、どれほど法学的想像力とでもいうべきもの

が必要であるか，痛感させられた。ラテン語の学習はたしかに難しい。しかし，あわせて参照した英仏独の訳書には，それぞれの翻訳者の個性やお国振りによって，表現の仕方のみならず，法文の内容の解釈までいろいろ違った点が現れるのを知ったことも，その副産物である。要するに，ローマの法律家がおこなった法的思考の学習であるが，ヨーロッパでは，古くからそのようなことがおこなわれ，いまなお大学の法学部では，エクセゲーゼと称して，ローマ法やドイツ法の史科を読む授業が残っている。

　このようにいうと，アナクロニズムのように思えるかもしれないが，最近題名にひかれて読んだサミュエル『比較法とリーガルマインド』(Geoffrey Samuel, Comparative Law and the Legal Mind, in: Themes in the Comparative Law, 2002) という論文では，現代の法的思考方法の基礎がすでにローマ法にあることが指摘され，ディゲスタのアルフェーヌスの解答録の断片を伝える法文を手始めに，たとえば，法律家の用いる「代位」という考え方が，全体と個，抽象と具体，形式と実質というような哲学的範疇と密接に関連しながら展開するさまが分析されており，興味深いものがあった（アルフェーヌスについては，林智良『共和制末期のローマの法学者と社会』法律文化社，平成9年および石川真人「Alf. D. 40. 1. 7 (7 dig.) について——法学史における法学習得の一例」山畠・五十嵐・藪先生古希記念論文集『民法と比較法の諸相　II』信山社，1998年所収も参照されたい）。法科大学院においてもこのようなローマ法の素材を用いて，ローマ法ばかりでなく，民法学，外国法・比較法および法哲学などの専攻者が寄り集まって，一つの授業を試みてみることも，おもしろいのではないだろうか。以上，本来座談会で述べたところであるが，その部分を切り離して，ここで若干敷衍させていただいた。

伊藤滋夫：実務家・民法研究者

■ 執筆・座談会後に考えたこと

　何よりも，自分の検討の不十分さを痛感する。ただ，価値判断というものについての考え方に関しては，今後更に研究を続けてもおそらく，その基本的な考え方において，自分自身の考え方に大きな発展を期待する（例えば，何か疑問の余地のない客観的正義というようなものが発見できる）ということは難しいように思う。もちろん，筆者の言う「根源的価値判断」である「人命の尊厳又は人格の尊厳」とはどのようなことであるかに関する問題点，そうした「根源的価値判断」から「従属的（具体的）価値判断」の導出に伴う問題点などについては，今後努力を重ねることによって，筆者なりに多少の思

考の発展をすることができるのではないかと，自らに期待している。

　民法解釈方法論や基礎法学の各分野における専門的な研究に至っては，極めて検討が不十分であると，論文執筆時も今も感じているが，そうしたことは，今後の研究によって，なんとか改善をしていきたいと考えている。

　ただ，民法の解釈に当たってどのような方法論や考え方を採ろうとも，価値判断の問題が，多かれ少なかれ避けては通れない問題であることについては，座談会を終えた今となっても，当初の考え方に変化を来たさなかったように思う。

　各位のご論稿や座談会でのご発言から，非常に多くのご教示を得ることができた。この場をお借りして，厚く御礼を申し上げたい。

■ 若い読者へのメッセージ

　この本を読まれる読者諸君のうちの若い方々の多くは，おそらく将来何らかの意味で法律に関係のある職業（その典型的なものは法曹であろう）に就こうとしておられると思う。そうした方々を念頭において，実務家出身の民事法研究者の立場から，民法などの基本法の学習の態度について，ほんの一言だけ述べてみたい。少しでもお役に立てばと思う。

　民事実務（裁判実務にしろそれ以外の実務にしろ）の役割は，市民社会に生起する民事に関する紛争を適正迅速に解決し，人々の幸せな生活の実現に資することであると考える。今日の社会は，まさに激動の時代であり，激しい情報化社会への動き，高齢・少子化の問題，公害・環境問題など，解決されるべき問題は山積している。それらはすべて，法律的問題となってその解決を迫ってきていると言っても過言ではない。

　そうした変化に対して民法その他の基本法の改正は，必ずしも適切に対応できてはいないと考える。もともと，民法などの基本法は，紛争の実態の細部にわたったところまで条文の表現において的確に対応していない（その典型が民法709条であろう）ことに加えて，上記のような激しい社会の変動を考えると，民法典などの実定法の条文が解釈という作業をしなければ，現実の紛争の解決の道具として有用でないことは明らかであろう。その場合において，民法解釈方法論の詳しいことは別としても，その解釈の方法が単なる文理解釈のみでは，こうした今日の状況に適切に対応できないことは言うまでもない。

　若い読者の方々が，民法などの基本法を以上のような状況に適切に対応できるように活用するためには，判例・学説などで説かれている基本的な知識や法律学の技術的側面の勉強が不可欠であることは当然であるが，最終的には，人々に納得して貰えるような（独りよがりではない）正しい規範的価値

判断の在り方をどのようなものと考え，どのようにして学ぶかということが，非常に重要である。

　本書に収録されている各位のご論稿や拙稿と座談会における各位や筆者の発言・意見交換などが，そうした視点からの民法などの基本法を学ぶ上で参考になることを望んでいる。若い読者の方々がそうした視点から法律学を学ぶことによって，広い視野と深い洞察力を備えた，大樹のような法律家に育っていかれることを心から期待して，このメッセージを終えることとする。

事項索引

あ 行

アート ………………………………… 205
悪 法 ………………………………… 34
新しい市民生活のルール ……………… 91
新しい倫理 …………………………… 91
圧倒的多数の人の承認………………… 114
　　──する価値判断……………… 108
安心と信頼 …………………………… 26
安定した判例………………………… 169
暗黙知 ………………………………… 28
安楽死………………………… 117, 142, 143
　　──の定義……………………… 141
意見収集 ……………………………… 192
意思決定をする権利 ………………… 138
一般教育科目 ……………………… 61, 62
一般教養という言葉 ………………… 162
一般的自由権説 ……………………… 135
一般的人格権 ………………………… 90
一般に合意のある現行法体系の採る価値
　基準…………………………………… 116
一般の市民の法意識 ………………… 120
意図的欠缺 …………………………… 9
意味連関 ……………………………… 92
医療倫理 ……………………………… 91
いわゆる法律屋……………………… 173
ウォルフェンデン報告 ………………… 38
ADR …………………………………… 198
エクセゲーゼ………………………… 214
エホバの証人事件…………………… 138
　　──の最高裁判決……………… 137
演繹的な論理操作 …………………… 65
往 相 ………………………………… 29
オープンな議論……………………… 187
大人の学問 …………………………… 66

か 行

カーディ裁判………………………… 194
カード利用 …………………………… 30, 210
外在的理由づけ……………………… 118
解釈学的循環………………………… 206
解釈者の誠実さ ……………………… 88
解釈についての指針………………… 103
解釈の透明性 ………………………… 88
外的観点 ……………………………… 66
外的正当化 …………………………… 6
概念の相対比 ………………………… 9
加害者に対する非難可能性 ………… 150
科学の真理…………………………… 104
科学的知見…………………………… 114
学 説 ………………………………… 192, 193
学問法 ………………………………… 184
隠れた「協議離婚」…………………… 85
苛酷条項 …………………………… 129, 131
過去の法現象の認識 ……………… 75, 167
過失相殺類推適用…………………… 149
価値感得 …………………………… 17, 18, 19, 27
　　── 体験 ……………………… 22, 199, 211
価値相対主義………………… 105, 115, 179, 211
価値の選択…………………………… 114
価値判断……………………………… 4, 184
　　──が分化・衝突 ……………… 28
　　──的な法的判断……………… 165
　　──と法解釈…………………… 158
　　──の核となる体験 …………… 14
　　──の間主観性 ………………… 17
　　──の占める役割……………… 100
　　──の性質……………………… 110
　　──の正当化…………………… 180
　　──の正当性の担保 ………… 98, 103
　　──の正当性を担保する方法……… 106
　　──の当否……………………… 101
　　──の不可避性………………… 8
　　──は主観的…………………… 180
家庭裁判所の実務例………………… 193
仮定の問題…………………………… 103
神々の闘争…………………………… 179
環境倫理 ……………………………… 91

217

事項索引

還元主義 …………………… 36, 40, 56
間主観性 …………………… 23, 30, 181
間主観的な議論 ………………… 159
還　相 …………………………… 29
完璧な理論家 …………………… 206
危害原理 ………………………… 38
企業取引慣行 …………………… 64
基準などおよそ要らないという立場… 111
基礎法学 …………… 59, 94, 163, 164, 178
　　――的な事実認識……………… 165
　　――と実定法学とのコオペレーション
　　　　………………………… 155
　　――の支援 …………………… 119
　　――の役割 …………………… 67
基礎法的な要素 ………………… 204
帰納的な思考 …………………… 65
規範的 …………………………… 66
　　――価値判断 …………… 98, 171
　　――な思考 …………………… 198
　　――法意識 …………………… 124
規範の承認の構想 ……………… 15
基本善 ……………………… 45, 52
　　――の意図的毀損の禁止 …… 51
　　――の共約不可能性 ………… 52
　　――の提示 …………………… 46
基本的体験 ……………………… 22
規約主義 ………………………… 32
客観性のある価値判断 ………… 108
客観説（法律意思説） ………… 86
客観的価値 ……………………… 16
客観的に正しい価値判断 ……… 103
究極的価値判断 ………………… 179
教育課程の面 …………………… 58
協議離婚 …………………… 84, 189
共時的なものの見方 …………… 168
行政庁の通達 …………………… 192
行政庁の取り扱い ……………… 193
共通法 …………………………… 78
共同体主義 ……………………… 39
共約可能性 ……………………… 52
教　養 …………………………… 61
教養的なものの見方 …………… 163
キリスト教的自然法 …………… 85
「議論」（Argumentation）……… 101

近世・近代法史 ………………… 78
偶然による悲運 ………………… 150
具体的個別的な利益衡量 ……… 118
具体的事案直結性 ……………… 12
具体的ルール …………………… 8
国の認識 ………………………… 134
警察国家 ………………………… 40
契約文書 ………………………… 167
契約論的な正義論 ……………… 15
ケースメソッド ………………… 206
　　――的な教育 ……………… 191
結果の評価 ……………………… 8
欠缺問題 ………………………… 7
決定の権限 ……………………… 187
ゲッティンゲン学派 …………… 76
結論先取り型の循環論法の誤謬 … 117
結論の是非 ……………………… 13
結論の妥当性 …………………… 201
ケルゼン …………………… 33, 38, 41
ゲルマン法学 …………………… 76
嫌煙権 ……………… 103, 114, 133, 92, 201
原　権 …………………………… 90
　　――の人為的恣意的な拡張 … 90
言語ゲーム論 …………………… 34
　　――的立場 ………………… 42
言語表現そのものの可能性 …… 211
原責任概念 ……………………… 27
原則―例外 ……………………… 9
現代正義論 ……………………… 13
現代ローマ法 …………………… 78
憲法の採る価値基準 …………… 115
権利生成の要素 ………………… 133
権利能力 ………………………… 89
権利の生成過程の考察 ………… 133
権利の生成の過程 ……………… 201
賢　慮 …………………………… 51
言論界の多数 …………………… 191
合意調達 ………………………… 202
合意離婚 ………………………… 189
公　序 …………………………… 140
公信力説 ………………………… 121
構成の原理 ……………………… 8
幸福追求権 ……………………… 136
構文論 …………………………… 8

抗　弁	122, 200
国語学的	128
国民に対する説明責任	149
国民法	78
個人の一種の確信	181
個人の納得	4
国家による拘束	197
国家の法政策の変化	189
個別価値判断	159
個別体験	18
個別的価値感得体験	27
個別的価値判断	29, 179
個別的結論の妥当性を巡る価値判断	159
コモンロー型	67
婚姻観	188, 195
婚姻の問題の管轄	188
婚姻予約	9
婚姻を継続し難い重大な事由	125, 128
根源的価値判断	107, 108, 214
——との整合性	113
根本規範	37
——論	18
根本的体験	22

さ　行

再帰的政治理論	50
財産の利益	138
「最終的基礎付け」論	15
最大多数の最大幸福	116
裁判官の婚姻観	128, 130, 190, 192, 213
裁判官の恣意の抑制	87
裁判官の法意識	134
裁判官の法創造	87
裁判官のものの考え方	202
裁判官養成	74
裁判制度の仕組み	146
裁判中心	176
——の考え方	176
裁判による権利の認知	134
裁判の基本的機能	148
裁判離婚	189
裁判例の蓄積による解決	99
裁量的棄却条項	129
先取りされた結論	4
先取りする価値判断	5
サクラメントの理論	188
支えとなるような基本的価値	180
差止請求権の根拠	135
三段論法	205
嗜好・習慣の問題	134
自己決定権	90, 113, 135, 138
——という媒介項	139
——に関する限界	140
——の定義	136
自己の生命の処分	113, 142
事実一般	105
事実認識的なものの見方	163
事実認識と価値判断との制度化された結びつき	23
事実認識と価値判断との結びつき	25
事実認識の客観性	180
事実認識の表明	21
事実認識は間主観的	180
事実の証明	104
事実の認定の問題	146
事実の見通し	177
事実命題	104
自然状態	89
自然法学	89, 89
自然法論	37, 183
思想的な背景	177
思　潮	191, 193
——の違い	191
実際的応用的思考	206
実質的妥当性	11
立証責任の分配	148
実践的真実	41
実践的文脈	21
実定法学	59, 177
——と基礎法学との関係	59
——の総点検	89
実定法教育	204, 205
実定法と基礎法	172
実定法との接点	187
実定法の解釈学	97
実定法の解釈の性質	97
実定法を越えた客観的倫理的秩序・制度	85

事項索引

実務との架橋 …… 74
実務の対象となるケース …… 63
実用法学 …… 177
司法制度改革 …… 160
　── 審議会の意見書 …… 57
市民状態 …… 89
市民の健全な常識 …… 123
市民の法意識 … 102, 114, 121, 123, 134, 134, 148, 182, 190, 191, 192
　── の実態 …… 124
　── の変化 …… 131
社会経済の実情 …… 117
社会経済の実態 …… 102
社会正義 …… 127
社会通念 …… 133
社会的合意 …… 113
社会的事実 …… 163
社会的実態 …… 114
社会的な責任 …… 176
社会的に許された慣行 …… 135
社会についての知識 …… 163
社会の規範意識への底礎 …… 122
社会の思潮 …… 213
社会の実態 …… 171, 172
社会＝法研究 …… 69
19世紀の近代法学 …… 82
自由競争の原理 …… 120
自由競争の範囲外 …… 121
従属的（具体的）価値判断 …… 108, 214
従属的価値判断の導出 …… 114
重大な判例の変更 …… 125
集団的理性 …… 30
自由・平等の市民社会 …… 89
自由法運動 …… 5
主観説（立法者意思説） …… 86
受精卵 …… 113
受動喫煙 …… 134
受忍限度 …… 133
主要事実 …… 145
循環論法 …… 110
純粋法学 …… 33
常　識 …… 148
承認のルール …… 38
商品交換法の法システム …… 89

条文の外に出てしまう …… 169
条文の文言の尊重 …… 117
将来の裁判上の解決の見通し …… 147
助言活動 …… 74
女性の社会的経済的能力の向上 …… 85
所有権の概念 …… 89
素人の価値判断 …… 159
人格権 …… 90, 133, 137, 138
　── 的利益説 …… 136
人格的自律権説 …… 135
人格的利益 …… 138, 139
人格の尊厳 …… 112
進化論的発展史観 …… 79
進化論的比較法制史 …… 79
新カント派法哲学 …… 80
信義誠実の原則 …… 127
信義則的正義感 …… 196
新現代的慣用 …… 79
新自然法論 …… 32, 41, 48, 51
真摯に応答する …… 26
新主観説 …… 87
身体論 …… 26
信　念 …… 181
親密な関係の形成 …… 26
人命の尊厳 …… 112
人命又は人格の尊厳 …… 107, 111, 131, 135
心理的衝撃 …… 20
心理的な問題 …… 159
数学的方法 …… 183
スキル …… 205
性意識 …… 189
生活次元での「納得」 …… 14
正　義 …… 172
　── 感 …… 124
　── 論 …… 30, 211
請求原因 …… 200
政治的倫理的システム …… 89
制定法 …… 167
正当化次元 …… 6
正当化するのかという問題次元 …… 3
正当化に関するメタ倫理学的議論 …… 4
正当化のモデル …… 158
正当性のある法律解釈 …… 101
生得権 …… 90

220

性と生殖のコントロール権 …………… 83
生命倫理 …………………………… 91, 184
　　――の問題 …………………………… 103
西洋法制史 ………………………………… 79
責　任 ……………………………………… 26
　　――概念 ……………………………… 26
　　――観念 ……………………………… 27
世俗的自然法思想 ………………………… 83
積極的価値感得の体験 …………………… 20
絶対主義国家 …………………………… 188
絶対的道徳規範 …………………………… 51
説得性 …………………………………… 173
説得的 ……………………………………… 3
説得力 …………………………………… 106
善 …………………………………………… 54
専門科目 …………………………………… 60
素因減額 ………………………………… 151
相互承認 …………………………………… 15
相対的視点 ……………………………… 196
相当因果関係 …………………………… 149
訴訟上の証明の問題 …………………… 146
訴訟物の存否の確定 …………………… 132
ソフトローの研究 ………………………… 64
損害賠償請求権の発生根拠 …………… 135

た　行

代　位 …………………………………… 214
大学設置基準 ……………………………… 60
体系的解釈 ………………………… 86, 212
体系的概念的思考 ……………………… 206
体系的な知識 …………………………… 198
体験から言語表現への道筋 …………… 211
体験しないことは分からない ………… 27
体験に根ざした納得の仕方 …………… 180
体験に根ざす納得 ………………………… 27
大綱化 ……………………………………… 61
第三者の納得 …………………………… 147
胎　児 …………………………………… 113
大樹のような法律家 …………… 173, 216
第二波フェミニズム ……………………… 35
大陸法型 …………………………………… 67
　　――の法システム …………………… 65
他者からの納得 …………………………… 25
他者関係的な意味 ……………………… 143

正しい価値判断 ………………………… 104
正しい規範的価値判断 ………………… 215
他の価値ないし法原理との衡量 ……… 10
たばこ規制枠組み条約 ………………… 134
単純悪意者排除説 ………………… 120, 124
知的好奇心 ……………………………… 162
抽象的価値判断 …………………………… 12
抽象的法理念 ……………………………… 8
抽象的ルール ……………………………… 8
超越論性 …………………………… 15, 18
超越論的語用論的 ………………………… 15
超法律的法 ………………………………… 33
直感的先取り ……………………………… 4
通時的なものの見方 …………………… 168
通　説 …………………………………… 170
ディゲスタ ………………………………… 87
テキストの正しい意味内容の把握 …… 167
哲学的方法 ……………………………… 166
手続的正義論 ……………………………… 15
徹底した議論 …………………………… 170
典型的事例 ………………………………… 11
典型的法適用者として裁判官 …………… 3
伝統的法史学 …………………………… 166
ドイツ統一市民法典 ……………………… 76
ドイツの離婚原因規制の変化 ………… 85
ドイツ民法典（1896年） ………………… 83
ドイツ歴史法学 ………………………… 166
当為命題 ………………………………… 104
ドゥオーキン ……………………………… 39
当該法律の趣旨 ………………………… 116
当該法律の採る価値基準 ……………… 116
討　議 …………………………… 41, 50, 54, 56
　　――の必要性 ……………………… 210
　　――論 ………………………………… 15
統計などの客観的資料 ………………… 133
統合的人間実現 …………… 46, 47, 49, 51, 56
当事者間の対立 …………………………… 27
当事者の主張の構造 …………………… 122
当事者の納得 …………………………… 147
統制的作用 ………………………………… 8
道徳観 ……………………………………… 3
道徳的議論 ……………………………… 200
どう納得するか ………………………… 159
トートロジー …………………………… 110

事項索引

トーピク ……………………… 183, 202
ドグマティク …………………… 196
トマス・アクィナス ……………… 50
取引の安全 ……………………… 116

な 行

内在的な論理的首尾一貫性 ……… 179
内在的理由づけ ………………… 118
内的観点 ………………………… 66
内的正当化 ……………………… 6
内容を伴った正当性基準 ………… 14
ないよりは良い ………………… 113
なぜそうか ……………………… 206
「なぜ」ということを大事に …… 170
ナチス …………………………… 36
納　得 …………………………… 25
　　——の集積 ………………… 17
何を原則とし何を例外とするか … 200
難事件 …………………………… 64
二重譲渡 ………………………… 204
　　——の第三者の範囲 ………… 119
27年判決 …… 125, 128, 130, 190, 193, 201
日本法制史 ……………………… 79
人間的資質や能力の涵養 ………… 58
人間の終焉に関する問題 ………… 113
人間の尊厳 ……………………… 107
人間の平等な倫理的尊厳と自由 … 89
認知的 …………………………… 66
ネオ・パンデクテン法学 ………… 78
脳死状態 ………………………… 113
農村の生きた法研究 …………… 64

は 行

ハート ………………………… 33, 38
ハード・ケース ………………… 54
ハート＝デヴリン論争 …………… 38
背景的価値判断 ………………… 21
背信的悪意者 …………………… 120
　　——排除説 ………………… 124
ハイブリッド型 ………………… 67
白紙条項 ………………………… 106
働きかけと応答 ………………… 26
破綻主義 ……………… 126, 130, 201
　　——的離婚原因 ……………… 84

発生次元的説明 ………………… 179
発生次元の問題 ………………… 3
発生的現場 ……………………… 18
発生的次元 ……………………… 6
発生の問題 ……………………… 159
発達心理学 ……………………… 26
幅広い教養と豊かな人間性 ……… 161
判　決 …………………………… 193
反対解釈 …………………… 100, 170
パンデクテン法学 ……………… 76
判　例 ……………………… 167, 170
反論可能性 ………………… 101, 102
　　——のある議論 …………… 107
被害者の素因 …………………… 149
比較衡量 ………………………… 53
比較法制史 ……………………… 79
人の心理 ………………………… 172
比　喩 …………………………… 143
評価一般 ………………………… 105
フィニス ………………………… 41
フェミニズム ………… 35, 39, 40, 50
フォーラム ……………………… 49
複眼的な考察の仕方 …………… 168
複数の価値が抵触 ……………… 101
不徳義勝手 ……………………… 195
普遍化可能性基準 ……………… 16
ブランダイスブリーフ ………… 113
プロイセン一般ラント法（1794年）… 83
プロテスタントの神学的な理論 … 188
「踏んだり蹴ったり」判決 ……… 5, 86
文理解釈 …………… 86, 193, 204, 212
basic science(s) of law …………… 59
変化を問題にする ……………… 183
弁護士養成 ……………………… 74
法意識 ……………………… 3, 133
　　——の違い ………………… 191
　　——の変遷 ………………… 134
法解釈 …………………………… 8
　　——学離れの法史学 ……… 75
　　——の基本的姿勢 ………… 122
　　——の限界事例 …………… 8
　　——論争 …………………… 174
法概念論 ………………………… 4
法学教育 ………………………… 160

——自身の改革	160
——の目的	74
法学的想像力	213
法学的なものの考え方	170
法獲得	4
法学における歴史的思考の意味	166
法学の革新	76
法学部教育	59
法学部をどうするか	185
法学論	156
法科大学院の授業	157
法科大学院の制度設計	58
法科大学院の法学教育	155
包括的価値判断	179
法感覚	3
法決定行動	190
法原理相互の衝突	9
法史学	94
——の課題	75
——の孤立感	166
法システムというとらえ方	182
法史の孤立化	81
法史の歴史学としての純化	80
法社会学	69, 80, 117, 174
——的意識調査	124
——的な資料	192
法社会学の役割	160
法人格（Person）	89
法心理学	117
法政策的な選択	206
法制史研究	177
法曹の人間的資質面	58
法曹養成教育	60
法曹養成における基礎法学の役割	160
法則認識的な研究成果	165
法秩序全体を統べるような抽象的価値判断	10
法廷活動	74
法的決定の性質	160
法的正義の実現	8
法的制度自体への価値判断	14
法適用	4
——の各段階	7
——のどのレベルか	158
法的理屈	200
法的ルールの展開	12
法哲学	117
——と実定法学との対話	95, 208
法典論争	76
法の社会の中での位置づけ	182
法特有の価値判断	158
法特有の考慮	5
法と経済学	69, 117
法と社会	69
法との架け橋	164
「法」の概念論	70
法の決定の真理性の保証	183
法の謙抑性	47
法のシステム	165, 187
「法」の性質の探究	70
法のテキスト	167
法の内在的道徳	6
法の歴史と実定法の蜜月時代	76
法文の内在的意味の探求	213
方法二元論	10, 21, 24, 179
法律解釈の安定性	101
法律需要の調査	63
法律的	128
——思考	198
——なものの考え方	170
法律の欠缺	87
法律の根拠というものから演繹	183
法律の文理的解釈	128
法律論の正当性	102
法理念	12
補完性	47
——の原理	54
ボン基本法	85
本質主義	36

ま 行

マッキンタイア	39
マルクス主義法学	80
水俣病事件	203
身分的差別を残す市民社会	89
ミュンヒハウゼンのトリレンマ	14
民事法の解釈と価値判断	173
民族共同体	90

民法解釈の方法論……………… 118
民法典全体との体系的整合性………… 118
民法典中心…………………… 176
　──の考え方………………… 176
民法典への遡及………………… 174
民法のアイデンティティ理解………… 174
「民法の一部を改正する法律案要綱」（平成6年2月）………………… 86
民法の解釈論………………… 156
民法のファンクション……………… 177
民法の法解釈………………… 169
民法の法条の定め方……………… 128
無矛盾性の検査………………… 16
メタ倫理学的議論………………… 14
目的論的解釈……………… 86, 87, 8
物　　語…………………… 20
文言どおりの解釈……………… 98

や 行

唯一正しい正義………………… 16
有害性の科学的知見による明確化…… 135
「友情」の共同体………………… 47
ユースティニアーヌス法典…………… 87
有責主義…………………… 201
　──的な離婚原因………………… 83
　──の原則………………… 130
有責配偶者………………… 23, 26, 28
　──の離婚請求… 82, 125, 129, 188, 192
要件事実………………… 145, 172
　──論……………… 140, 200, 205
　──論的構成………………… 121
ヨーロッパ私法………………… 78
予防法学…………………… 74
世　　論…………………… 192
　──調査………………… 192

ら 行

ラートブルフ………………… 33
リアリズム法学………………… 5
リーガルスタティズ……………… 186
リーガルマインド……………… 206
利益衡量……………… 100, 102, 184
　──論……………… 100, 101

離婚観……………………… 188
離婚法……………………… 83
理性的討議者………………… 15
立証の公平………………… 172
立法技術…………………… 99
立法経緯…………………… 128
立法者意思……………… 86, 115
立法当時の社会への遡及…………… 175
立法の趣旨………………… 98
立法ミス…………………… 99
リバタリアン………………… 142
リベラリズム…………… 35, 48
リベラルアーツ…… 60, 61, 66, 67, 162, 163
　──科目………………… 62
　──教育………………… 161
良識ある人々の判断……………… 114
臨時司法制度調査会………… 57, 67
類推解釈……………… 100, 170
歴　　史…………………… 172
　──解釈………………… 86
　──的解釈………………… 86
　──的解釈の役割……………… 88
　──的産物………………… 210
　──的社会的文脈……………… 21
　──的に相対化………………… 183
　──的背景………………… 210
　──的方法………………… 166
　──離れの法解釈学……………… 75
　──法学派………………… 76
レトーリック………………… 202
レトリック………………… 211
ローマ普通法………………… 76
ローマ法の復権………………… 78
ロールズ…………………… 34
62年判決… 126, 128, 129, 130, 191, 193, 200, 201
論拠の提示………………… 14
論理解釈……………… 86, 117, 212

わ 行

割合的認定……………… 119, 144
　──の理論………………… 145

判例索引 (年月日順)

最判昭27・2・19民集6巻2号110頁
　………………………………… *5, 125, 189*
名古屋高判昭37・12・22判タ144号175頁
　………………………………………… *141*
東京地判昭45・6・29判時615号38頁
　………………………………………… *144*
東京地判昭49・7・18判時764号62頁
　………………………………………… *144*
神戸地判昭50・10・29判時808号112頁
　………………………………………… *144*
最判昭56・6・16判タ446号84頁 …… *117*
最判昭58・3・8刑集37巻2号15頁 … *10*
最大判昭62・9・2民集41巻6号1423頁
　…………………… *4, 9, 10, 86, 126, 189*
最判平4・6・25民集46巻4号400頁… *102, 149*
横浜地判平7・3・28判タ877号148頁
　………………………………………… *141*
最判平8・10・29自動車保険ジャーナル1173号1頁………………………… *149*
最判平12・2・29民集54巻2号582頁
　………………………………………… *137*
最判平15・12・9判時1849号93頁…… *137*
最判平15・12・9民集57巻11号1887頁
　………………………………………… *138*
東京高判平16・8・30判時1879号64頁
　………………………………………… *139*
最判平16・11・18（平成16年(受)第247号）………………………………… *131*
最判平16・11・18（平成16年(受)第482号）………………………………… *137*

＊　なお，事項索引の「27年判決」「62年判決」も参照のこと。

編者・執筆者紹介

編 者

  伊藤滋夫 創価大学法科大学院教授

論文報告者・座談会発言者

  星野英一 東京大学名誉教授

  陶久利彦 東北学院大学法学部教授

  河見　誠 青山学院女子短期大学助教授

  六本佳平 放送大学教授

  石部雅亮 大阪市立大学名誉教授・大阪国際大学教授

  伊藤滋夫 創価大学法科大学院教授

法曹養成実務入門講座　別巻　基礎法学と実定法学の協働

初版第1刷　2005年9月20日

編　者
伊藤滋夫

発　行
袖山　貴＝村岡侖衛

発行所
信山社出版株式会社

〒113-0033　東京都文京区本郷6-2-9-102
ＴＥＬ　03-3818-1019　ＦＡＸ　03-3818-0344

印刷・製本　松澤印刷
PRINTED IN JAPAN　©伊藤滋夫　2005
ISBN4-7972-5350-9 C3332

編 集
林屋礼二　小堀樹　藤田耕三　増井清彦
小野寺規夫　河野正憲　田中康郎　奥田隆文

［法曹養成実務入門講座］（全6巻）

第1巻　特集Ⅰ　法曹養成をめぐる諸問題
発売中　特集Ⅱ　法曹の理想像と法曹倫理
　　　　　特集Ⅲ　これからの法律家を目指す人たちへのメッセージ
　　　　　特集Ⅳ　隣接法律専門職種のあり方と将来の課題

第2巻　特集Ⅰ　民事事実認定
近 刊　特集Ⅱ　刑事事実認定
　　　　　特集Ⅲ　渉外事件・外国人の刑事事件
　　　　　特集Ⅳ　事実認定能力の涵養・法的思考能力等の涵養
　　　　　常設欄　エッセイ・コラム　法律読みもの

第3巻　特集Ⅰ　争点整理・刑事の事前準備（立証計画の策定を含む）
　　　　　特集Ⅱ　医療事件・建築瑕疵事件
　　　　　特集Ⅲ　リサーチ能力の涵養，要件事実構成能力の涵養
　　　　　特集Ⅳ　企業法務
　　　　　常設欄　エッセイ・コラム　法律読みもの

第4巻　特集Ⅰ　尋問技術，訴訟運営・指揮
　　　　　特集Ⅱ　行政事件・労働事件・税務事件
　　　　　特集Ⅲ　プレゼンテーション能力の涵養
　　　　　特集Ⅳ　自治体法務，矯正・更生保護活動
　　　　　常設欄　エッセイ・コラム　法律読みもの

第5巻　特集Ⅰ　判決・量刑・和解，裁判手続きの将来と課題
　　　　　特集Ⅱ　知的財産事件，少年家事事件，独禁事件・不正競争防止法事件
　　　　　特集Ⅲ　事情聴取能力の涵養（証人尋問能力を含む），ロイヤリング
　　　　　特集Ⅳ　NGO・NPO活動関係，公証事務
　　　　　常設欄　エッセイ・コラム　法律読みもの

第6巻　特集Ⅰ　多様な紛争解決手段の選択・ADR
　　　　　特集Ⅱ　執行・倒産事件，民事再生・破産事件，刑事財経事件
　　　　　特集Ⅲ　ライティング能力等の涵養
　　　　　特集Ⅳ　国会・地方議会での立法活動，法制執務その他
　　　　　常設欄　エッセイ・コラム　法律読みもの

＊　収録巻の変更・組替え等につきご了承下さい。

信　山　社